Francesco Rende

Grafologia teorica di personalità

Introduzione

Da un punto di vista teorico il presente lavoro intende collocarsi nel solco tracciato da *Tipologia umana, caratterologia e grafologia* di Nazzareno Palaferri, un'opera che ha gettato un importante ponte tra teoria grafologica da una parte e teorie psicologiche della personalità dall'altra (Palaferri 1999b).

In quell'opera Palaferri metteva a confronto la grafologia morettiana con i tipi ippocratici e junghiani, la caratterologia di Le Senne e la psicologia di Szondi.

L'intreccio tra la teoria di Moretti e altre teorie di personalità a base psicologica o bio-psicologica è stato ed è tuttora illuminante e proficuo per almeno tre ordini di ragioni.

In primo luogo ci consente di capire meglio Moretti, aiutandoci a osservare la sua grafologia – e la teoria della personalità che essa sottende – da diversi e molteplici punti di vista che permettono di illuminarla di luce nuova.

In secondo luogo ci consente di estendere gli strumenti concettuali di cui disponiamo come grafologi, fornendoci nuove categorie tramite cui osservare la personalità.

In terzo luogo, infine, ci consente di percorrere nuove linee di ricerca e di includere nel significato consueto dei segni grafologici nuove attribuzioni suggerite da teorie di personalità limitrofe o convergenti.

Nella psicologia della personalità esistono due grandi suddivisioni.

Da una parte vi sono le teorie tipologiche che riducono la variabilità umana a *tipi* discreti. Sono di questa specie, ad esempio, le teorie di Jung, di Ippocrate e di Le Senne.

Dall'altra vi sono le teorie dei tratti, i quali sono considerati *variabili latenti* relativamente costanti, presenti in misura minore o maggiore in ciascun individuo, di cui spiegano e predicono il comportamento in situazioni diverse. Nel modello di Eysenck, ad esempio, vengono descritti tre tratti principali (Estroversione, Nevroticismo e Psicoticismo), mentre nel modello di Cattell vengono presi in considerazione 16 differenti fattori.

La teoria di personalità sottesa alla grafologia morettiana sembra caratterizzarsi sia come una teoria dei tratti che come una teoria dei tipi.

Ogni segno grafologico si riferisce a un tratto di personalità ma allo stesso tempo delinea un tipo. Possiamo ad esempio considerare il segno Profusa come un tratto continuo che va da un minimo a un massimo e quantificarlo in decimi o, viceversa, possiamo pensare al Profusa come un tipo caratterizzato da alcune proprietà distintive.

La stessa cosa avviene con i temperamenti morettiani. Da una parte possiamo considerarli come tipi articolati in sottotipi (Moretti 2002b), dall'altra come tratti, come quando quantifichiamo in percentuale la presenza di un temperamento in una data scrittura (Palaferri 1999a, pp. 506-508).

La doppia natura della teoria di Moretti, dimensionale e categoriale al tempo stesso, non deve peraltro stupire. I due approcci costituiscono infatti due lati diversi della stessa medaglia, due modi distinti ma sostanzialmente analoghi di considerare la stessa realtà.

Eysenck, che viene considerato un teorico dei tratti, riduceva inizialmente la personalità umana a due dimensioni principali, l'Estroversione-Introversione da una parte e il Nevroticismo-Stabilità dall'altra. Tuttavia queste due dimensioni, se incrociate tra loro, danno luogo a quattro tipi distinti: il Nevrotico Estroverso, il Nevrotico Introverso, lo Stabile Estroverso e lo Stabile Introverso. A seconda dei punteggi ottenuti sui due assi ciascun individuo si collocherà in una e una soltanto di queste categorie. Similmente, nella caratterologia di Le Senne gli otto tipi (il Nervoso, il Sentimentale, etc.) derivano dall'incrocio di tre tratti primari (Attività, Emotività, Primarietà-Secondarietà).

L'approccio in termini di tratti ha tuttavia diversi meriti, che sono alla base dei motivi per cui è stato preferito in questo lavoro.

Lo studio della personalità in termini di tratti costituisce infatti l'approccio maggiormente in auge nell'ambito della psicologia contemporanea, laddove l'approccio tipologico è per lo più considerato desueto. Inoltre le teorie dei tratti hanno il merito di rendere esplicito ciò che nelle teorie tipologiche può rimanere implicito, ovvero che le differenze tra gli individui sono continue e non discrete. L'utilizzo di una tipologia può infatti facilmente dar luogo a un equivoco, ovvero che tutti gli individui dello stesso tipo siano uguali tra loro. Infine, le teorie dei tratti consentono un raccordo più immediato con il livello esplicativo di tipo neurofisiologico (Costello 1999).

Fermo restando la nostra preferenza, variamente motivata, per le teorie dei tratti non disdegneremo tuttavia nemmeno i contributi che possono derivarci dalle teorie dei tipi. I capitoli 6, 7 e 8, in particolare, sono dedicati alla tipologia dell'attaccamento, alla tassonomia dei disturbi di personalità e alla classificazione dei meccanismi di difesa. Ciascuno di questi capitoli può essere letto sotto la lente di una corrispondente teoria tipologica.

Gli scopi che mi prefiggo con il presente lavoro possono essere riassunti come segue.

Vi è in primo luogo il tentativo di condividere con i grafologi i problemi e le soluzioni escogitate nell'ambito della psicologia della personalità tenendo conto degli studi più recenti e innovativi del settore. Se la grafologia è lo studio della personalità attraverso la scrittura, non possiamo non affiancare allo studio della scrittura lo studio della personalità.

Si è poi cercato di tradurre le principali teorie della personalità in termini grafologici nel tentativo di ricavarne sia un approfondimento della grafologia che, talvolta, una miglior comprensione delle stesse teorie di personalità.

Infine, si è cercato di fornire degli strumenti utili alla stesura dell'analisi grafologica con lo scopo di ampliare l'armamentario concettuale a disposizione del consulente grafologo.

Questo lavoro non è quindi un manuale di psicologia della personalità ma uno strumento che vuole soprattutto essere utile allo studioso di grafologia. Anche quando verranno illustrate teorie apparentemente lontane dall'ambito grafologico il riferimento alle implicazioni per la nostra disciplina rimarrà pertanto costante.

Con il titolo *Grafologia teorica di personalità* si è voluto sottolineare che si tratta, almeno sulla carta, di un lavoro propedeutico a una eventuale e successiva *Grafologia empirica di personalità*. In questa sede ci occuperemo infatti solo della traduzione teorica delle principali teorie senza poter verificare empiricamente l'adeguatezza di questa traduzione.

Con questo non si vuole sminuire l'importanza della verifica delle ipotesi proposte. Si ritiene al contrario che la grafologia possa diventare una disciplina scientifica a pieno titolo solo nella misura in poi sottoponga le sue asserzioni a una rigorosa verifica sperimentale. La grafologia non può convalidarsi da sé, dal momento che nessuna disciplina *empirica* può farlo. Le discipline empiriche vertono su fatti e i fatti non possono essere ricavati per deduzione né con il solo uso della ragione.

Si è tuttavia consapevoli che per vagliare delle ipotesi è prima necessario produrle. Per citare Kurt Lewin, eminente studioso di psicologia sociale, "non c'è niente di più pratico di una buona teoria".

Nel confinare l'ambito del presente lavoro alla sola teoria ho quindi inteso effettuare esclusivamente una scelta di campo senza voler sottendere alcun giudizio di valore – se non positivo – sulla ricerca empirica.

Non mi propongo quindi di fornire una traduzione *definitiva* dei costrutti impliciti nelle teorie di personalità ma solo di suggerire delle ipotesi di ricerca e degli spunti di riflessione nella speranza che si rivelino utili e fecondi. Sarà poi la ricerca a dirci se queste ipotesi siano corrette o se vadano rigettate in favore di altre ipotesi meglio fondate.

Nel presente testo ho utilizzato come punto di riferimento privilegiato la grafologia morettiana, con qualche integrazione. In questo caso si è trattato non di una scelta, ma di una necessità, perché dispongo di una conoscenza soltanto superficiale degli altri metodi. Poiché tuttavia ritengo che la grafologia sia una, e che le varie scuole ne costituiscano solo delle diverse declinazioni, mi auguro che il libro risulti leggibile anche per i grafologi con una diversa formazione.

A questo proposito non posso che chiudere con una citazione di Ania Teillard tratta da *L'anima e la scrittura*, la cui prima edizione francese risale addirittura al 1949. Nonostante siano passati più di sessant'anni, e nonostante il diverso contesto geografico e culturale, il pensiero della Teillard continua ad essere di scottante attualità. Lo riporto al termine di questa introduzione sperando che possa rappresentare un buon auspicio sia per i grafologi che per la grafologia.

> Bisogna costituire una scuola che inglobi tutti i metodi, e non già creare più scuole, in polemica le une con le altre, senza nemmeno conoscersi a fondo. Come possiamo infatti ispirare fiducia nel pubblico e creare un insegnamento se non partiamo dalle stesse basi? [...] Troppo spesso accade che il grafologo, invece di prendere come punto di partenza i lavori dei contemporanei, preferisca edificare il proprio sistema, il proprio metodo, in opposizione a tutto quanto è stato fatto prima di lui, il che è il segno, in ultima analisi, del suo proprio problema psicologico (Teillard 1980, pp. 21-22).

1
Grafologia e psicologia della personalità

1.1 Il concetto di personalità, le teorie di personalità e la grafologia

Secondo l'Organizzazione Mondiale della Sanità "con il termine di personalità si intende una modalità strutturata di pensiero, sentimento e comportamento che caratterizza il tipo di adattamento e lo stile di vita di un soggetto e che risulta da fattori temperamentali, dello sviluppo e dell'esperienza sociale" (Lingiardi 2004, p. 27).

Il concetto di personalità va distinto da quello di temperamento, termine con cui si designano i "correlati biologici del funzionamento psichico, in particolare gli aspetti più stabili, ereditati e presenti fin dalla nascita" (Lingiardi 2004, p. 40).

Possiamo quindi considerare il temperamento come l'aspetto innato, biologicamente determinato e relativamente immodificabile della personalità e riservare il termine di 'carattere' alla parte acquisita.

Va da sé che, dal momento che il carattere si sviluppa dall'interazione tra ambiente e temperamento, uno specifico carattere si struttura sempre a partire da uno specifico temperamento e non è pertanto indipendente dalla natura biologica dell'individuo.

Per proporre un esempio di facile comprensione, un bambino con un temperamento eccitabile e una madre dal temperamento simile vivrà esperienze diverse da quelle di un bambino con un temperamento eccitabile e una madre dal temperamento flemmatico. L'ambiente è costante ma il temperamento è diverso e conseguentemente sarà diverso il carattere che ne risulta.

Una prima domanda che possiamo porci dal punto di vista grafologico è se la grafologia sia interessata al carattere, al temperamento o alla personalità nel suo complesso.

È nota a questo riguardo la posizione di Moretti secondo il quale la grafologia individuerebbe soltanto "le tendenze sortite da natura". È altrettanto noto come questa posizione sia stata sostanzialmente ridimensionata dagli allievi di Moretti e come attualmente si ritenga che la grafologia abbia per oggetto la rilevazione delle disposizioni sia temperamentali che caratteriali (*cfr.* Cristofanelli 1995, pp. 15-21).

Dovremo a questo punto porci il problema di una definizione, seppure di massima, della grafologia e dei rapporti che questa intrattiene con la psicologia. Possiamo fare nostra la definizione di senso comune secondo la quale la grafologia è "lo studio della personalità attraverso la scrittura".

Questa definizione contiene in sé due termini chiave che varrà la pena sottolineare: personalità e scrittura. La personalità è l'oggetto precipuo di studio della psicologia di personalità, mentre la scrittura è oggetto di studio di varie discipline, tra cui ovviamente la grafologia.

Se accettiamo questa definizione va da sé che la grafologia intrattiene rapporti molto stretti, per non dire necessari, con la psicologia di personalità. Nel momento in cui accettiamo, ad esempio, l'asserzione di Moretti secondo il quale "Intozzata I indica comando, ambizione di comandare, indipendenza" (Moretti 2002a, p. 80) stiamo di fatto mettendo in relazione un segno grafologico con una caratteristica di ordine psicologico.

Ne consegue che il grafologo non potrà prescindere dalla conoscenza delle principali teorie e dei principali strumenti della psicologia della personalità, poiché il campo di cui si occupa è intrinsecamente interdisciplinare. Per dirla con Müller e Enskat:

> Indipendentemente dal fatto che per la valutazione dei segni grafici il grafologo debba possedere conoscenze teoriche e metodologiche, rientra nell'interpretazione anche la conoscenza psicologica e caratterologica, sia che si tratti di conoscenze di psicologia generale, di psicologia dello sviluppo, di psicologia del profondo, di psicopatologia, di caratterologia, di tipologia, che di conoscenze di qualsiasi altro tipo. [...] La grafologia rientra nel campo più vasto della psicologia: per la parte teorica prevalentemente nella psicologia dell'espressione, per il suo utilizzo pratico nella psicodiagnostica" (Müller-Enskat 1995, p 19).

Dello stesso avviso è Crépieux-Jamin il quale a proposito dell'esigenza di dimostrare la grafologia scrive: "Noi cerchiamo di farlo partendo dalla fisiologia, vera base della grafologia, per poi sfociare nella psicologia, da cui la grafologia dipende ugualmente" (Crépieux-Jamin 1985, p. 25).

La stessa Ania Teillard sottolinea quanto sia importante per un grafologo la conoscenza delle principali teorie psicologiche: "Non c'è nessun bisogno che il grafologo si metta a costruire una nuova psicologia, giacché esistono sufficienti metodi e sufficienti classificazioni tipologiche, fra le quali poter scegliere quella che meglio corrisponde alle proprie necessità" (Teillard 1980, p. 19).

Vanno quindi rigettate quelle definizioni secondo la quali la grafologia si occuperebbe del solo studio della scrittura. Queste definizioni, per quanto di comodo, non rispondono alla pratica reale, almeno per quanto concerne la grafologia di personalità.

Per quanto riguarda invece la grafologia giudiziaria, o peritale, una definizione che si riferisca alle sole caratteristiche intrinseche del grafismo può risultare più pertinente.

Ad esempio, nelle leggi di fisica e fisiologia della scrittura (Vettorazzo 1998, pp. 37-62) non viene chiamata in causa la personalità dell'individuo ma solo i meccanismi interni di produzione e modificazione dei parametri del gesto grafico. Se affermiamo, ad esempio, che "quando la velocità aumenta, aumenta altresì l'obliquità dei pieni fino a 10 gradi" (Vettorazzo 1998, p. 39) non ci stiamo in alcun modo riferendo alla psicologia dello scrivente, o a fatti di ordine psicologico. Ci limitiamo invece a mettere in relazione la velocità (parametro di ordine fisico) con l'inclinazione (parametro di ordine grafico).

Un'altra questione correlata è se la grafologia possa far a meno di una qualsivoglia teoria di personalità. La risposta non può che essere negativa perché anche la grafologia morettiana implica una specifica teoria della personalità a base psicologica.

Quando Moretti sostiene che il segno Ricci del soggettivismo comporta sia una tendenza al "ragionamento soggettivo" che al "corteggiamento passivo" (Moretti 2002a, p. 286) non sta facendo solo un'asserzione di ordine grafologico. La sua tesi implica infatti che la tendenza al ragionamento soggettivo sia in qualche modo legata alla tendenza al corteggiamento passivo. Oltre a mettere in relazione un fatto di ordine grafologico con un fatto di ordine psicologico sta quindi implicitamente mettendo in relazione un fatto di ordine psicologico (la tendenza al ragionamento soggettivo) con un altro fatto di ordine psicologico (la tendenza al corteggiamento passivo).

Ne consegue che nella misura in cui riteniamo che la grafologia possa sussistere autonomamente senza appoggiarsi a una qualsivoglia teoria di personalità in realtà non facciamo altro che utilizzare surrettiziamente e inconsapevolmente la teoria di personalità di Moretti. Ben lungi dall'affrancare la grafologia dalla psicologia staremmo fondando la grafologia stessa su una specifica teoria psicologica. Per dirla con Kernberg: "Tutte le osservazioni di fenomeni [...] sono influenzate da teorie, e quando riteniamo di aver lasciato da parte la teoria significa solo che abbiamo una teoria di cui non siamo consapevoli" (Gabbard 2005, p. 61).

Non a caso nel *Trattato di grafologia* di Moretti la parte dedicata alla psicologia risulta ben più consistente di quella dedicata alla grafologia.

Ad esempio il secondo capitolo, «Segni grafici in particolare», inizia così: "Psicologicamente considerato l'egoismo – secondo l'etimologia della parola – non è affatto contro la moralità, anzi la favorisce" (Moretti 2002a, p. 41). Che l'egoismo sia o meno contrario alla moralità è un'asserzione di carattere psicologico, al limite filosofico, ma certamente non grafologico.

Questo non implica ovviamente che dobbiamo rifiutare la teorica psicologica di Moretti, che può essere più o meno valida quanto qualsiasi altra, ma che la pretesa che la grafologia possa fare a meno di una teoria psicologica qualsivoglia non trova riscontro né dal punto di vista fattuale né da quello logico-epistemologico.

Dobbiamo quindi concludere che la separazione tra psicologia e grafologia ha ragioni più storiche che concettuali essendo i due campi indissolubilmente legati.

Fatte salve queste premesse possiamo passare a illustrare i principali ambiti dello studio della personalità in ambito psicologico.

Si possono individuare quattro principali raggruppamenti di teorie della personalità: le teorie tipologiche, le teorie dei tratti, le teorie psicodinamiche e le teorie cognitive e comportamentali (Lingiardi 2004, p. 43).

Le teorie tipologiche "rispondono all'esigenza di classificare le persone sulla base di alcuni elementi di facile individuazione, poco o nulla modificabili nel corso della vita" (Ibid.).

Le teorie tipologiche si possono dividere in somatiche, funzionali e psicologiche. Le teorie somatiche sono quelle secondo le quali "l'elemento decisivo ai fini di una classificazione risiede nella costituzione morfo-fisiologica" (Lingiardi 2004, p. 44). Tra queste teorie, attualmente non molto influenti, vi sono la teoria di Ippocrate, quella di Kretschmer e quella di Sheldon. Poiché queste teorie sono già ampiamente note in ambito grafologico (Palaferri 1999b, pp. 1-60) in questa sede non ci soffermeremo su di esse.

Le teorie funzionali, diversamente da quelle somatiche, non si basano su criteri morfologici ma "sulla funzionalità dei sistemi neurovegetativo ed endocrino" (Lingiardi 2004, p. 44). Il fondatore di questo approccio è Pavlov, noto soprattutto per i suoi studi sul condizionamento.

Infine, tra le teorie tipologiche, vanno annoverate quelle a base psicologica, tra cui spicca la teoria junghiana, anch'essa molto nota e utilizzata dai grafologi (Palaferri 1999b, pp. 61-81).

Sulle teorie tipologiche in genere, spesso accusate di ridurre la complessità della personalità individuale a pochi tipi, si può far valere il giudizio di Jung secondo il quale "la tipologia non intende ridurre la complessità delle differenze individuali, ma si propone di contribuire con una griglia interpretativa alla comprensione delle dinamiche affettive e relazionali sottese alla personalità di ciascun individuo" (Lingiardi 2004, p. 45).

Le teorie di tipi forniscono quindi una mera griglia interpretativa e non una rigida tassonomia degli esseri umani. Non si deve infatti dimenticare che non tutti gli individui classificati all'interno dello stesso tipo vanno considerati come significativamente simili tra di loro. In altri termini, la differenza tra i tipi non è discreta, ma continua, poiché ciascun individuo può essere un rappresentante più o meno prototipico del tipo in questione, potendo sempre darsi la possibilità di casi-limite in cui un tipo sfuma gradualmente nell'altro.

Fatta salva questa difesa d'ufficio delle teorie tipologiche non si può non notare tuttavia come la loro utilità per la comprensione della personalità appaia limitata. Il rischio, sempre presente in queste teorie, è quello di sottodeterminare le differenze individuali a vantaggio di un qualche minimo comun denominatore.

Più attente alle differenze individuali sono invece le teorie dei tratti, che verranno esaminate in senso generale nel paragrafo successivo e specificamente nei capitoli 2, 3, 4 e 5.

Le teorie dei tratti sono improntate "a una visione empirica della personalità e a una sua rappresentazione attraverso un 'profilo psicologico'. La personalità dell'individuo viene definita in base alla diversa rilevanza dei tratti che ne costituiscono l'architettura generale" (Lingiardi 2004, p. 46).

Tra le principali teorie dei tratti possiamo citare quelle di Allport, Murray, Cattell, Guilford, Eysenck e Cloninger. Alcune tra queste verranno esaminate approfonditamente nei capitoli successivi, con particolare attenzione ai loro risvolti grafologici.

A partire dagli anni '70 diversi ricercatori hanno cercato di fondare le teorie dei tratti su una base neurofisiologica. Tra questi vanno citati almeno Zuckerman, Strelau, Buss e Plomin, Thomas e Chess. Anche in questo caso le implicazioni di carattere grafologico sono notevoli e pertanto le analizzeremo in separata sede.

Le teorie psicodinamiche, terzo raggruppamento delle teorie di personalità, trovano la loro genesi nelle teorie di Freud e dei suoi allievi. In queste teorie è centrale il riferimento al concetto di inconscio, che viene inteso in senso dinamico.

In ambito grafologico sono state studiate e applicate le teorie di Freud e di Jung (vedi ad esempio Teillard 1980) mentre risultano molto poco rappresentati gli altri autori.

A questo proposito si deve tuttavia notare come le teorie di Freud e di Jung abbiano oramai più di un secolo di vita e che, almeno nella loro forma pura, risultano poco presenti nel panorama psicologico contemporaneo. La teoria di Jung non ha lasciato un'eredità significativa mentre la teoria di Freud, rivista, ampliata e corretta, è confluita in altri paradigmi teorici.

In un recente manuale che affronta la psicologia dinamica da un punto di vista storico (Fonagy-Target 2005) al pensiero di Freud vengono dedicate appena 26 pagine, molte delle quali critiche, su un totale di 392. Simili proporzioni si riscontrano anche nella storia della psicoanalisi di Mitchell e Black (Mitchell-Black 1999).

Tra gli altri autori di ambito psicoanalitico che meriterebbero una conoscenza più approfondita possiamo citare tra gli altri, senza pretesa di esaustività, Anna Freud, Mahler, Sandler, Klein, Bion, Fairbairn, Winnicott, Kohut, Kernberg, Sullivan, Mitchell, Bowlby, Horowitz, Stern, Fonagy e Target.

La teoria dell'attaccamento di Bowlby è certamente tra le più importanti in ambito psicodinamico, sia per il suo carattere empirico-sperimentale che per l'enorme influsso che ha avuto, e tuttora mantiene, nel dibattito contemporaneo. Le sue implicazioni grafologiche sono notevoli e pertanto alla sua analisi verrà dedicato un capitolo successivo (il capitolo 6).

L'ultimo raggruppamento di teorie della personalità è rappresentato dalle teorie cognitive e comportamentali, che fanno capo rispettivamente al cognitivismo e al comportamentismo.

Rispetto alle teorie psicodinamiche l'attenzione si sposta dai processi inconsci ai processi consci e al comportamento manifesto. Centrale nel cognitivismo contemporaneo è la nozione di inconscio cognitivo, molto diverso dall'inconscio dinamico a cui siamo stati abituati della psicoanalisi classica. Per Epstein l'inconscio cognitivo "è un sistema fondamentalmente adattivo che organizza l'esperienza e dirige il comportamento automaticamente, senza sforzo e in modo intuitivo" (Epstein 1994).

Secondo i cognitivisti infatti "la coscienza rappresenta una piccolissima porzione dei processi cognitivi che emerge da una mole molto maggiore di processi di elaborazione inconsci. La relazione tra coscienza e inconscio non viene però vista come intrinsecamente conflittuale, ma come essenzialmente complementare" (Lingiardi 2004, p. 84).

L'importanza del concetto di inconscio cognitivo per la grafologia è evidente. È infatti proprio grazie ad esso che possiamo scrivere e al tempo stesso pensare a ciò che stiamo scrivendo. In uno scrivente evoluto, dotato di una scrittura sufficientemente spontanea, l'esecuzione dei singoli gesti è prevalentemente inconscia, ovvero non immediatamente presente alla coscienza; lo scrivente grazie agli automatismi acquisiti può delegare l'esecuzione della parte formale della scrittura all'inconscio cognitivo mentre si concentra consciamente sul contenuto che vuole comunicare.

Tra gli autori più importanti per lo studio della personalità in ambito cognitivo-comportamentale possiamo citare Watson, Thordyke, Tolman e Hull e per la teoria dell'apprendimento sociale Dollard e Miller, Rotter, Mischel, Bandura e Staats.

Dopo questa breve rassegna, evidentemente non esaustiva, dei principali ambiti di studio della personalità possiamo passare ad analizzare le teorie dei tratti in genere e la loro rilevanza per la grafologia.

1.2 Le teorie dei tratti in psicologia e in grafologia

La seconda principale suddivisione delle teorie di personalità è quella che inerisce alle cosiddette teorie dei tratti. I tratti di personalità, come accennato nell'introduzione, sono considerati variabili latenti sottostanti al comportamento individuale che ne spiegano la variabilità e che consentono di prevedere, entro certi limiti, quale sarà il comportamento di uno specifico individuo in una situazione data ("è una persona *affidabile* e quindi credo che onorerà il suo debito").

Sono quindi considerati tendenze relativamente stabili ad agire, pensare e sentire e a interagire con la realtà in un modo preferenziale. Vengono usati come sinonimo di 'tratto', con sfumature leggermente diverse, anche termini quali 'inclinazione', 'disposizione' e 'tendenza'.

Joel Paris definisce i tratti di personalità come "modalità coerenti di comportamenti, emozioni e componenti cognitive che variano notevolmente da individuo a individuo" laddove i disturbi di personalità sono considerati "amplificazioni patologiche" di tratti altrimenti normali (Ammaniti 2002, p. 12).

I tratti possono essere concettualizzati come dicotomici (tratto assente-presente) o, più frequentemente, essere rappresentati come un continuum che va da un minimo a un massimo. Nel primo caso l'individuo avrà o meno il tratto in questione (*tertium non datur*), nel secondo caso otterrà un punteggio più o meno alto in relazione al tratto considerato.

Per fare un esempio, Jung considera il tratto estroversione-introversione come dicotomico, poiché ciascun individuo o ricade nel tipo estroverso o in quello introverso (una teoria dicotomica dei tratti tende infatti a essere riducibile a una teoria tipologica). Viceversa Eysenck considera lo stesso tratto come un continuum poiché nei suoi test di personalità i diversi individui ottengono un punteggio di estroversione espresso su una scala che va da un minimo a un massimo. Va da sé che gli individui che ottengono un punteggio medio non saranno classificabili né come introversi né come estroversi.

Anche nel linguaggio comune possiamo descrivere un individuo con un insieme di tratti (cordiale, estroverso, spiritoso e superficiale) oppure attribuirgli una serie di "punteggi" sui singoli tratti (molto cordiale, abbastanza estroverso, qualche volta spiritoso e un po' superficiale). L'approccio "continuista" ha quindi il pregio di facilitare confronti tra individui diversi. Bisogna tuttavia considerare come non sempre a differenti livelli di misurazione corrisponda una differenza sostanziale dal punto di vista psicologico (si pensi ad esempio alla differenza minima che intercorre psicologicamente tra 5 o 6 decimi di Intozzata II, o tra 9 e 10 decimi di Largo tra parole).

La teoria grafologica morettiana tende a considerare i tratti come continui (in una scala da 0 a 10) piuttosto che come dicotomici anche se, per esigenze pratiche, possiamo talvolta riferirci ai singoli segni, e quindi ai singoli tratti, come se fossero dicotomici ("questa scrittura *non* ha Angoli A" piuttosto che "ha Angoli A di 3/10").

È evidente tuttavia che anche quando affermiamo che una scrittura *non* ha Angoli A non intendiamo sempre implicare che il grado di Angoli A sia di 0 decimi ma semplicemente che il grado di Angoli A può variare, in un ambito non meglio precisato, tra 0 e 4. D'altronde un individuo del tutto privo di "risentimento" probabilmente non esiste, così come non esistono – se non in casi limite – individui del tutto privi di logica, di critica, di adattamento, etc. Allo stesso modo un individuo del tutto privo di capacità di adattamento è un'astrazione, perché un individuo del genere con ogni probabilità non potrebbe sopravvivere a lungo.

Il linguaggio è per sua natura dicotomico e tende alla polarizzazione. Abbiamo un termine per "introverso" e un termine per "estroverso" ma non disponiamo di un singolo termine per un individuo che è leggermente più introverso che estroverso. Come esseri umani tendiamo alle dicotomie perché sono più utili e più economiche per una varietà di scopi. Da un punto di vista evoluzionistico si può ad esempio sostenere che sia più vantaggioso per la sopravvivenza dell'individuo e della specie dividere gli altri in "amici" o "nemici" e i cibi in "commestibili" o "non commestibili", piuttosto che parlare di gradi di amicizia e di commestibilità (*cfr.* Kosko 1995).

Oltre una certa soglia, tuttavia, anche le differenze di grado diventano differenze di genere. In grafologia, ad esempio, alcuni segni acquistano una specifica rilevanza da un certo grado in poi.

Palaferri, ad esempio, a proposito di Angoli C nota che "non esiste angoli C al di sotto dei 4/10, ma non si dà *vero* savoir-faire se il grado non arriva almeno a 5-6/10" (Palaferri 2001, p. 51). È evidente quindi che tra i 4 e i 5-6/10 la differenza di grado si tramuta in differenza di genere. Similmente il significato di Angoli A sfuma dal risentimento legittimo a quello illegittimo e quello di Angoli B dalla tenacia alla testardaggine.

Anche la psicologia del senso comune (*folk psyhcology*), che condividiamo in quanto esseri umani, riposa in ultima analisi su una teoria dei tratti. La psicologia ingenua ci consente di produrre inferenze sul comportamento altrui e di regolare il nostro comportamento in base alle nostre inferenze, che possono essere sia strettamente individuali che socialmente condivise ("è una persona meschina, quindi non mi dovrei fidare").

I tratti di personalità sono inoltre generalmente fondati su una base ereditaria e quindi sono solo in parte modificabili dall'ambiente. A rigore dovremmo perciò distinguere tra tratti temperamentali (innati) e tratti caratteriali (derivanti dall'interazione tra ciò che è innato e le influenze ambientali), come fa ad esempio Cloninger (*cfr.* cap. 4).

Un'ulteriore caratteristica delle teorie dei tratti è che sottendono una concezione gerarchica della personalità.

Secondo questa concezione esistono tratti sovraordinati molto ampi che si suddividono in tratti sotto-ordinati più specifici, i quali a loro volta possono diramarsi in tratti ancora più particolari.

Ad esempio Eysenck – che chiama i tratti più ampi "tipi" – suddivide il tipo Estroversione in diversi tratti: Calore, Socievolezza, Assertività, Attività, Ricerca dell'eccitazione e Emotività positiva. Sotto il livello dei tratti vi è il livello delle reazioni abituali e sotto questo il livello delle reazioni specifiche (Caprara-Gennaro 1994, p. 313). Le teorie dei tratti, infine, si distinguono relativamente al numero dei tratti individuati e alle metodologie impiegate per l'individuazione dei tratti stessi.

L'APPROCCIO FATTORIALE

Uno dei metodi più diffusi per l'individuazione dei tratti è l'analisi fattoriale, una tecnica statistica che consente di estrarre un numero ridotto di dimensioni (*fattori*) sottostanti a un ampio numero di variabili osservate. Le dimensioni ricavate con questa metodologia possono essere tra loro del tutto indipendenti (ortogonali) ovvero debolmente correlate ma non del tutto indipendenti (oblique). Ad esempio, nel modello di Eysenck sono previste tre dimensioni ortogonali: Estroversione, Nevroticismo e Psicoticismo[1].

L'ortogonalità dei tratti implica che queste variabili, almeno in teoria, non dovrebbero essere correlate tra loro. Un individuo Nevrotico quindi non dovrebbe avere maggiori probabilità di essere Estroverso o Introverso, Psicotico o Non Psicotico (*cfr.* par. 3.1).

L'analisi fattoriale permette quindi di ridurre il numero di variabili osservate a un numero più circoscritto di fattori primari, eliminando la ridondanza e estraendo il numero minimo di dimensioni che consenta di descrivere una personalità in modo esteso e circostanziato.

Questo procedimento consente di aggregare le variabili osservate in base a ciò che hanno in comune o in base a ciò che può essere ad esse sotteso.

Possiamo illustrare la metodologia fattoriale con un esempio di tipo grafologico. Ipotizziamo che Curva, Calibro alto, Stretto tra lettere e Rovesciata siano un insieme di segni che tendano a presentarsi insieme (si pensi alla tipica scrittura di un'adolescente di sesso femminile). Potremmo scoprire tramite l'analisi fattoriale che questi quattro segni sono riconducibili a un fattore comune (la variabile latente) che nel caso specifico potremmo chiamare "Introversione egocentrica" o "Arroccamento narcisistico".

Allo stesso modo potremmo arrivare a concludere che Accartocciata, Rovesciata e Stretto tra lettere hanno qualcosa in comune, che potremmo caratterizzare come "Diffidenza". Ovviamente in questo processo di aggregazione alcune informazioni andranno perse (ad esempio la distinzione tra diverse sfumature di diffidenza) ma vi sarebbe un guadagno in termini di economicità.

A seconda delle esigenze potrà quindi essere necessario utilizzare un numero più elevato di tratti (ad esempio i più di cento tratti della grafologia morettiana) o un numero più ridotto di "superfattori" (ad esempio le tre dimensioni di Eysenck).

I dati di base che costituiscono le variabili di partenza delle analisi fattoriali sono ricavate essenzialmente tramite due metodologie: l'analisi degli item e delle risposte ai questionari di personalità, e l'analisi del linguaggio comune (così come risulta cristallizzato, ad esempio, in un dizionario).

L'APPROCCIO LESSICOGRAFICO

L'analisi del linguaggio ordinario finalizzato all'estrazione di una lista di tratti è caratteristico dell'approccio lessicografico, la cui idea risale addirittura a Sir Francis Galton, cugino di Charles Darwin. Galton riteneva che le differenze più salienti e socialmente rilevanti tra le persone finissero per essere incorporate nel linguaggio ordinario e che tramite un campionamento del linguaggio stesso sarebbe stato possibile ricavare una tassonomia esauriente dei tratti di personalità.

Che le persone dispongano già di termini anche molto sofisticati per descrivere i propri simili non deve certo stupire. Dal momento che siamo animali sociali abbiamo infatti bisogno di caratterizzare nel modo più esatto possibile le differenti personalità dei nostri conspecifici e di scambiarci informazioni che ci consentano di predirne il comportamento. Nelle varie situazioni di vita infatti può fare molta differenza avere a che fare con qualcuno che è ritenuto "affidabile" piuttosto che "indisciplinato" o capire che una certa persona non è "sgarbata" ma solo "timida", e così via.

Nel 1936 Allport e Olbert resero operativa l'ipotesi della sedimentazione linguistica di Galton. Tramite l'analisi di due dizionari inglesi dell'epoca ricavarono una lista di 17.953 termini che si riferivano a tratti di personalità, e che furono successivamente ridotti a 4504 dopo aver escluso quei tratti che non erano sia osservabili che relativamente stabili. La lista di Allport e Olbert fu alla base del lavoro di Cattell che nel 1940 vi aggiunse termini ricavati dal lessico psicologico ed eliminò i sinonimi, arrivando a un totale di 171 descrittori.

Il numero di tratti venne ulteriormente ridotto da Cattell a 35 prima e a 16 poi tramite l'analisi fattoriale. Su questi 16 tratti "fondamentali" Cattell baserà la costruzione del suo *16PF-Personality Questionnaire* (*cfr.* cap. 5.3). Tupes e Cristal nel 1960 aggregheranno i 16 tratti di Cattell in 5 macrodimensioni, ottenute tramite un'ulteriore analisi fattoriale, che costituiranno la base del modello Big Five (*cfr.* cap. 2).

1.3 Critiche alle teorie dei tratti e implicazioni grafologiche

Le teorie dei tratti non sono state esenti da critiche. Nel 1968 Walter Mischel ha sostenuto che i tratti di personalità non rendono conto di più del 10 per cento della varianza dei dati comportamentali, ovvero che le misurazioni dei tratti correlano in modo molto imperfetto con gli specifici comportamenti messi in atto da specifici individui. Per Mischel i tratti non sono stabili ma variano al variare delle situazioni e pertanto risulterebbe impossibile predire il comportamento a partire dai soli tratti di personalità. La spiegazione migliore dell'agire umano potrebbe quindi essere di tipo situazionale piuttosto che disposizionale.

Per Mischel i tratti sono solo categorie descrittive e gli studi fattoriali sulla personalità dimostrerebbero unicamente che gli individui tendono a raggruppare i comportamenti in un certo modo e non che noi tendiamo a comportarci effettivamente in quel modo. I metodi psicometrici coglierebbero quindi solo il modo in cui categorizziamo noi stessi e gli altri e non il modo in cui effettivamente siamo.

Queste tesi di Mischel saranno poi portate alle estreme conseguenze dai situazionisti radicali che sosterranno che la personalità è solo un costrutto sociale che le persone utilizzano per mantenere l'illusione di coerenza e consistenza del mondo, e quindi della propria e dell'altrui "personalità".

Secondo il situazionismo il comportamento individuale sarebbe interamente determinato dalle circostanze e non esisterebbe, ad esempio, la tendenza alla disonestà ma piuttosto, come vuole l'adagio popolare, sarebbe l'occasione a fare l'uomo ladro. In pratica, gli individui differirebbero tra loro non per presunti tratti di personalità soggiacenti ma unicamente per le circostanze concrete in cui si verrebbero a trovare.

Il situazionismo è stato messo in crisi negli anni '80 quando si è mostrato che, anche se non è possibile prevedere un singolo comportamento (ovvero come si comporterà l'individuo x in una circostanza y dato il tratto z), è possibile predire pattern di comportamenti, ovvero come un individuo si comporterà *tendenzialmente*. Secondo Epstein, critico del situazionismo, Mischel si è limitato a prendere in esame la relazione tra un singolo tratto della personalità e un singolo esempio di ciascun comportamento mentre sarebbero necessarie, per mostrare la validità o l'invalidità delle teorie dei tratti, più misurazioni di ciascun comportamento nel tempo.

> Per capire se una squadra di calcio è forte, non vale prendere in considerazione il risultato ottenuto in una domenica qualunque perché, con ogni probabilità, tutte le squadre a volte vincono, a volte perdono e a volte pareggiano. Se invece prendessimo in esame le prestazioni medie

nell'arco della stagione (compreso il numero di volte in cui una squadra ha vinto e di quanto, e il numero di volte in cui ha perso e di quanto), ci sarebbe molto più facile individuare la squadra più forte (Wagstaff 1999).

In altri termini, la relazione tra un tratto (o l'insieme dei tratti) e il comportamento non è una relazione lineare di causa-effetto ma una relazione di tipo probabilistico. Un individuo introverso, ad esempio, non è un individuo che in *ogni* circostanza si comporta in modo introverso – un individuo del genere con ogni probabilità non esiste – ma un individuo che nella maggior parte dei casi, o in misura significativamente superiore rispetto a un estroverso, si comporta in modo introverso.

Il situazionismo ha inoltre esiti paradossali: se il comportamento degli individui è unicamente determinato dalle situazioni allora tutti gli individui nella stessa situazione dovrebbero comportarsi nello stesso modo, il che ovviamente non avviene.

INTERAZIONISMO E GRAFOLOGIA

Una posizione più moderata rispetto a quella dei situazionisti è espressa dagli interazionisti, che sostengono che il comportamento può essere predetto più accuratamente prendendo in considerazione l'interazione tra tratti di personalità e circostanze ambientali. In altri termini né i tratti da soli né le situazioni ci permettono di predire cosa un individuo effettivamente farà, ma se consideriamo entrambi i fattori possiamo disporre di una buona stima del comportamento individuale.

Possiamo declinare questo discorso in ambito grafologico. Quando diciamo ad esempio che un individuo è inflessibile perché ha il segno Aste rette 7/10, cosa intendiamo dire? Qual è la relazione tra il tratto dell'inflessibilità e il relativo comportamento?

Ovviamente non possiamo sostenere che un individuo la cui scrittura ha 7/10 di Aste rette si comporti *sempre* in modo inflessibile ma solo che ha la *tendenza* a comportarsi in questo modo, ovvero che nella maggior parte dei casi si comporterà in questo modo. Se vogliamo fare una stima di quanto spesso l'individuo in questione si comporterà in modo inflessibile possiamo prendere in considerazione il grado del segno. Possiamo immaginare ipoteticamente che un individuo che ha 7/10 di Aste rette e 3/10 di Aste col concavo a sinistra agirà nel 70% delle circostanze in modo inflessibile e nel 30% dei casi in modo remissivo.

Questa tesi può apparire bizzarra ma non lo è nella misura in cui si consideri che la scrittura è in effetti un comportamento e che un campione di scrittura è quindi un campione – che si suppone rappresentativo – di una classe più ampia di comportamenti. Se un individuo produce abitualmente circa 7 Aste rette e 3 aste col concavo a destra ogni 10 aste, questo equivale a dire che questo individuo si comporta

7 volte in modo inflessibile e 3 volte in modo remissivo ogni 10 volte in cui ha l'occasione di scegliere se comportarsi in modo inflessibile o remissivo.

Possiamo ora analizzare le ricadute in ambito grafologico delle critiche dell'interazionismo alle teorie dei tratti.

Se il comportamento è risultato sia dei tratti (disposizioni interiori) che delle circostanze (esteriori) possiamo dedurne che un individuo con determinati tratti (o segni grafologici) avrà comportamenti diversi a seconda delle circostanze in cui viene a trovarsi. In altri termini, data una certa combinazione di segni potremmo essere in grado di effettuare previsioni su come l'individuo si comporterà in circostanze diverse, incrociando i tratti con le possibili situazioni in cui tratti stessi si manifesteranno.

Questa tesi non è estranea al pensiero di Moretti che nell'ultima parte di *Grafologia pedagogica* (Moretti 2002b) prende in considerazione l'influenza che diversi ambienti possono avere su specifici segni grafologici. È inoltre implicitamente presente in tutta la sua opera poiché Moretti si è mostrato sempre molto attento non solo alle disposizioni individuali ma anche alle situazioni che elicitano dimensioni diverse dello stesso tratto. Ad esempio del segno Ricci del soggettivismo ci dice che ha "stranezze in casa con i familiari" (Moretti 2002a, p. 287). In questo caso si mette in relazione un tratto (il soggettivismo) con una situazione particolare, che evoca un comportamento specifico non del tutto prevedibile a partire dal significato generale del tratto stesso.

È ovvio quindi che non vi sarà una corrispondenza perfetta tra tratto di personalità è comportamento. Un individuo con Intozzata I di 7/10 tenderà certamente a imporsi ma occasionalmente, in circostanze particolari, potrebbe anche lasciar correre. Ciò che appare sostanziale è che *tende* ad imporsi e che nella maggior parte dei casi lo farà e che lo farà in misura maggiore rispetto a individui che hanno un grado inferiore di Intozzata I. Se si disconosce questa ovvietà si potrebbe finire erroneamente per pensare che gli individui siano unidimensionali e monolitici e che agiscano spinti dai "tratti di personalità" (o dai segni grafologici) come se fossero fatalisticamente determinati da una legge universale e assoluta di causa-effetto.

Più che di determinazione si dovrebbe parlare quindi di condizionamento. Il condizionamento può essere inteso come una spinta motivazionale da cui si può occasionalmente prescindere ma che tende sul lungo termine e nel complesso, più che nell'azione specifica, a far valere la sua legge. Possiamo pensare, come esempio, a un dado truccato che altera le probabilità di ogni singolo lancio ma che non ne determina in maniera univoca il risultato.

Oltre all'interazione tra tratti e situazioni la grafologia morettiana prende anche in considerazione l'interazione tra i tratti, che viene anzi a costituire il momento più peculiare e caratterizzante del metodo grafologico. Tramite l'analisi grafologica non rileviamo solo che l'individuo è, ad esempio, tendenzialmente inflessibile (Aste rette) e poco autonomo dal punto di vista affettivo (Pendente) ma anche il modo in cui l'inflessibilità interagisce con la mancanza di autonomia e il modo in cui questa interagisce a sua volta con l'inflessibilità. Potremmo avere a che fare in questo caso con un soggetto che versa la sua inflessibilità soprattutto sul piano affettivo – rimanendo irremovibile nella sua esigenza di essere ricambiato affettivamente – ma anche con un individuo che pur volendo essere ricambiato affettivamente non cede alle lusinghe dell'affettività rimanendo inflessibile.

Ovviamente le due interpretazioni possono essere entrambe corrette o, viceversa, potremmo predilegere l'una o l'altra a seconda del contesto degli altri segni e del grado rispettivo di Pendente e Aste rette. Ad esempio 7/10 di Aste rette e 3/10 di Pendente ha una dinamica diversa da 7/10 di Pendente e 3/10 di Aste rette. Nel primo caso presumibilmente Aste rette si servirà di Pendente, nel secondo caso Pendente si servirà di Aste rette.

Nel caso esemplificato abbiamo due tendenze contrarie (Resistenza e Cessione) che però non si annullano ma agiscono come due vettori che vanno in direzioni contrarie con intensità diversa. Il comportamento risultante sarà quindi dato non solo della somma di questi due vettori ma anche dei "vettori ambientali", ovvero delle spinte esercitate da una specifica situazione.

In linea generale se in una scrittura data abbiamo 10 segni grafologici con valore superiore ai 5/10 (e quindi importanti ai fini della caratterizzazione della scrittura) possiamo avere un numero di combinazioni di tratti a due a due pari a *10 fattoriale* ovvero un numero superiore ai tre milioni.

La maggior parte delle teorie di personalità, d'altro canto, non prende in considerazione le combinazioni tra tratti. Se un individuo risulta, ad esempio, sia coscienzioso che emotivamente instabile secondo il modello Big Five (*cfr.* cap. 2) potremmo chiederci quale sia la risultante di queste due disposizioni, per quanto la teoria del Big Five non avrebbe a questo proposito una risposta da darci.

Presumibilmente i due tratti interagiranno tra di loro in modo peculiare producendo un "super-tratto" il quale, almeno in parte, supererà nel significato la mera somma del significato dei tratti costituenti (è il noto principio della *Gestalt* per cui il totale è maggiore della somma delle parti).

Un noto esempio grafologico di questo principio è quello della combinazione Curva + Intozzata I che ha come risultato l'orgoglio, una dimensione che non è interamente presente né nel Curva né nell'Intozzata I.

Un'altra critica che viene spesso mossa alle teorie dei tratti è che lo stesso tratto può presentare sfumature diverse in individui diversi. Ci si può chiedere ad esempio se l'Estroversione sia essenzialmente la stessa per tutti gli individui o vari, almeno in parte, al variare degli individui.

La grafologia morettiana ha una risposta ben precisa a questo problema. Sappiamo infatti che i segni mantengono un significato stabile al variare dei contesti (e quindi degli altri segni) ma che allo stesso tempo mutano almeno "in parte" il loro significato. Queste due proprietà dei segni grafologici possono peraltro sembrare tra loro in contraddizione ma non lo sono.

Per illustrare questo punto con un esempio tratto dalla chimica possiamo pensare all'idrogeno e all'ossigeno che mantengono in parte le loro proprietà se si uniscono per formare una molecola d'acqua. È corretto affermare in questo caso sia che idrogeno e ossigeno sono rimasti "se stessi", sia che, in parte, sono cambiati e hanno assunto proprietà che prima non avevano (le proprietà dell'acqua). Nel gergo filosofico le proprietà dell'acqua sono dette "sopravvenienti" (o "emergenti") perché si manifestano solo quando l'idrogeno si combina opportunamente con l'ossigeno, ma non sono presenti nei suoi costituenti (ad esempio l'acqua evapora a 100 gradi ma l'idrogeno no).

Per riportare il nostro discorso alla grafologia, il Pendente è lo stesso segno sia in un contesto di Stentata che di Fluida, ma le sue manifestazioni saranno diverse, e talvolta significativamente diverse, nei due casi. La tendenza a cercare la corrispondenza affettiva rimane immutata, ma le sue manifestazioni, anche comportamentali, saranno diverse nei diversi contesti.

Da questo discorso si comprende come la grafologia morettiana non sia una semplice teoria dei tratti ma manifesti alcune importanti peculiarità che si possono così riassumere:

1. I tratti grafologici sono tra loro in un rapporto dinamico e non statico.
2. I tratti grafologici danno luogo a "super-tratti" che hanno un significato complesso che può essere maggiore della somma dei significati dei tratti costituenti.
3. I tratti grafologici hanno un nucleo di significato invariabile circondato da un'area di significato che muta al variare del contesto degli altri segni.
4. I tratti grafologici rappresentano delle potenzialità che si attualizzano in modo diverso al variare delle circostanze.

2
Grafologia e Big Five

2.1 Il modello Big Five

Il modello del Big Five è stato elaborato da Norman nel 1963 sulla base di un precedente lavoro di Tupes e Cristal e sottoposto a ripetute verifiche da parte di McCrae e Costa a cominciare dal 1980 (Boncori 1993, p. 652).

I due autori sono giunti a postulare cinque dimensioni fondamentali ricavandole dall'analisi di autovalutazioni, eterovalutazioni e questionari di personalità. Le cinque dimensioni sono: (1) Estroversione, (2) Gradevolezza, (3) Coscienziosità, (4) Stabilità emotiva, (5) Apertura mentale.

Queste dimensioni, secondo i sostenitori del modello, hanno un valore universale, sono relativamente stabili nel tempo e rendono conto della maggior parte della varianza delle differenze individuali. Secondo McCrae e Costa la gran parte dei tratti considerati dalle varie teorie di personalità possono essere ridotte a queste cinque dimensioni.

Il Big Five si colloca a un livello intermedio tra teorie come quelle di Eysenck (*cfr.* cap. 3), che ipotizzano un ridotto numero di dimensioni fondamentali (due o tre a seconda delle versioni), e teorie come quelle di Cattell che ne propongono un numero maggiore (sedici nel 16-PF). I fondamenti teorici del Big Five sono la teoria lessicografica della sedimentazione linguistica di Cattell e l'approccio fattorialista allo studio della personalità (*cfr.* par. 1.2).

Secondo l'approccio lessicografico, come si è visto, nel linguaggio ordinario si sono sedimentati tutti i termini di cui necessitiamo per descrivere compiutamente la personalità umana. Questi termini possono però essere ridondanti o rappresentare sfumature diverse di uno stesso tratto di personalità. Si può quindi far uso di una metodologia statistica, detta analisi fattoriale, per ridurre le dimensioni individuate al numero minimo di fattori possibile.

I test che si ispirano al modello del Big Five sono molto utilizzati nell'ambito della selezione del personale per via dell'approccio "sincretista" che caratterizza questa metodologia. Il Big Five infatti sintetizza e mette d'accordo le varie teorie di personalità tramite l'estrazione (statistica) del loro "minimo comun denominatore".

Il Big Five non si basa quindi su una teoria in particolare (come i modelli di Eysenck o Cattell) ma costituisce in qualche modo un "metamodello" che trae la sua validità dalla validità delle teorie afferenti e dall'uso condiviso del linguaggio.

Poiché i tratti rilevati dal Big Five aspirano ad essere "fondamentali", il modello a cinque tratti si presta particolarmente bene a una caratterizzazione in termini grafologici e a essere utilizzato nelle analisi di personalità. Può infatti costituire un'utile griglia di partenza per "inquadrare" in prima battuta l'analizzando e da cui poi poter avanzare ulteriormente per ricavare i tratti più sfumati e le loro relative interazioni.

2.2. Big Five e grafologia

In questo paragrafo vedremo come tradurre le cinque dimensioni del Big Five in termini grafologici. Si individuerà per ciascuna dimensione un segno (o una combinazione di segni) prototipico e fautore, e un segno (o una combinazione di segni) prototipico e contrario. In seconda battuta si individueranno i segni marginali, che pur partecipando al significato del costrutto non lo definiscono appieno.

La presenza in una scrittura dei segni prototipici relativi a una particolare dimensione è quindi condizione sia necessaria che sufficiente per attribuire il tratto in questione, mentre la presenza dei soli segni marginali non sarà condizione né necessaria né sufficiente.

In pratica, quando andremo a valutare se un tratto del Big Five sia o meno presente valuteremo la "distanza" della scrittura in esame dal prototipo fautore e dal prototipo contrario, e solo in un secondo momento la presenza dei segni marginali fautori e contrari. I segni marginali risulteranno dirimenti solo in caso di equidistanza dai due prototipi o di impossibilità a decidere per l'uno o per l'altro. Negli altri casi potremmo utilizzare i tratti marginali per verificare l'ipotesi relativa a quale tratto sia predominante o per una determinazione più precisa del punteggio da assegnare a ciascuna dimensione.

ESTROVERSIONE

Gli Estroversi, così come sono definiti dalle principali teorie di personalità e dal Big Five, tendono a trarre piacere dalle interazioni sociali e a essere entusiasti, loquaci, assertivi e socievoli. Sono inoltre propensi ad assumersi dei rischi e mostrano spiccate abilità di leadership.

Dicono tendenzialmente la prima cosa che viene loro in mente e anche per questo quello che dicono è spesso conforme a quello che pensano. Preferiscono la compagnia alle attività solitarie e provano più piacere nelle attività che coinvolgono altre persone.

In senso generale, l'Estroversione esprime la tendenza a trarre gratificazione e a interessarsi a ciò che è esterno mentre l'Introversione esprime la tendenza a trarre gratificazione e a interessarsi alla propria vita interiore.

Gli Introversi tendono quindi a essere moderati, posati e relativamente passivi nelle situazioni sociali. Traggono piacere dalle attività solitarie come la lettura, la scrittura e la pittura.

Sono esempi emblematici di Introversione gli archetipi dell'artista, dello scrittore e del compositore. Sebbene gli Introversi tendano a provare più piacere nelle aittività solitarie che in quelle che coinvolgono gruppi ampi sono in grado di trarre piacere anche dalle relazioni con amici intimi (ma non dalle relazioni con chiunque). Preferiscono concentrarsi su una singola attività alla volta, si sentono facilmente sovrastimolati dalle attività sociali e tendono solitamente a pensare prima di agire. L'Introversione non va confusa con la timidezza poiché i timidi evitano le situazioni sociali per paura mentre gli introversi preferiscono le attività solitarie per scelta.

I termini Estroversione e Introversione risalgono a Jung che postula un'energia psichica (che in parte corrisponde alla "libido" di Freud) che fluisce preferenzialmente all'esterno o all'interno dell'individuo (Jung 2007). Gli Estroversi si "energizzano" quando stanno con gli altri e si "scaricano" quando stanno da soli, mentre gli Introversi si "energizzano" stando da soli e si "scaricano" stando con gli altri.

Dal punto di vista neurofisiologico l'Estroversione è stata collegata con una maggiore sensibilità del sistema mesolimbico della dopamina in risposta a stimoli gratificanti. Questo spiegherebbe perché gli Estroversi tendono a provare tendenzialmente emozioni positive piuttosto che negative e perché risultino più facilmente condizionabili da rinforzi positivi piuttosto che da rinforzi negativi (ovvero dai premi piuttosto che dalle punizioni). Il maggior piacere che traggono dai rinforzi positivi rispetto agli Introversi ne spiegherebbe inoltre la preferenza per le attività rischiose ma eccitanti.

Alcuni studi suggeriscono che gli Introversi presenterebbero un maggiore flusso sanguigno nei lobi frontali e nel talamo anteriore, due strutture cerebrali implicate nella pianificazione e nel *problem solving*. Gli Estroversi presenterebbero invece un maggiore flusso sanguigno nel giro cingolato, nei lobi temporali e nel talamo posteriore, strutture cerebrali implicate nelle esperienze emotive e sensoriali. Queste ricerche mostrerebbero come le differenze tra Estroversi e Introversi siano in ultima analisi collegate a differenze nel funzionamento cerebrale.

Nel Big Five, chi ottiene alti punteggi nella dimensione Estroversione è loquace, socievole, audace, attivo, amante del divertimento, caldo, amichevole e spontaneo. Chi ottiene punteggi bassi è silenzioso, riservato, timido, passivo, serio, freddo, distante e inibito (Boncori 1993, p. 653).

Nel test di personalità NEO-PI-R, basato sul Big-Five, l'Estroversione è valutata in base a sei sottodimensioni: Calore, Socievolezza, Assertività, Attività, Ricerca dell'eccitazione e Emotività positiva. Alcuni degli item che misurano l'Estroversione nel test sono: "Sono l'anima della festa", "Non mi dispiace essere al centro dell'attenzione", "Mi sento a mio agio in mezzo alla gente", "Mi piace parlare con molte persone diverse alle feste". Tra gli item che misurano la Non Estroversione vi sono invece: "Non mi piace attirare l'attenzione su di me", "Non parlo molto", "Ho poco da dire".

ESTROVERSIONE E GRAFOLOGIA

In primo luogo dobbiamo notare come il costrutto Estroversione del Big Five vada piuttosto al di là del senso ordinario di 'estroversione' della lingua italiana.

In particolare, le sottodimensioni Assertività e Attività esulano del concetto poiché non abbiamo difficoltà a concepire un estroverso poco attivo o poco assertivo.

Contrariamente a quest'uso, in diverse classificazioni dei tratti di personalità, come quella di McCrae e Costa, è chiaramente presente nell'Estroversione una connotazione di "attività", connotazione che risulta addirittura fondamentale in alcune teorie, come quella di Brand. Questa sotto-dimensione è invece del tutto assente in altre tassonomie, come quella di Norman (Boncori 1993, p. 652).

Nella traduzione in italiano del test basato sul Big Five Caprara ha utilizzato per il costrutto Estroversione il termine 'Energia'. Questo vocabolo pur coprendo efficacemente le sottodimensioni Attività e Assertività sembra comprendere in maniera solo imperfetta le altre sottodimensioni. Per come intendiamo in italiano questi termini sembra infatti che si possa essere attivi e assertivi senza essere necessariamente socievoli (e viceversa).

Sembra quindi che non esista nella nostra lingua un vocabolo che renda conto di tutte e sei le sottodimensioni. Dobbiamo pertanto sottolineare come quello di Estroversione sia un costrutto specifico con sfumature e implicazioni alquanto diverse rispetto all'uso ordinario del termine.

Il problema si pone anche dal punto di vista grafologico poiché il Profusa, segno prototipico dell'Estroversione per Calore, Socievolezza, Ricerca dell'eccitazione e Emotività positiva non lo è altrettanto per Assertività e Attività, che sembrano esulare dal significato del segno. Se vogliamo quindi caratterizzare grafologicamente l'Estroversione del Big Five dobbiamo aggiungere al Profusa una base di Intozzata I che gli conferisca Assertività e Attività.

Tuttavia, dal momento che il Profusa richiede espansione esagerata sia nella dimensione orizzontale che verticale, ben difficilmente potrà avverarsi con Filiforme e pertanto sembra che la grafologia morettiana tenga unito ciò che nella lingua italiana rimane distinto, similmente a quanto accade nel costrutto di Estroversione del Big Five.

Per una maggiore chiarezza concettuale, dovremmo inoltre distinguere almeno due sensi in cui si può intendere il concetto di Estroversione in riferimento alla grafologia morettiana. C'è infatti l'estroversione del Calibro alto, che è un'estroversione di tipo egocentrico, in cui il soggetto cerca di essere al centro dell'attenzione ma è in realtà poco interessato a dare agli altri lo spazio che invoca per sé. E c'è l'estroversione del Largo tra lettere che è un'estroversione di tipo "allocentrico", in cui il soggetto è genuinamente interessato agli altri e non solo a ciò che in termini di approvazione e ammirazione questi possono dare.

Nel caso limite di Calibro alto + Largo tra lettere avremmo entrambi i tipi di estroversione ma nella maggior parte dei casi ne avremo solo uno perché il soggetto di norma impiega la sua energia o nel vettore destra-sinistra, o in quello alto-basso, e più difficilmente in entrambi (il Profusa è l'eccezione ma non la regola).

Questa precisazione sembra necessaria per decidere quale senso dare a una combinazione che si presenta frequentemente in grafologia, ovvero la sindrome Calibro alto + Stretto tra lettere. In questo caso non è facile determinare se il soggetto sia Estroverso o meno, poiché abbiamo uno dei tipi di estroversione ma non l'altro. Il Calibro alto va verso l'Estroversione (di tipo egocentrico) e lo Stretto tra lettere verso la Non Estroversione (di tipo allocentrico).

Incidentalmente si può notare come entrambi i segni concordino sull'*egocentrismo* che tuttavia non ha necessariamente a che fare né con l'Estroversione né con l'Introversione. In questa sindrome si ha egocentrismo sia perché il soggetto dà a sé più importanza del dovuto (Calibro alto), sia perché dà agli altri *meno* importanza di quanto dovrebbe (Stretto tra lettere).

Per risolvere il problema di Calibro alto + Stretto tra lettere dobbiamo determinare quindi che tipo di estroversione sia implicato nel Big Five. Se assumiamo la definizione del Big Five l'accezione di Estroversione utilizzata sembra molto più vicina a quella che qui abbiamo chiamato "estroversione egocentrica" piuttosto che all'"estroversione allocentrica". Infatti, come si è visto, l'Estroverso è loquace, socievole, audace, attivo, amante del divertimento, caldo, amichevole e spontaneo, tutti tratti che vanno nella direzione di un'estroversione "di facciata" e non necessariamente di un'autentica apertura nei confronti degli altri.

È per questo che nella definizione di Estroversione del Big Five il Calibro alto sembra più importante del Largo tra lettere, che invece – come vedremo – risulta più importante nella dimensione Gradevolezza, più vicina all'estroversione di tipo allocentrico.

Questo equivale a dire che il Big Five coglie la dimensione esteriore del comportamento estroverso e non necessariamente le dinamiche interiori. L'Estroverso tipo del Big Five è infatti "l'anima della festa" e poco importa se questi sia o meno egocentrico (e anzi, un certo egocentrismo non nuoce). I test di personalità infatti, per ragioni connesse alla validità, tendono a valutare preferibilmente il comportamento esteriore e manifesto piuttosto che le (talvolta imperscrutabili) dinamiche interiori.

Dobbiamo infine considerare come il Calibro Alto tenda a render ragione anche dell'altra sotto-dimensione dell'Estroversione, quella connessa all'Assertività-Attività (l'Energia, nella traduzione di Caprara), ovvero all'Intozzata I. Il Calibro alto infatti si accompagna più facilmente all'Intozzata I che al Filiforme perché richiede comunque uno sforzo maggiore in termini energetici del Calibro medio o del Calibro piccolo. Il Calibro alto nel costrutto Estroversione quindi è più centrale rispetto al Largo di lettera poiché il Largo di lettera non spiega e non copre né l'Attività né l'Assertività laddove il Calibro alto (indirettamente) vi riesce.

Il Profusa + Intozzata I è quindi la combinazione massimamente estroversa perché si espande nelle tre dimensioni: larghezza, altezza e profondità. Se c'è un senso unico che coglie tutte le sottodimensioni dell'Estroversione è proprio quello relativo al concetto di *espansione* a cui fa da contrappunto la *concentrazione* dell'Introversione.

Per concludere, da un punto di vista grafologico possiamo considerare come prototipico del costrutto Estroversione il segno Profusa (Calibro alto + Largo tra lettere sopra la media) su una base di Intozzata I.

Dal punto di vista dei temperamenti morettiani l'Estroversione vuole sia una certa dose di Assalto (Intozzata I) che di Cessione (Profusa).

Nonostante Moretti ponga Profusa nel temperamento della Cessione possiamo tuttavia rilevarvi anche qualche componente di Assalto sia per la presenza di Calibro alto, sia perché "in genere Profusa tende a Gettata via" e sia perché infine "Spigliata è facile compagna di Profusa" (Palaferri 2001, p. 222). Sia Calibro alto che Spigliata che Gettata via partecipano, almeno in parte, del temperamento dell'Assalto.

La corrispondenza tra sottodimensioni dell'Estroversione e significati attribuiti a Profusa + Intozzata I è pressoché totale. Lo stesso Moretti peraltro afferma che l'espansività del Profusa "si manifesta con ogni sorta di estroversismo" (Moretti 2002, p. 133).

L'unico tratto non esplicitamente menzionato tra i significati grafologici del segno Profusa è quello dell'audacia, che potrebbe tuttavia facilmente essere spiegata dalla componente di Assalto del Calibro alto, come pure dalla faciloneria del Largo tra lettere sopra media o dagli altri segni concomitanti.

Avremmo tuttavia un'audacia per sconsideratezza e avventato ottimismo e non certo per genuino coraggio. Similmente il soggetto non dovrebbe essere considerato attivo in senso caratterologico (attività conclusiva e incisiva) ma nel senso più riduttivo di semplice "vitalità intensa ed esuberante" (Palaferri 2001, p. 222). Solo con autentico Intozzata I con il segno Precisa (Palaferri 2001, p. 216) avremo attività anche in senso caratterologico.

Tra i segni marginali di Estroversione merita di essere menzionato anche il Curva, poiché "Profusa sottende quasi sempre spiccato grado di Curva" (Palaferri 2001, p. 222). Il Curva è del tutto congruo con la socialità e l'amichevolezza del segno e rientra quindi pienamente nel concetto (e, come si vedrà, rientra anche nella Gradevolezza, ma in posizione stavolta centrale e non marginale).

Il Pendente sembrerebbe a prima vista un segno centrale nell'Estroversione ma in realtà risulta solo marginale. In primo luogo perché il Profusa, dal momento che si espande con una certa avventatezza verso il vettore destra, tenderà più facilmente a Pendente che a Dritta o a Rovesciata. Il Pendente è in parte quindi già implicito nel Profusa e sarebbe pleonastico considerarlo centrale per la definizione dell'Estroversione.

In secondo luogo il Pendente non è interessato indiscriminatamente ai rapporti sociali in sé quanto piuttosto a essere corrisposto dal punto di vista affettivo. In pratica mentre l'Estroverso ha per riferimento il gruppo, il Pendente ha per riferimento il Tu.

Infine il Pendente, a differenza del Profusa, può occorrere anche in sindromi che sono tutto fuorché indici di Estroversione; si pensi ad esempio alla combinazione Pendente + Aste rette + Parallela.

Anche lo Slanciata è segno di Estroversione e, non a caso, ha molte affinità con il Profusa che risulta essere uno dei suoi elementi costitutivi (Palaferri 2001, p. 248).

Il segno principale che caratterizza l'Estroversione è quindi Profusa + Intozzata I mentre tra i secondari possiamo comprendere, tra gli altri, Spigliata, Gettata via, Curva, Pendente, Slanciata (si veda la TAB. 1 a pp. 45-47 per una lista più esaustiva).

Dovremmo tenere presenti questi segni quando andremo a caratterizzare chi si colloca al polo opposto, ovvero chi è silenzioso, riservato, timido, passivo, serio, freddo, distante e inibito.

Possiamo certamente considerare il Parca come antitetico al Profusa e quindi come caratteristico di chi ottiene bassi punteggi nella dimensione Estroversione. D'altronde Parca "esclude ogni segno che sappia di esuberanza, di disordine o di profusione" (Palaferri 2001, p. 203).

Se Profusa vuole Calibro alto e Largo tra lettere, i punteggi più bassi di Estroversione saranno di conseguenza ottenuti da chi ha Calibro piccolo e Stretto tra lettere. Il Calibro piccolo è già incluso come costituente nel concetto di Parca mentre lo Stretto tra lettere sarà un coefficiente ulteriore. Questi due segni congiunti coprono la totalità delle sottodimensioni dell'Introversione e quindi non ci sarà bisogno di postularne di ulteriori, per quanto anche Rovesciata, Accartocciata e Largo tra parole rientrino – più indirettamente – nel concetto. Similmente i "contrari" Pendente e Stretto tra parole si addicono più al Profusa e all'Estroversione che ai suoi contrari.

La sottodimensione di passività, alla luce di quanto abbiamo detto del Profusa, va qui intesa esclusivamente come mancanza di iniziativa e intraprendenza dal punto di vista affettivo e sociale. Poiché l'Estroversione è caratterizzata da Profusa + Intozzata I, per simmetria possiamo postulare che l'Introversione sia caratterizzata da Parca + Stretto tra lettere + Filiforme. Il Filiforme (meglio se "astenico") renderà conto della dimensione di "passività" dell'Introverso.

In sintesi, la sindrome che meglio caratterizza l'Introversione è data dalla combinazione Parca (+ Calibro piccolo) + Stretto tra lettere + Filiforme. Tra i segni secondari possiamo citare, tra gli altri, Accartocciata, Rovesciata, Largo tra parole.

Possiamo quindi considerare la dimensione Estroversione-Introversione come un continuum che va dal Profusa al Parca.

Va da sé che ciascun segno grafologico può idealmente essere posto su questo asse. Ad esempio il segno Cauta sarà più vicino al Parca e all'Introversione, laddove il segno Spavalda sarà certamente più vicino al Profusa e all'Estroversione.

In altri termini non è necessario che si diano i segni Parca o Profusa affinché si possa parlare di Introversione o Estroversione. Questi due segni sono solo gli estremi di un continuum e fungono quindi da prototipi e da termini di paragone su cui misurare l'introversione o l'estroversione degli altri segni.

Infine, i soggetti che ottengono punteggi medi nella dimensione Estroversione del Big Five dovrebbero essere rappresentati dai seguenti segni: Calibro medio, Largo tra lettere sui 5/10, Largo tra parole proporzionato al Largo di lettera, Dritta modulato, equilibrio tra Curva e Angolosa, etc.

GRADEVOLEZZA

La Gradevolezza, così come viene definita nel Big Five, è la tendenza a risultare piacevoli e accomodanti nelle situazioni sociali e a mostrare interesse nella cooperazione e nel perseguimento dell'armonia interpersonale. Gli individui che ottengono punteggi alti in questa dimensione risultano empatici, premurosi, amichevoli, generosi e disponibili. Tendono ad avere una concezione ottimistica della natura umana e a pensare che la maggior parte delle persone siano oneste, rispettabili e degne di fiducia.

D'altro canto gli individui che ottengono punteggi bassi tendono a ritenere che il perseguimento del proprio interesse individuale sia più importante che andare d'accordo con gli altri. Sono generalmente meno interessati al benessere altrui, manifestano minore empatia ed è meno probabile che cambino le proprie decisioni per andare incontro alle esigenze del prossimo.

Possono essere scettici e ritenere che gli altri abbiamo motivazioni recondite e comportarsi di conseguenza in modo sospettoso e poco amichevole. Le persone che ottengono punteggi molto bassi in questa dimensione possono risultare manipolativi e "machiavellici" nelle situazioni sociali, e utilizzare gli altri come mezzi per i loro scopi. È più probabile inoltre che siano inclini a competere piuttosto che a cooperare.

Gli individui Gradevoli tendono a vedere gli altri in modo pregiudizialmente positivo. Poiché tendono a provocare risposte più positive negli altri finiscono spesso per risultare più popolari. Ciononostante gli individui Gradevoli non sono necessariamente più conformisti o più influenzabili della media.

In situazioni conflittuali gli individui Gradevoli hanno più facilità nel controllare emozioni negative come la rabbia e nell'usare tecniche costruttive, piuttosto che coercitive, per risolvere i conflitti.

Sono inoltre più disposti a fare concessioni e preferiscono risultare sconfitti in una controversia se questo gli consente di mantenere una relazione positiva con l'interlocutore.

La Gradevolezza risulta correlata positivamente con l'altruismo e con i comportamenti di aiuto. Alcuni esperimenti hanno mostrato che laddove è probabile che la maggior parte delle persone aiuti i propri consanguinei o mostri comportamenti altruistici quando la loro capacità empatica viene sollecitata, gli individui Gradevoli sono inclini ai comportamenti altruistici anche in assenza di queste condizioni.

D'altra parte gli individui Non Gradevoli sono più inclini a procurare danno agli altri. I ricercatori hanno scoperto che bassi livelli di Gradevolezza negli adolescentisono associati a una maggiore frequenza di pensieri e comportamenti aggressivi e a un ridotto adattamento sociale. Le persone Non Gradevoli sono inoltre più portati ad avere pregiudizi nei confronti delle minoranze.

Chi ottiene punteggi alti nella dimensione Gradevolezza è bonario, cooperativo, tenero di cuore, cortese, altruista, sensibile agli altri, fiducioso, generoso, acquiescente, clemente, facile al perdono, di mentalità aperta, gradevole e flessibile. Chi ottiene punteggi bassi è non cooperativo, spietato, sgarbato, egocentrico, duro, sospettoso, avaro, antagonistico, critico, vendicativo, di mentalità chiusa, sgradevole e testardo (Boncori 1993, p. 653).

Nel test di personalità NEO-PI-R, basato sul Big-Five, la Gradevolezza è valutata in base a sei sottodimensioni: Fiducia, Franchezza, Altruismo, Accettazione, Modestia, Affettuosità. Alcuni degli item che misurano la Gradevolezza nel test sono: "Sono interessato agli altri", "Provo le emozioni degli altri", "Ho un cuore tenero", "Faccio sentire le persone a loro agio", "Utilizzo il mio tempo per gli altri". Alcuni degli item che misurano la Non Gradevolezza sono: "Non sono interessato ai problemi degli altri", "Non sono veramente interessato agli altri", "Mi preoccupo poco per gli altri", "Offendo le persone".

GRADEVOLEZZA E GRAFOLOGIA

È utile in questo caso partire dalla polarità negativa del segno, che è più facile da caratterizzare, in modo da poter definire per converso quella positiva.

È facile constatare come per coprire tutta la gamma di significati associati alla Non Gradevolezza sia sufficiente il segno Acuta, meglio se in combinazione con Largo tra parole ("critico"), Aste rette e Parallela ("spietato", "mentalità chiusa").

Il segno Acuta richiede angoli appuntiti ai vertici inferiori e superiori, Stretto di lettere, e in genere Stretto tra lettere e Largo tra parole (Palaferri 2001, p. 38).

Rientrano ovviamente nel concetto di Non Gradevolezza anche gli accrescitivi del segno (Secca e Irta) tanto più che tra le sottodimensioni si fa esplicita menzione dell'avarizia. Angolosa invece è un diminutivo di Acuta e possiamo quindi immaginarlo come più o meno vicino a questo segno e al concetto di Gradevolezza a seconda del grado relativo di Stretto di lettere, Stretto tra lettere, Largo tra parole, Aste rette e Parallela.

La testardaggine del Non Gradevole è spiegata dagli Angoli B (che in Acuta sono sopra media) poiché Acuta ha "tenacia a tutta prova, anche se sempre tinta di pervicacia" (Palaferri, 2001, p. 39). Anche le altre sottodimensioni sono pienamente rappresentate nel segno: "carattere pervaso da sensi di contrasto e da bisogno di opporsi e contraddire in maniera preventiva e pregiudiziale", "diffidenza", "spirito di competizione", "spirito vendicativo" (Palaferri 2001, pp. 39-40).

Neanche il significato di Aste col concavo a sinistra sembra del tutto estraneo alla Non Gradevolezza, e ben si adatta ad Acuta, né è contraddetto dall'eventuale presenze di Aste rette. Possiamo infatti distinguere una Non Gradevolezza da Acuta + Aste rette (il soggetto contraddice opponendo i suoi principi) da una che deriva da Acuta + Aste col concavo a sinistra (il soggetto contraddice per il puro gusto di contraddire).

Per riassumere come prototipo di Non Gradevolezza abbiamo il segno Acuta (Secca, Irta), con i suoi costituenti Angoli A, Angoli B, Stretto di lettera, Stretto tra lettera, Largo tra parole e i segni satellite Aste rette, Aste col concavo a sinistra e Parallela.

Per converso possiamo definire la Gradevolezza, in prima battuta, come caratterizzata dal segno Curva. Il Curva tuttavia non sarà sufficiente in quanto Acuta è un segno complesso che comprende altri segni di cui dovremo ora considerare i contrari. Il prototipo della Gradevolezza può essere riassunto nella formula Curva + Largo tra lettere *giusto* + Non Largo tra parole.

Questa formula copre la massima parte dei significati del costrutto Gradevolezza, significati che riportiamo nuovamente per facilitare il confronto: bonario, cooperativo, tenero di cuore, cortese, altruista, sensibile agli altri, fiducioso, generoso, acquiescente, clemente, perdona, di mentalità aperta, gradevole e flessibile.

Si può vedere come nel Big Five la Gradevolezza implichi rispetto all'Estroversione un maggiore autocontrollo. Laddove infatti l'Estroverso è un audace amante del divertimento (v. *supra*) il Gradevole è per contro generoso e sensibile. Si capisce quindi come in questo caso il Largo tra lettere debba rimanere sui 5/10, altrimenti si passerebbe dalla generosità alla profusione e allo scialacquamento.

L'assenza di un Largo tra parole sopra media (Largo tra parole *inferiore* al Largo di lettera) è necessario non solo perché è contrario al Largo tra parole caratteristico della Non Gradevolezza ma anche perché altrimenti il soggetto scadrebbe nell'ipercritica che danneggia i rapporti con il prossimo per "tendenza a irritare gli altri con sofistici ragionamenti e discussioni", e "tendenza (quasi coazione) a ridire di tutto e tutti" (Palaferri 2001, p. 171). Anche il Largo tra parole *uguale* al Largo tra lettere non è del tutto favorevole alla Gradevolezza. Infatti in questo caso rientreremmo in parte nel concetto di Ponderata che si caratterizza per una "specie di distanza e distacco agli occhi dell'ambiente" e "per scarsa comunicabilità dei sentimenti" (Palaferri 2001, p. 215).

Un discorso analogo deve valere per il calibro che non potrà essere né alto né piccolo. Il Calibro alto infatti può facilmente portare all'"esaltazione dei sentimenti e dei bisogni dell'Io" con conseguente "pretesa di inesistente superiorità" (Palaferri 2001, p. 73). Va da sé che un soggetto siffatto non risulterebbe gradevole. Il Calibro piccolo è certamente più consono alla Gradevolezza in quanto si caratterizza per "rispetto della personalità altrui per modestia del senso dell'Io" (Bidoli 1986, p. 33) ma può facilmente scadere nel Minuziosa con "facile propensione alla critica o al sofisma" (Palaferri 2001, p. 186) o nel Minuta con "introversione riduttiva del potere dei sentimenti o del contatto sociale" e "gusto di mettere gli altri in imbarazzo e ironizzare" (Palaferri 2001, p. 183). Dobbiamo quindi concludere che la Gradevolezza predilige il Calibro medio e tollera al massimo un Calibro medio-piccolo in assenza di Minuziosa (il Minuta può andar bene entro certi limiti purché vi sia Fluida). È interessante notare come un Calibro alto sarà più Estroverso che Gradevole mentre un Calibro medio sarà più Gradevole che Estroverso.

Si è visto come il Gradevole debba anche essere flessibile. In tal senso sarà sufficiente un buon Diseguale metodico dell'inclinazione che si oppone al Parallela, segno fautore di Non Gradevolezza, e al Contorta che tende alla critica e al contrasto e a "riserve nell'accettare gli altrui atteggiamenti e sentimenti" (Palaferri 2001, p. 93). Il Fluida certamente è utile (è segno di "empatia" e "simpatia") ma a rigore non necessario poiché per la Gradevolezza è sufficiente che non vi sia Stentata. In pratica una certa flessibilità e già garantita dalla combinazione Curva + Largo tra lettere *giusto* (+ Diseguale metodico dell'inclinazione).

Può sorgere il dubbio che il costrutto Gradevolezza implichi anche il Filiforme morettiano perché tra le sottodimensioni compare "sensibile agli altri". Non sembra tuttavia che il Filiforme sia necessariamente più Gradevole di un moderato Intozzata I, anche perché l'eccesso di sensibilità potrebbe facilmente dare adito a "fobia di contatti" e "schifiltosità" che andrebbero a scapito della gradevolezza. D'altra parte un eccessivo Intozzata I tenderebbe a imporsi e a dettar legge e con ogni probabilità risulterebbe quindi poco gradevole per "scarso senso dei diritti altrui" (Palaferri 2001, p. 157). Sembra quindi che per la Gradevolezza sia necessario un buon equilibrio tra Filiforme e Intozzata I, con Intozzata I sui 5/10, o viceversa – il che è lo stesso – un Filiforme modificante e non sostanziale ovvero "agile, netto, dinamico, ricco di tensione e di trama grafica" (Palaferri 1999a, p. 73). In questo caso infatti "il soggetto avrebbe il suo buon Intozzata I ma ne esprime l'energia con delicatezza, senza forzarla nei confronti dell'ambiente" (Palaferri 1999a, p. 73).

La sottodimensione "sensibilità agli altri" è meglio rappresentata dal segno Fluida che tra i suoi significati principali ha quello di "empatia e simpatia" (dal punto di vista etimologico, rispettivamente, "sentire in" e "sentire con"). Il Filiforme è quindi "sensibile" ma la sua sensibilità è più a carattere introversivo che estroversivo e non sempre dà luogo a Gradevolezza.

Un importante segno satellite della Gradevolezza è Aste col concavo a destra che copre la sottodimensione "acquiescente" ed è favorevole anche alle sottodimensioni "facile al perdono" e "clemente". Inoltre Aste col concavo a destra è simmetrico ad Aste rette e Aste col concavo a sinistra, che abbiamo visto essere costitutivi della Non Gradevolezza. È infatti un segno di Cessione che è quindi direttamente contrario ad Aste rette (Resistenza) e indirettamente contrario a Aste col concavo a sinistra (Assalto).

Come si vede dalla tabella 1 riportata a pp. 45-47 i segni che qualificano la Non Gradevolezza sono in parte gli stessi che qualificano la Non Estroversione a conferma di una parziale sovrapposizione tra i due costrutti, evidente peraltro già dall'analisi dei segni principali.

Possiamo considerare alcune eccezioni per far meglio risaltare le differenze. Titubante, Stentata e Tentennante sono senz'altro segni di Non Estroversione ma il Titubante e il Tentennante non necessariamente sono Non Gradevoli. Lo Spavalda è un segno a contenuto estroversivo ma è certamente Non Gradevole. Il Profusa è il segno prototipico dell'Estroversione ma non è necessariamente Gradevole, potendo anzi risultare invadente.

Per riassumere, il concetto di Gradevolezza ha come corrispettivo grafologico la combinazione Curva + Largo tra lettere (+ Non Largo tra parole). Tra i segni marginali più importanti figurano Aste col concavo a destra, Diseguale metodico dell'inclinazione, Calibro medio, Intozzata I di grado medio, Fluida.

Anche in questo caso possiamo concettualizzare l'Acuta da una parte e il Curva + Largo tra lettere dall'altra come un continuum su cui si collocano i vari segni. In questo caso è in gioco la fondamentale categoria Curva-Angolosa, che Moretti pone come macrocategoria alla base del suo sistema, laddove nel caso dell'Estroversione sembra maggiormente implicata la categoria espansione-concentrazione ai cui poli si stagliano i segni Profusa e Parca.

COSCIENZIOSITÀ

La Coscienziosità del Big Five è sinonimo di attenzione, accuratezza, coscienziosità e scrupolosità. Chi è Coscienzioso tende ad agire, per definizione, in accordo con i dettami della propria coscienza.

Il costrutto include elementi di autodisciplina, premura e prudenza, organizzazione e riflessività, tendenza a pensare attentamente prima di agire e bisogno di porsi e raggiungere obiettivi.

Le persone Coscienziose sono generalmente affidabili e vengono descritte come "gran lavoratori". Questo atteggiamento se portato all'estremo può renderli perfezionisti e compulsivi, dediti al lavoro come a una droga (*workhaolic*).

D'altra parte le persone che ottengono punteggi bassi in Coscienziosità tendono a essere meno orientati a perseguire obiettivi e meno motivati dal successo.

La Coscienziosità riguarda in parte il controllo degli impulsi ma i problemi di impulsività connessi alla Non Coscienziosità sono diversi da quelli derivanti da Non Stabilità emotiva.

Le persone che ottengono bassi punteggi in Stabilità emotiva hanno difficoltà a resistere alle tentazioni o a rimandare la gratificazione mentre gli individui che ottengono bassi punteggi in Coscienziosità fanno fatica a motivarsi per svolgere un compito che vorrebbero assolvere. Sono quindi categorie concettualmente simili ma empiricamente distinte.

Le persone che ottengono alti punteggi nella dimensione Coscienziosità tendono ad essere più organizzate e meno disordinate sia a casa che sul lavoro. Per esempio, amano disporre i propri libri in ordine alfabetico o divisi per argomento e tenere i vestiti ben ordinati e piegati nell'armadio. Usano frequentemente agende e compilano spesso liste di cose da fare.

Diverse ricerche indicano che la Coscienziosità è uno dei migliori indici predittivi della qualità delle prestazioni lavorative in ogni tipo di professione. Anche la Gradevolezza e la Stabilità emotiva possono avere una loro rilevanza soprattutto in occupazioni che richiedono una notevole mole di interazione sociale.

La Coscienziosità è inoltre positivamente correlata al successo negli studi, laddove bassi livelli di Coscienziosità risultano associati alla tendenza alla procrastinazione.

Chi ottiene punteggi alti nella dimensione Coscienziosità è accurato, scrupoloso, perseverante, coscienzioso, lavoratore, ben organizzato, autodisciplinato, preciso, puntuale, pratico, deliberato, ambizioso, emotivamente stabile e può fare affidamento su di sé. Chi ottiene punteggi bassi è non attendibile, lasso, discontinuo, negligente, pigro, disorganizzato, debole, arruffone, ritardatario, non pratico, irriflessivo, senza scopo, instabile e incapace di badare a se stesso (Boncori 1993, p. 653).

Nel test di personalità NEO-PI-R, basato sul Big-Five, la Coscienziosità è riducibile a sei sottodimensioni: Competenza, Ordine, Senso del dovere, Tensione verso gli obiettivi, Autodisciplina, Riflessività. Alcuni degli item che misurano la Coscienziosità nel test sono: "Sono sempre preparato", "Sono esigente nel mio lavoro", "Seguo un programma", "Sbrigo le mie faccende immediatamente", "Mi piace l'ordine", "Faccio attenzione ai dettagli". Alcuni degli item che misurano la Non Coscienziosità sono: "Lascio le mie cose in giro", "Sono un pasticcione", "Mi dimentico spesso di rimettere le cose al loro posto", "Scanso le responsabilità".

COSCIENZIOSITÀ E GRAFOLOGIA

Non sarà difficile ravvisare nella Coscienziosità i due temperamenti della Resistenza e dell'Attesa e il segno prototipico rappresentato dall'Accurata nelle sue varie specie (Accurata spontanea, Accurata studio, Compita espansivo, Compita sostenuto).

Il segno Accurata, che qui intendiamo nel senso molto lato in cui lo intendeva Moretti, copre infatti la quasi totalità della variabilità interna della dimensione Coscienziosità. In particolare ineriscono al segno i seguenti tratti: affidabile, scrupoloso, coscienzioso, ben organizzato, autodisciplinato, preciso, puntuale e deliberato.

La perseveranza sembra richiedere anche una certa quota di Resistenza che, tuttavia, si accompagna facilmente all'accuratezza grafica. Senza resistenza è infatti difficile fare le cose con cura, perché la cura richiede attenzione costante. Non a caso Sciatta, che è il segno contrario ad Accurata e fa parte del temperamento della Cessione, si caratterizza per l'incuria (per la *non* cura quindi) e conseguentemente per la disattenzione e la svagatezza.

Dobbiamo quindi supporre che affinché vi sia Coscienziosità al segno Accurata si debbano accompagnare in qualche misura i segni della Triplice fermezza (Angoli B, Mantiene il rigo, Aste rette) che rendono conto anche della dimensione di stabilità emotiva presente nel costrutto. Dopo tutto senza stabilità emotiva non può esserci affidabilità e quindi, di conseguenza, coscienziosità.

Etimologicamente "coscienziosità" vuol dire fare le cose "con co-scienza", ovvero essendo presenti a se stessi. Per Palaferri la "coscienziosità" di Accurata si contrappone all'"incoscienza" di segni quali Sciatta, Disordinata e Gettata via, in cui predomina l'inconscio con le sue istanze caotiche e refrattarie a qualsivoglia ordine e controllo.

In questo caso non dobbiamo necessariamente intendere l'inconscio nel senso psicodinamico di Freud, ma sarà sufficiente caratterizzarlo in senso meramente cognitivo (*cfr.* cap. 1.1). Chi è presente a se stesso agisce quindi in modo *conscio* poiché la sua coscienza è assorbita dall'attività in corso e pertanto questa risulta guidata dalla coscienza. D'altra parte chi agisce in modo "inconscio" si comporta seguendo l'abitudine o l'impulso perché la sua coscienza è assorbita da altro e non dall'attività che sta svolgendo (fantasticherie, divagazioni, associazioni non inerenti).

Nel costrutto Coscienziosità sono presenti anche sottodimensioni quali ambizione e autonomia ("può contare su di sé") che ci fanno pensare a un genuino Intozzata I, che ben si sposa con la Triplice fermezza.

In sintesi, la Coscienziosità sembra richiedere il segno Accurata (o Compita) accompagnato da Triplice fermezza e Intozzata I con pressione autentica (Precisa).

Fatte salve queste conclusioni possiamo notare come la caratterizzazione grafologica del Non Coscienzioso segua di conseguenza. Le sottodimensioni indicate afferiscono chiaramente ai segni Sciatta (contrario di Accurata) e Trasandata, e in secondo luogo al Disordinata.

Come equivalente della Triplice fermezza del Coscienzioso potremmo parlare per il Non Coscienzioso di "Triplice cessione". Questa sarebbe caratterizzata dai segni Discendente, Aste col concavo a destra e Curva di grado elevato, che comunque poco aggiungono alla caratterizzazione che abbiamo sin qui delineato. Sono infatti segni che frequentemente si accompagnano al segno Sciatta e ai suoi derivati (Trasandata, ma anche Ricci flemma, Flemmatica, Flaccida).

All'Intozzata I + Precisa del Coscienzioso fa da contrappunto nel Non Coscienzioso il Filiforme astenico o, meglio ancora, il Non omogenea della pressione (che è una forma di Disordinata).

In sintesi, nel costrutto Coscienziosità abbiamo da una parte la scrittura Accurata e Omogenea e dall'altra la scrittura Sciatta e Disordinata. Rispetto alle categorie precedentemente considerate possiamo notare come il Profusa (Estroversione) sia relativamente più vicino a Sciatta (Non Coscienziosità) e a Curva + Largo tra lettere (Gradevolezza), laddove il Parca (Introversione) sia relativamente più vicino all'Accurata (Coscienziosità) e all'Acuta-Angolosa (Non Gradevolezza). Ovviamente si parla di vicinanza *relativa* poiché la prossimità concettuale tra costrutti non implica sovrapposizione né tanto meno coincidenza.

La Non Stabilità emotiva viene talvolta designata con il termine 'Nevroticismo' e può essere definita come tendenza a sperimentare emozioni negative. Le persone che ottengono alti punteggi in Nevroticismo hanno maggiori probabilità della media di sperimentare emozioni quali ansia, rabbia, senso di colpa e di soffrire di depressione. Sono meno capaci di affrontare lo stress e hanno più probabilità di interpretare eventi ordinari come minacciosi e piccole frustrazioni come difficoltà insormontabili. Sono spesso timide e eccessivamente coscienti di sé e possono avere problemi nel tenere sotto controllo bisogni e desideri e nel posticiparne il soddisfacimento e la gratificazione. Il Nevroticismo è correlato negativamente con l'intelligenza emotiva che è definita dalla capacità di modulare le proprie emozioni e di padroneggiare le abilità sociali. È invece positivamente correlato con la predisposizione alle nevrosi, alle fobie e ai disturbi d'ansia.

Al contrario gli individui che ottengono punteggi bassi in Nevroticismo sono meno reattivi allo stress, tendono ad essere calmi e poco irritabili e si sentono meno frequentemente tesi o "scossi". Sono meno inclini alle emozioni negative ma non necessariamente più inclini a quelle positive (quest'ultima è una peculiarità degli Estroversi). I Nevrotici Estroversi (bassi punteggi di Stabilità emotiva, alti punteggi di Estroversione) sperimenteranno quindi con maggiore frequenza emozioni intese sia positive che negative, in una sorta di "ottovolante emotivo". Gli individui che ottengono alti punteggi di Stabilità emotiva, e particolarmente quelli che ottengono anche alti punteggi di Estroversione, d'altra parte riferiscono più frequentemente di essere felici e soddisfatti.

Sembra che il grado di Nevroticismo sia collegato a differenze fisiologiche nel sistema nervoso. Eysenck ha ipotizzato che il grado di Non Stabilità emotiva sia funzione del livello di attività del sistema limbico e le ricerche suggeriscono che le persone che ottengono punteggi più alti di Nevroticismo sarebbero caratterizzati da un sistema nervoso simpatico più reattivo.

I ricercatori che si occupano di genetica comportamentale hanno scoperto che una sostanziale porzione di varianza nelle misure del Nevroticismo può essere attribuita a fattori genetici. I risultati di una ricerca suggeriscono inoltre che il volume del cervello – tenuto conto del volume intracraniale, del sesso e dell'età – sia correlato negativamente con il grado di Nevroticismo, così come viene misurato dal NEO-PI-R (Knutsona 2001).

Chi è Non Stabile è quindi nervoso, preoccupato, di temperamento eccitabile, non soddisfatto di sé, teso, emotivo, insicuro e vulnerabile. Viceversa chi è Stabile è a suo agio, calmo, di temperamento non eccitabile, soddisfatto di sé, rilassato, non emotivo, sicuro e non vulnerabile.

Grafologicamente il segno maggiormente implicato nella Non Stabilità emotiva è l'Intozzata II che è indice di "emotività e impressionabilità" (Palaferri 2001, p. 157) e, in grado superiore, di "tendenza a forte impressionabilità e turbamento" e di "facili alterazioni del normale tono umorale" (Palaferri 2001, p. 157). Rientrano pienamente nel costrutto anche le varie forme di Non omogeneità, le cui indicazioni generiche sono quelle "del nervosismo, dell'ipersensibilità, dell'instabilità" (Palaferri 2001, p. 197), e in particolare il Non omogenea della pressione, che porta a "facili stati di inquietudine, di ipersensibilità, di ansia" (Palaferri 2001, p. 198) e il Non omogenea del Calibro, "per cui il soggetto viaggia sulle onde dell'umore" (Palaferri 2001, p. 198).

Sono fautori di Non Stabilità emotiva anche segni che indicano insicurezza soggettiva, ovvero Titubante, Tentennante, Stentata (e Artritica) che si nutrono di emotività e di Intozzata II, e gli indici di ansia in genere. Oltre a Lettere addossate che porta la "tendenza a improvvise (spesso immotivate) ansie, melanconie, stranezze, variabilità di umore" questi comprendono "la Triplice strettezza e i suoi improvvisi restringimenti all'interno delle parole, Minuziosa, gravi cadute del Calibro (soprattutto se tendono come a scomparire le forme letterali), Ascendente con grafie minuziose e deboli" (Palaferri 1999a, pp. 123-124). Anche il Filiforme, specie se astenico, può portare a "forti reazioni emotive, interiore sofferenza e irrequietezza" (Palaferri 2001, p. 127).

Tra gli altri segni fautori di Non Stabilità emotiva dobbiamo citare Confusa, Aggrovigliata, Ricci mitomania, Mitomania introversa, Sciatta e Trasandata e il disordine nella conduzione del rigo (Ascendente-Discendente).

La Stabilità emotiva, per converso, sarà caratterizzata da assenza, o relativa presenza, di Intozzata II, e dal segno Omogenea (che si oppone al Non omogenea caratteristico della Non Stabilità emotiva). Anche la Triplice larghezza buona e equilibrata comporta "equilibrio psichico, emotivo, mentale e pratico" (Palaferri 2001, p. 288).

Parimenti saranno fautori di Stabilità il Calma, il Ponderata e i segni della Triplice fermezza, nonché i segni che si caratterizzano per "freddezza dell'animo e dei sentimenti" (Palaferri 2001, p. 207) quali Pedante, Parallela e Uguale, o per "sentimento e pensiero dominati dalla ragione e dalla volontà" (Palaferri 2001, p. 70) quali Austera, Squadrata e Piantata sul rigo.

È interessante notare come dal punto di vista grafologico vi sia una sovrapposizione parziale tra Non Coscienziosità e Non Stabilità emotiva. Questa sovrapposizione ha luogo in quei segni come Disordinata e Non omogenea che si ritrovano in ambedue i costrutti come segni caratterizzanti, e in segni quali lo Sciatta e il Trasandata, che sono sia segni prototipici di Non Coscienziosità che segni fautori di Non Stabilità emotiva.

Dal punto di vista psicologico questa parziale sovrapposizione risulta del tutto comprensibile. Il disordinato risulta inaffidabile anche in quanto umorale e poco costante negli affetti. Ne consegue che i segni di accentuata emotività da una parte portano a Non Stabilità e dall'altra compromettono la Coscienziosità del soggetto. Si è visto infatti come nel costrutto Coscienziosità sia implicita anche una certa quota di Stabilità.

Dal punto di vista grafologico non possiamo quindi non concordare con quelle critiche al Big Five che sottolineano come le cinque dimensioni non siano del tutto ortogonali e indipendenti (*cfr.* par. 2.7). Dovremmo pertanto aspettarci una correlazione positiva tra Coscienziosità e Stabilità emotiva così come tra Estroversione e Gradevolezza (che condividono un comune nucleo di significato dato dal Largo tra lettere, ovvero la disponibilità nei confronti degli altri).

APERTURA ALL'ESPERIENZA

L'Apertura all'esperienza, così come viene definita dal Big Five, implica immaginazione, sensibilità estetica, attenzione ai sentimenti interiori, preferenza per la varietà e curiosità intellettuale.

L'Apertura all'esperienza correla positivamente con la creatività, misurata dai test di pensiero divergente, e con le misure di *intelligenza cristallizzata*, ovvero quel tipo di intelligenza che deriva dall'apprendimento e dall'istruzione, non innata ma dipendente dalla cultura.

In termini pratici ciò equivale a sostenere che le persone più colte saranno anche tendenzialmente più Aperte all'esperienza e che quindi questo tratto è almeno in parte determinato dalle esperienze ambientali. L'Apertura all'esperienza infatti non correla con quella che viene chiamata *intelligenza fluida*, ovvero con l'intelligenza a base innata, né con l'intelligenza generale.

L'Apertura all'esperienza è inoltre associata con il "bisogno di cognizione" (*need for cognition*) ovvero con la motivazione a farsi coinvolgere più o meno intensamente in compiti di tipo cognitivo. Le persone che manifestano un elevato *need for cognition* preferiscono attività di ricerca e di raccolta di informazioni e tendono a riflettere maggiormente sui problemi posti dai compiti di tipo intellettuale. Il bisogno di cognizione presenta quindi una certa sovrapposizione concettuale con il significato del termine "cerebrale" così come viene utilizzato nel linguaggio ordinario.

Dal punto di vista sociale e politico le persone con alti punteggi di Apertura all'esperienza tendono a essere liberali, tolleranti della diversità, aperti a differenti culture e stili di vita e tendono a ottenere punteggi più bassi nei test che misurano l'etnocentrismo e l'autoritarismo.

Si ritiene comunque che l'Apertura all'esperienza, come gli altri tratti considerati dal Big Five, abbia una forte componente genetica. Gemelli omozigoti adottati da famiglie diverse e cresciuti in ambienti diversi tendono infatti a ottenere punteggi simili.

Alti livelli di Apertura all'esperienza sono stati associati all'attività del sistema dopaminergico e della corteccia prefrontale dorsolaterale.

Chi è Aperto all'esperienza è di interessi ampi, immaginativo, originale, creativo e audace. Chi è Non Aperto all'esperienza ha interessi ristretti, ed è quello che si dice "un tipo con i piedi per terra". È inoltre convenzionale, non creativo e poco avventuroso (Boncori 1993, p. 653).

Nel test di personalità NEO-PI, l'Apertura all'esperienza è valutata su sei sottodimensioni:

1. Fantasia: tendenza ad avere un'immaginazione vivida e una ricca vita fantastica.

2. Estetica: tendenza ad apprezzare l'arte, la musica e la poesia.

3. Sentimenti: l'essere ricettivi ai propri stati emotivi interiori e a dare valore all'esperienza emotiva.

4. Azioni: l'inclinazione a provare nuove attività, visitare nuovi posti e provare nuovi cibi.

5. Idee: la tendenza a essere intellettualmente curiosi e aperti a nuove idee.

6. Valori: la tendenza a riesaminare i propri valori sociali, politici e religiosi.

Alcuni item che valutano l'Apertura all'esperienza nel NEO-PI sono i seguenti: "Sono pieno di idee", "Comprendo le cose velocemente", "Ho un vocabolario ricco", "Ho un'immaginazione vivida", "Ho idee eccellenti", "Passo molto tempo a riflettere sulle cose", "Uso parole difficili". Misurano invece la Non Apertura all'esperienza item quali, "Non sono interessato alle idee astratte", "Non ho una buona immaginazione", "Ho difficoltà a comprendere le idee astratte".

APERTURA ALL'ESPERIENZA E GRAFOLOGIA

Da un punto di vista grafologico il segno che meglio rappresenta l'Apertura all'esperienza sembra essere il Diseguale metodico del calibro che indica "ricchezza di interessi", "vivacità immaginativa", "tendenza all'arte in genere", "creatività" (Palaferri 2001, p. 115).

Il Diseguale metodico non esclude nemmeno l'audacia se per audacia intendiamo "attitudine a improvvisare soluzioni di problemi difficili" (Palaferri 2001, p. 117) ovvero la tendenza a non battere strade già battute e a sperimentare soluzioni personali e innovative.

L'analiticità non è invece prerogativa esclusiva del Diseguale metodico e sembra quindi rivestire nel costrutto una posizione piuttosto marginale.

Anche il Diseguale non metodico (o Disordinata) è un segno che rientra nel concetto di Apertura all'esperienza al pari del Diseguale metodico, anche perché per Moretti i due segni sono "della stessa natura".

Il Disordinata è infatti caratterizzato da temperamento artistico, immaginazione, originalità e creatività (per quanto in maniera generalmente inconcludente). È inoltre più audace del Diseguale metodico perché più istintivo e impulsivo.

Disordinata comporta anche una certa quota di reattività e sovversivismo perché chi ha questo segno "è un chiacchierone, un reattivo e un ribelle, sempre pronto alla replica col gusto di contraddire per tenere il banco nel discorso ed emergere" (Palaferri 2001, p. 107).

Tra i segni che caratterizzano l'Apertura all'esperienza dobbiamo aggiungere anche il Largo tra lettere di 4-5/10 perché in caso contrario avremo "rifiuto pregiudiziale delle idee e proposte altrui" (Palaferri 2001, p. 168).

Partecipano in posizione più defilata al costrutto segni quali Scattante per "rapidità di processi associativi" e "agilità e ampiezza di mente per ricchezza di intuizione" (Palaferri 2001, p 236), Slanciata per "vivacità immaginativa e guizzi di genio" (Palaferri 2001, p. 250), Dinamica per "intuizione rapida" e "intelligenza sempre in azione (Palaferri 2001, p. 103), Veloce per "immediatezza di apprendimento" e "risoluzione immediata dei problemi" (Palaferri 2001, p. 292).

Viceversa saranno qualificanti della Non Apertura all'esperienza i segni che costituiscono la negazione del Diseguale metodico del calibro, ovvero Parallela, Pedante, Uguale, Lenta e Accurata studio che si distinguono per abitudinarietà e tendenza allo schematismo. La Non Apertura sarà rafforzata anche dai segni della Triplice strettezza, e in particolar modo dallo Stretto tra lettere. Tra i segni fautori dobbiamo citare inoltre tutti i segni a carattere regressivo – che tendono quindi verso il vettore di sinistra – come Accartocciata, Stretto tra lettere o Aste col concavo a sinistra e i segni con i piedi (troppo) "ben piantati per terra", come Austera, Squadrata e Piantata sul rigo.

È da notare come anche in questo caso vi sia una parziale sovrapposizione tra dimensioni diverse. Il Disordinata infatti rientra sia nell'Apertura all'esperienza che nella Non Stabilità emotiva, così come nella Non Coscienziosità.

È utile considerare come ciascuno dei segni della grafologia morettiana possa essere visto idealmente come caratterizzato da un profilo tipico nel Big Five. Ad esempio, il Pendente è più Estroverso che Non Estroverso, più Gradevole che Non Gradevole, neutro riguardo alla Coscienziosità, più Non Stabile che Stabile, più Aperto all'esperienza che non.

Si potrebbe quindi, in una data scrittura, considerare l'apporto relativo dei vari segni ottenendo così un punteggio totale nelle cinque dimensioni del Big Five. Questo metodo non si oppone, ma piuttosto integra il metodo che abbiamo qui proposto, che si basa sulla considerazione della distanza dal prototipo (combinazione dei segni che caratterizzano il costrutto) con l'ausilio dei segni secondari. Nella tabella 1 sono schematizzati i segni prototipici e accessori relativi alle cinque dimensioni.

BIG FIVE	SEGNO TIPICO FAUTORE	SEGNO TIPICO CONTRARIO	ALTRI SEGNI FAUTORI	ALTRI SEGNI CONTRARI
1. Estroversione	Profusa (Calibro Alto + Largo tra lettere maggiore di 5/10) + Intozzata I	Parca + Filiforme	Attaccata di alto grado, Ardita, Curva, Dinamica, Estesa, Diseguale metodico inclinazione, Fluida, Gettata via, Pendente, Scattante, Sinuosa, Slanciata, Spigliata, Stretto tra parole	Accartocciata, Angolosa, Aste sx, Austera, Calibro piccolo, Contorta, Largo tra parole, Lettere addossate, Minuziosa, Parallela, Pedante, Ricci nascondimento, Rovesciata, Staccata di alto grado, Stentata, Stretto tra lettere, Tentennante, Titubante, Uguale
2. Gradevolezza (Amicalità)	Largo tra lettere 5/10 + Curva	Acuta (Irta, Secca)	Aste dx, Calibro medio, Diseguale metodico inclinazione, Fluida, Pendente (2-4/10), Sinuosa, Stretto tra parole	Accartocciata, Alta allungata, Ampollosa, Angolosa, Aste rette, Aste sx, Austera, Contorta, Intozzata I di grado elevato, Largo tra parole, Minuziosa, Parallela, Piantata sul rigo, Recisa, Rovesciata, Solenne, Spavalda, Stentata

Big Five	Segno tipico fautore	Segno tipico contrario	Altri segni fautori	Altri segni contrari
3. Coscienziosità	Accurata + Triplice fermezza	Sciatta-Trasandata o Disordinata-Non omogenea + "Triplice cessione"	Intozzata I, Precisa, Triplice larghezza equilibrata, Ponderata, Piantata sul rigo, Austera, Dritta, Chiara, Accurata studio, Accurata spontanea, Compita sostenuto, Compita espansivo, Nitida	Ricci Flemma, Flemmatica, Flaccida, Filiforme astenico, Lenta, Aggrovigliata, Confusa, Gettata via, Curva eccessivo, Oscura
4. Stabilità emotiva	*non* Intozzata II + Omogenea + Triplice larghezza equilibrata	Intozzata II + Disordinata e Non omogenea	Calma, Ponderata, Austera, Mantiene il rigo, Squadrata Piantata sul rigo, Pedante, Uguale, Parallela	Triplice strettezza, Minuziosa, Stentata, Tentennante, Titubante, Artritica, Lettere addossate, Sciatta, Trasandata, Confusa, Aggrovigliata, Ascendente-Discendente, Ricci Mitomania, Mitomania introversa, Filiforme astenico, Largo tra parole > Largo di lettera

BIG FIVE	SEGNO TIPICO FAUTORE	SEGNO TIPICO CONTRARIO	ALTRI SEGNI FAUTORI	ALTRI SEGNI CONTRARI
5. Apertura all'esperienza	Diseguale metodico o non metodico + Largo tra lettere	Uguale, Pedante, Parallela, Lenta o Accurata Studio + Stretto tra lettere	Dinamica, Veloce, Scattante, Slanciata	Accartocciata, Rovesciata, Aste col concavo a sinistra, Piantata sul rigo, Squadrata, Austera

Tabella 1. Big Five e segni grafologici corrispondenti

2.3 Big Five, categorie grafiche e temperamenti morettiani

Dopo aver tradotto le dimensioni del Big Five in altrettanti segni grafologici possiamo metterli ora in relazione ai temperamenti morettiani e alle categorie grafologiche generali (pressione, curvilineità, dimensione, etc.).

L'Estroversione vuole in primo luogo Assalto, ovvero espansione verso il vettore destra e tutto ciò che è non Io. Una mancanza di Assalto sarà quindi indice di Introversione così come un'eccessiva presenza di Attesa (Parca, Filiforme).

L'espansione verso il vettore destra può anche avvenire per il tramite della Cessione (Profusa, Largo tra lettere sopra media, Pendente, Fluida) ma in questo caso la Cessione non può essere disgiunta da una buona energia di base (Intozzata I). In caso contrario avremmo un'estroversione meramente passiva che non rientra quindi appieno nel concetto di Estroversione, che richiede al contrario audacia, assertività e attività.

I due temperamenti dell'Assalto e della Cessione nella dimensione Estroversione sono quindi entrambi rilevanti. Questo rende conto del fatto che nell'Estroversione del Big Five è presente anche una dimensione di *primarietà* che diventa *secondarietà* nell'Introversione[2]. I temperamenti dell'Assalto e della Cessione sono i temperamenti maggiormente coinvolti nella primarietà perché sono i temperamenti più spontanei e "meno socializzati". I temperamenti della Resistenza e dell'Attesa sono invece più implicati nella secondarietà in quanto si può attendere o resistere solo nella misura in cui si lascia passare un intervallo adeguato di riflessione tra lo stimolo e la risposta. La categoria grafica maggiormente implicata nell'Estroversione è quella della dimensione (orizzontale e verticale) e della pressione.

Per quanto riguarda la Gradevolezza il temperamento più importante sembra invece la Cessione, coadiuvato dall'Attesa (Curva + Largo tra lettere 5/10). La mancanza assoluta di Cessione è un chiaro segno di Non Gradevolezza, così come un'eccessiva presenza di Assalto (Spavalda). La Resistenza non esclude la Gradevolezza se è moderata, ma va verso la Non Gradevolezza se eccessiva (Piantata sul rigo, Recisa). La categoria grafica maggiormente implicata è quella della Curvilineità-Angolosità, anche nella vasta accezione in cui la intende Moretti, che comporta che qualsiasi segno grafologico rientri nell'una o nell'altra delle due categorie (Palaferri 1999a, pp. 583-590).

I temperamenti più caratterizzanti della dimensione Coscienziosità sono la Resistenza, al primo posto, e l'Attesa al secondo. Sono ovviamente contrari alla Coscienziosità i segni o i contesti di eccessiva Cessione (Sciatta, Discendente, Aste col concavo a destra). La categoria grafica maggiormente implicata è quella della Cura grafica.

Resistenza e Attesa sono caratteristici anche nella Stabilità emotiva, il che mostra, ancora una volta, che questi due costrutti non sono ben differenziati nel Big Five.

Non è tuttavia difficile immaginare da una parte scritture con Accurata e segni quali Intozzata II, Tentennante, Titubante o Lettere addossate, e dall'altra scritture con una Triplice larghezza equilibrata ma senza un'apprezzabile Triplice fermezza e/o Accuratezza.

Nel primo caso avremo un Coscienzioso Non Stabile emotivamente e nel secondo uno Stabile Non Coscienzioso.

È tuttavia evidente come questi siano casi limite perché l'eccesso di Non Coscienziosità esclude anche un elevato grado di Stabilità emotiva, e l'eccesso di Non stabilità emotiva esclude un elevato grado di Coscienziosità. Abbiamo quindi due dimensioni distinte ma non del tutto ortogonali.

In linea teorica possiamo sostenere che la Coscienziosità abbia più a che fare con l'efficacia pratico-operativa (Triplice fermezza) mentre la Stabilità emotiva riguardi più il modo di sentire interiore (Triplice larghezza). La prima è una dimensione che riguarda il comportamento manifesto, che si esplica maggiormente in contesti sociali e lavorativi, la seconda è una dimensione che è più evidente nella sfera privata, affettiva e relazionale. La categoria grafica maggiormente implicata nella Stabilità emotiva è quella dell'armonia del grafismo.

Infine, per quanto riguarda la dimensione Apertura all'esperienza non sembra esservi un temperamento d'elezione. Sembra tuttavia necessario sia un certo grado di Assalto che un grado non elevato di Resistenza. La categoria grafica maggiormente coinvolta è quella della rapidità grafica. Chi ha un ritmo vivace tende ad essere Aperto all'esperienza a differenza di chi ha un ritmo modesto o addirittura tendente alla lentezza.

Si è visto come l'analisi dei temperamenti e delle categorie grafologiche permetta una valutazione più immediata della presenza dei cinque fattori del Big Five. Questo metodo si propone pertanto come complementare a quello basato sulla valutazione dei singoli segni.

Ad esempio, se vediamo che in una scrittura è prevalente la cura grafica possiamo esser quasi certi che la persona è Coscienziosa, se il ritmo è vivace che è Aperta all'esperienza, e così via. Sappiamo anche che eccessi di cura grafica riducono il ritmo (e il diseguale metodico) e quindi possiamo dedurne che eccessi di Coscienziosità siano incompatibili con elevati gradi di Apertura all'esperienza. Come si vede la grafologia ci permette di avanzare anche predizioni sulle relazioni e correlazioni tra tratti psicologici che non sono affatto scontate né banali.

Analizzando la tabella 1, riportata a pp.45-47, e attribuendo ad ogni segno il temperamento corrispondente possiamo arrivare a una quantificazione proporzionale della presenza dei temperamenti morettiani in ciascuna dimensione.

I risultati che si ottengono sono i seguenti.

Nell'Estroversione, come previsto, vi è un sostanziale equilibrio tra segni di Cessione (9) e Assalto (7) e una minima presenza degli altri temperamenti. Sono interessanti per caratterizzare il costrutto i segni che partecipano sia della Cessione che dell'Assalto: Spigliata, Stretto tra parole e Gettata via. Sono infatti segni accomunati dall'impulsività, dimensione che pur non esplicitamente caratterizzata nel Big Five come partecipe dell'Estroversione viene associata a questa dimensione da altri autori, come ad esempio Eysenck (*cfr.* cap. 3).

Per quanto concerne l'Introversione sono presenti come previsto sia il temperamento dell'Attesa (15) che quello della Resistenza (5), mentre sono del tutto assenti gli altri temperamenti. Il fatto che i segni di Attesa che caratterizzano l'Introversione siano il triplo rispetto a quelli della Resistenza ci induce a pensare che l'Attesa, e in particolare gli eccessi di Attesa, siano molto più importanti della Resistenza nel caratterizzare il costrutto. Segni quali Stretto tra lettere, Accartocciata, Rovesciata, Austera e Lettere addossate riguardano infatti più dinamiche interiori che il comportamento esteriore, che come sappiamo è quello maggiormente implicato nella dimensione Introversione.

Nella dimensione Gradevolezza troviamo come previsto un sostanziale equilibrio tra segni di Cessione (4) e di Attesa (3). Più interessante è il polo della Non Gradevolezza che contempla segni che fanno capo a tre temperamenti: Assalto (8), Resistenza (7), Attesa (5).

Segni di Attesa sono quindi presenti sia nella Gradevolezza che nella Non Gradevolezza. Possiamo quindi ipotizzare che l'Attesa è Gradevole solo quando è caratterizzata positivamente (Sinuosa, Diseguale metodico dell'inclinazione, Largo tra lettere 5/10) mentre diventa Non Gradevole nella misura in cui risulta eccessiva e frenante (Largo tra parole, Minuziosa, Parallela, Stentata, Contorta). Ne derivano tre tipi di Non

Gradevolezza: quella da Assalto (ad esempio, l'invadenza), quella da eccesso di Resistenza (ad esempio, la testardaggine) e quella da eccesso di Attesa (ad esempio, la pignoleria). Si deve inoltre notare come i segni di Attesa Non Gradevole abbiano anche una dimensione di Assalto. Il Contorta indica infatti "sovversivismo", lo Stentata è soggetto a scoppi di collera e il Minuziosa e il Largo tra parole tendono alla contraddizione, con tutto quel che ne consegue dal punto di vista interpersonale.

Per quanto riguarda la Coscienziosità è preponderante, come previsto, il temperamento della Resistenza (8), con una rilevante componente di Attesa (3), data da Accurata, Compita e Ponderata. Parallelamente nella Non Coscienziosità è prevalente la Cessione (10), ma sono presenti anche i temperamenti dell'Attesa (3), dell'Assalto (2) e della Resistenza (1). Anche in questo caso l'Attesa rientra sia nella Coscienziosità che nella Non Coscienziosità (Lenta, Filiforme astenico, Confusa). Il motivo è facile a comprendersi. La Coscienziosità richiede un certo grado di Attesa, perché in caso contrario avremmo impulsività e primarietà che sono contrari all'affidabilità e al senso di responsabilità. Viceversa un grado eccessivo di Attesa, specie se di natura costituzionale (Lenta, Filiforme astenico) blocca il soggetto rendendolo all'atto pratico Non Coscienzioso, perché non del tutto affidabile.

Un discorso analogo vale anche per i segni di insicurezza soggettiva come Tentennante, Titubante, Stentata e Minuziosa. Questi segni non escludono che il soggetto *desideri* essere coscienzioso (si pensi a Titubante, e alla combinazione, possibile anche se infrequente, di Stentata + Accurata), ma nella pratica potrebbe cionondimeno risultare non affidabile. Dobbiamo quindi distinguere da una parte la tendenza (il desiderio di fare le cose fatte bene), e dall'altra la sua effettiva realizzazione (accuratezza e precisione nell'esecuzione dei compiti). Per fare un altro esempio, si può amare l'ordine in linea teorica, ma poi non riuscire a essere ordinati. Si pensi a questo proposito al Trasandata del IV tipo, in cui su una base di Sciatta 5/10 si aggiunge una "certa cura grafica" (Palaferri 2001, p. 241). Il soggetto è trasandato per natura ma cerca di opporsi, pur senza molto successo, a questa tendenza.

La preponderanza nella Non Coscienziosità del temperamento della Cessione ci conferma che nella Coscienziosità la Resistenza è più centrale dell'Attesa. Si è detto come le varie forme di Accuratezza, pur rientrando a rigore nel temperamento dell'Attesa, sembrino richiedere anche una componente di Resistenza, in particolar modo quando l'Accuratezza è eccessiva e il gesto è controllato (Accurata studio, Compita sostenuto). Gradi più moderati di Accuratezza invece richiedono una maggiore presenza di Cessione. Accurata spontanea infatti vuole Fluida e Compita espansivo vuole un giusto grado di Aste col concavo a destra e di Largo tra lettere.

La Stabilità emotiva richiede più Attesa (6) che Resistenza (3). Abbiamo quindi una situazione speculare rispetto alla Coscienziosità che invece richiedeva più Resistenza (8) che Attesa (3). Questa specularità ci fornisce un criterio pratico per comprendere se un soggetto, che ha come temperamenti principali Attesa e Resistenza, sia più Emotivamente stabile o più Coscienzioso.

L'analisi della Non Stabilità emotiva dal punto di vista temperamentale ci riserva delle sorprese. Il temperamento maggiormente rappresentato è infatti ancora una volta quello dell'Attesa (9) con una presenza modesta degli altri temperamenti: Cessione (3), Assalto (2), Resistenza (2). Anche in questo caso quindi se l'Attesa è integrata e proporzionata dà luogo a Stabilità emotiva, viceversa se è disintegrata e eccessiva dà luogo a Non Stabilità emotiva.

Per valutare il grado di Stabilità emotiva si può seguire anche un altro criterio, partendo dal calcolo proporzionale dei temperamenti. Se un temperamento spicca in maniera eccessiva su tutti gli altri, senza adeguati correttivi, possiamo concludere a favore della Non Stabilità emotiva.

2.4 Un'esemplificazione grafologica del Big Five

Alla scrittura riportata in figura 1, a p. 52, possono essere attribuiti i seguenti segni: Calibro piccolo 7 (media 1,3 mm) con cadute del calibro, Diseguale metodico del calibro 6, Disordinata 5 (nell'inclinazione, nel calibro e nella pressione), Largo di lettera 3 (1-5), Largo tra lettere 3 (1-5), Largo tra parole 4-5, Lettere addossate, Spadiforme decrescente, Mantiene il rigo 5, Ascendente 3 (1-5) in grafia minuziosa e debole, Aste sx 6, Aste dx 4, Angolosa 5, Angoli A 4-5, Angoli B 5, Diseguale metodico inclinazione 50%, Contorta 40%, Parallela 10%, Chiara 4-5, Oscura 5-6, Attaccata 6, Staccata 4 (giustapposizioni), Filiforme 6, Minuziosa 5-6, Titubante 6, Tentennante 5, Stentata 4, Dritta 60%, Pendente 20%, Rovesciata 20%, cenni di Ricci mitomania e Ricci nascondimento, cenni di Aggrovigliata e Accartocciata.

ESTROVERSIONE

Non c'è dubbio che la scrittura in esame sia più vicina al concetto di Parca che di Profusa. Abbiamo infatti Calibro piccolo (in Minuziosa) e Stretto tra lettere. La sostanziale Non Estroversione del soggetto è confermata dal Largo tra parole (maggiore del Largo di lettera), Aste a sinistra sopra media, Angolosa, cenni di Accartocciata, Ricci nascondimento e Rovesciata, Filiforme, Titubante, Tentennante, Stentata, Minuziosa, Contorta. Non è presente nessun segno di Estroversione a parte qualche cenno di Pendente. Nel complesso non possiamo che attribuire a questa scrittura il grado massimo di Non Estroversione.

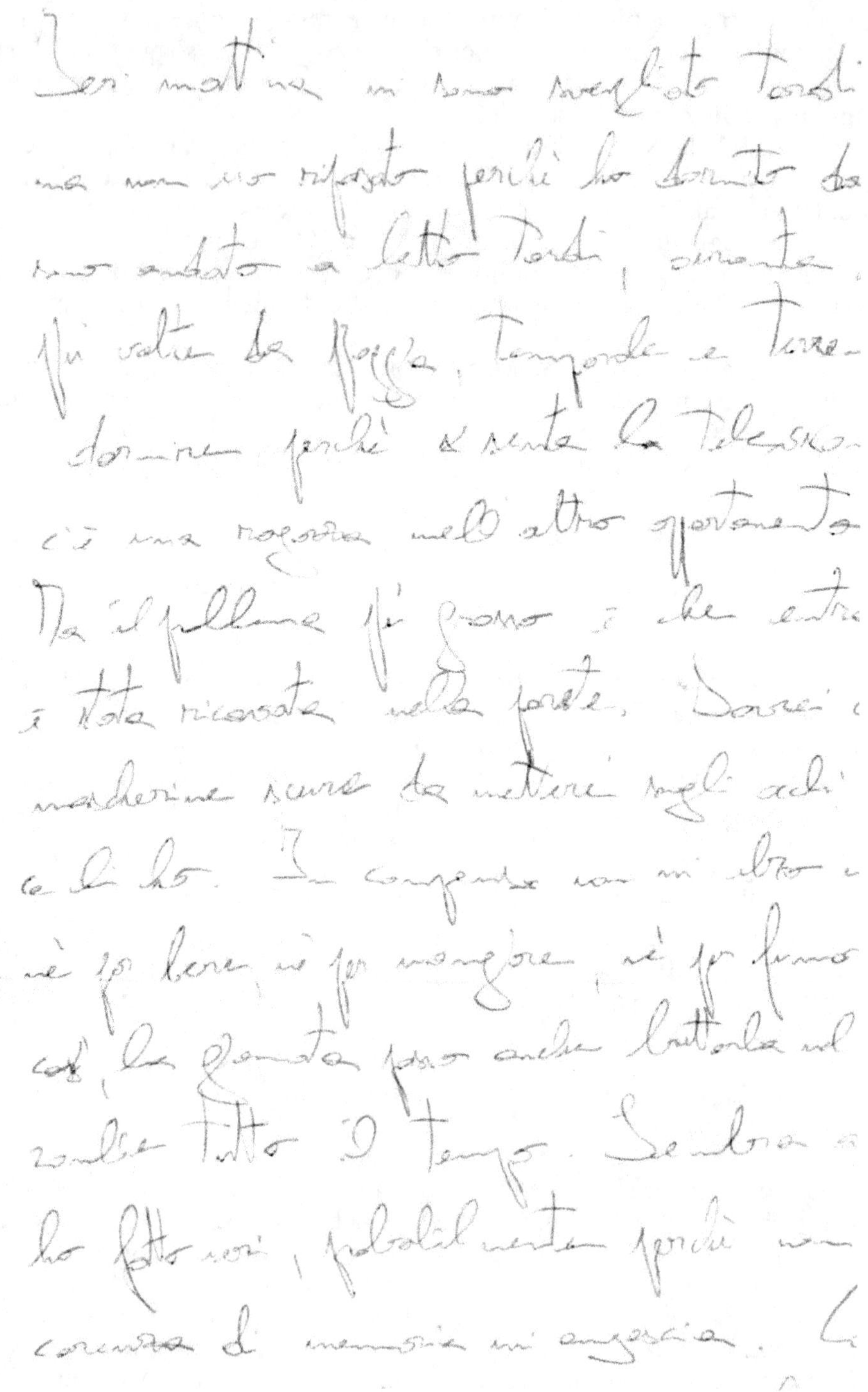

Figura 1.

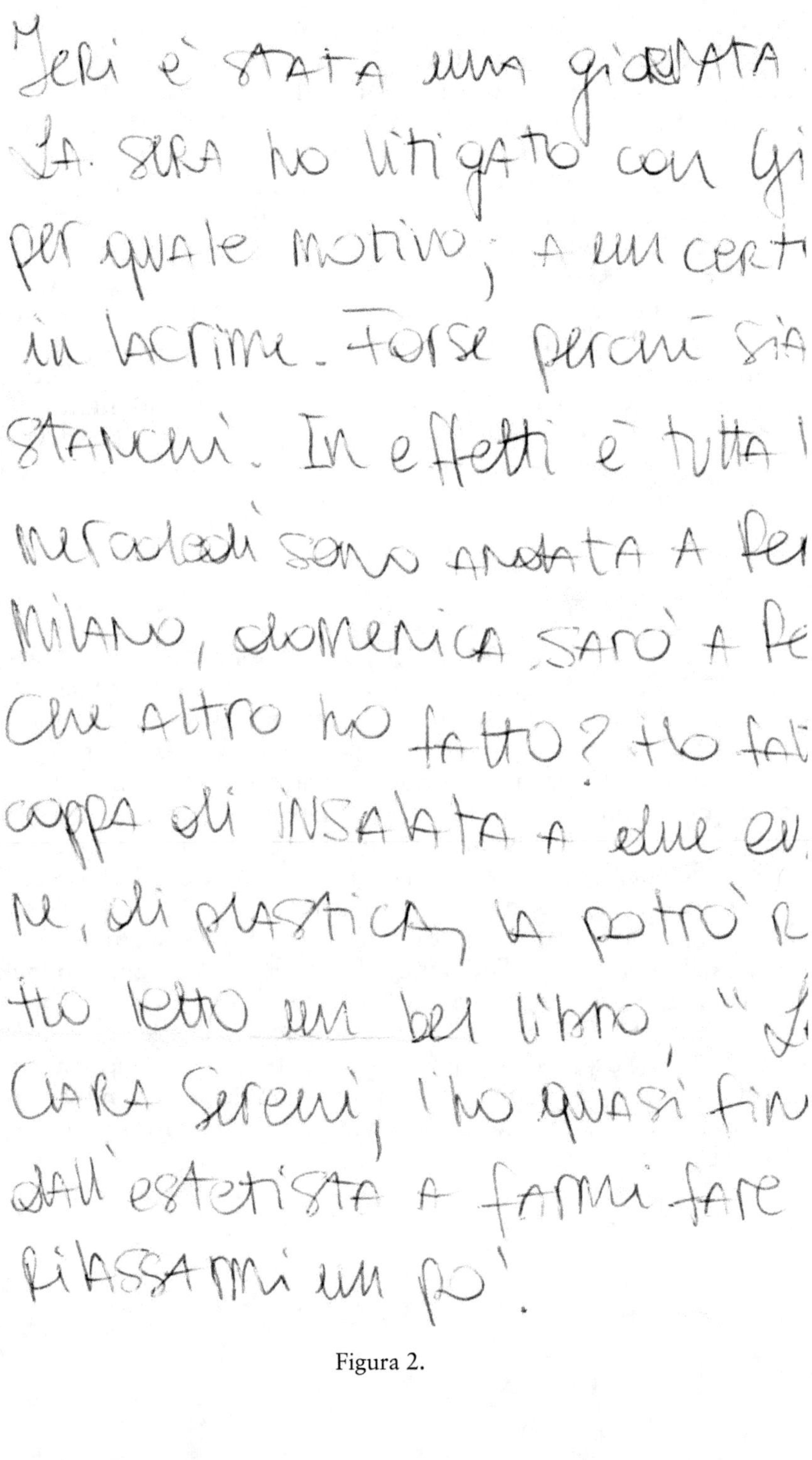

Ieri è stata una giornata
...la sera ho litigato con Gi
per quale motivo; a un cert...
in lacrime. Forse perché sia
stanchi. In effetti è tutta...
mercoledì sono andata a Per
Milano, domenica sarò a Pe
Che altro ho fatto? Ho fat...
coppa di insalata a due eu
...ro, di plastica, la potrò r...
ho letto un bel libro, "...
Clara Sereni, l'ho quasi fin...
dall'estetista a farmi fare
rilassarmi un po'.

Figura 2.

La scrittura è più vicina al concetto di Acuta che a quello di Curva + Largo tra lettere. Lo testimoniano i 5/10 di Angolosa, il Largo tra lettere sui 3/10, il Largo tra parole maggiore del Largo di lettera e lo Stretto di lettera. Fanno azione di rinforzo Aste col concavo a sinistra, Parallela, Rovesciata, Accartocciata, Contorta, Minuziosa, Stentata. Anche in questo caso non ci sono quasi segni di Gradevolezza se si eccettuano 4/10 di Aste col concavo a destra e i rari momenti in cui la scrittura raggiunge i 5/10 di Largo tra lettere (nella media il segno è sui 3/10). Dal momento che il soggetto non ha Acuta, e che lo Stretto tra lettere pur consistente non è eccessivo, non attribuiremo tuttavia il massimo di Non Gradevolezza. A fronte di tredici segni di Non Estroversione abbiamo infatti "appena" sette segni di Non Gradevolezza. Titubante, Tentennante, Ricci del nascondimento e Filiforme sono infatti segni di Introversione ma non necessariamente comportano Non Gradevolezza. Ne possiamo concludere che abbiamo a che fare con un soggetto relativamente più Introverso che Non Gradevole.

Tra l'accuratezza e il disordine il soggetto tende in misura maggiore verso il disordine. È presente tuttavia un'apprezzabile fermezza per i segni Angoli B sui 5/10 e Mantiene il rigo sui 5/10 mentre mancano le Aste rette (sostituite dall'ipertensione ostile e reattiva di Aste col concavo a sinistra). Da una parte non ci sono rilevanti segni di Cessione ma dall'altra non depongono a favore della Coscienziosità il Filiforme astenico e i cenni di Aggrovigliata e Ricci mitomania. Nel complesso dovremmo concludere che il soggetto è più Non Coscienzioso che Coscienzioso, anche se di misura. Nonostante la tendenza al perfezionismo, anche esasperato (ne sono testimonianza i segni Minuziosa, Stentata, Tentennante e Titubante), il complesso dei segni depone a favore della non affidabilità, e quindi della Non Coscienziosità (così come intesa dal Big Five). Non si deve infatti dimenticare che una delle componenti della Coscienziosità è una sufficiente stabilità emotiva, che qui è molto deficitaria (*v. infra*). In pratica dobbiamo distinguere tra lo sforzo di fare le cose fatte bene (che qui è sicuramente presente) e il riuscirci effettivamente.

STABILITÀ EMOTIVA

Il soggetto tende più alla Non Stabilità emotiva che al suo opposto. Sono presenti ben nove segni accessori di Non Stabilità, la Triplice è sbilanciata (anche se di poco) a favore del Largo tra parole, è preponderante la Non Omogeneità. Non bastano 5/10 di Mantiene il rigo per controbilanciare l'instabilità umorale che qui appare decisamente pronunciata, anche per una certa tendenza alla fuga dalla realtà (cenni di Ricci mitomania e Ascendente "aspirazionale"). Il grado di Non Stabilità emotiva è pertanto massimo, o di poco inferiore.

APERTURA ALL'ESPERIENZA

La scrittura in esame tende maggiormente verso la diseguaglianza metodica e non metodica che verso la sua assenza. Manca tuttavia un adeguato Largo tra lettere e sono presenti molti segni fautori di Non Apertura. Il soggetto è sufficientemente Aperto all'esperienza da un punto di vista intellettivo (Calibro piccolo, Diseguale metodico e non metodico), ma non lo è altrettanto sul versante pratico, affettivo e operativo. È quindi presente in misura maggiore un'apertura a nuovi concetti e a nuove teorie piuttosto che a nuove esperienze, come confermato peraltro anche dallo sbilanciamento della scrittura verso la zona superiore (*cfr.* Pulver 1983 e Marchesan 1993). In sintesi, daremo un punteggio medio o leggermente superiore alla media.

Possiamo a questo punto rappresentare il profilo generale con l'ausilio di una scala Likert a sette livelli. Otterremmo pressappoco il grafico che segue.

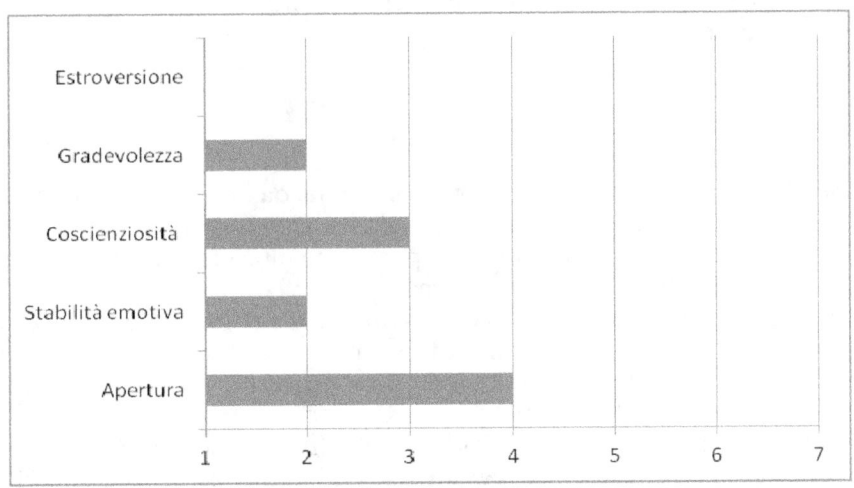

Figura 3. Punteggi del Big Five relativi alla scrittura in figura 1.

Nel caso che abbiamo appena considerato la scrittura risultava molto caratterizzata per la presenza di segni che andavano quasi tutti nella stessa direzione. Prendiamo un altro esempio, che richiederà qualche ragionamento in più.

La scrittura riportata in figura 2 è di una ragazza di 26 anni. È possibile attribuirle i seguenti segni: Calibro alto 7 (4,4 mm di media), Spadiforme crescente e decrescente di III tipo 2-3, Diseguale metodico del calibro 5, Largo di lettera 7 (5-8), Largo tra lettere 2-3 (1-3), Largo tra parole 2-3, Attaccata 7, Staccata 3, Chiara 7, Oscura 3, Curva rigido 6, Angoli A 3 (0-6), Angoli B 4-5 (triangoli), Intozzata I 7, Aste rette 7, Aste dx 2, Aste sx 1, Diseguale metodico inclinazione 65%, Parallela 30%, Contorta 5%, Rovesciata 4-5 (2-6), Accartocciata 5, Piantata sul rigo 5-6, Recisa 5, Disordinata 4 (Non omogenea nella forma).

ESTROVERSIONE

La scrittura in esame è sicuramente più vicina al Profusa che al Parca per la presenza di Calibro alto 7 e Intozzata I 7. Difettano tuttavia le ampiezze orizzontali (il soggetto predilige il vettore alto-basso) come è evidente dal cospicuo Stretto tra lettere, rinforzato da Accartocciata e Rovesciata (e indirettamente da Curva rigido e Aste rette). Grafologicamente diremmo che il soggetto è solo apparentemente estroverso (si fa notare) mentre in realtà e tutt'altro che aperto agli altri e alle loro istanze. Tuttavia questa distinzione non ha luogo nel Big Five e quindi attribuiremo un'Estroversione un po' sopra la media secondo il principio per cui i segni prototipici sono comunque più importanti di quelli periferici. Dal punto di vista grafologico dovremmo tuttavia fare dei distinguo che un modello eminentemente quantitativo come il Big Five non consente.

GRADEVOLEZZA

Valutando la distanza della scrittura in esame da Largo tra lettere 5/10 (+ Curva) da una parte e Acuta dall'altra il soggetto sembrerebbe a una prima impressione collocarsi in una posizione intermedia. Abbiamo infatti sia Stretto tra lettere che Curva.

In questo caso tuttavia il Curva è rigido, che risulta meno gradevole di Curva rotondo per la presenza di Aste rette e Intozzata I. La scrittura sembra tendere quindi verso la Non Gradevolezza, come ci viene peraltro confermato dal computo dei segni marginali. Il soggetto ne ha infatti molti di contrari alla Gradevolezza (Accartocciata, Rovesciata, Stretto tra lettere, Aste rette, Parallela al 30%, Intozzata I di grado elevato, Recisa). Dovremmo quindi attribuire un punteggio di Gradevolezza inferiore alla media.

Un ulteriore conferma ci deriva da un esame delle sottodimensioni del costrutto: bonario, cooperativo, tenero di cuore, cortese, altruista, sensibile agli altri, fiducioso, generoso, acquiescente, clemente, facile al perdono, di mentalità aperta, gradevole e flessibile.

Analizzando questi tratti si vede come lo scrivente in questione non sia né cortese né altruista (Recisa + Stretto tra lettere + Aste rette), come non sia di mentalità aperta (Stretto tra lettere + Rovesciata + Parallela 30%), come non sia sensibile agli altri (Intozzata I + Calibro alto), e come risulti quindi in ultima analisi Non Gradevole. Si tratta tuttavia di un tipo di Non Gradevolezza diverso da quello dell'Acuta: qui il soggetto è egocentrico e relativamente poco sensibile ma non ricerca attivamente l'altro per contraddirlo o "punzecchiarlo". Non va troppo per il sottile quando si tratta di perseguire i propri scopi (Intozzata I modo, Recisa, Aste rette) ma non per questo prova l'esigenza di contraddire in modo gratuito.

Abbiamo in questa scrittura un caso paradigmatico in cui l'Estroversione non si abbina alla Gradevolezza poiché il Calibro alto incide positivamente sulla prima ma negativamente sulla seconda.

COSCIENZIOSITÀ

Anche se è presente un po' di disordine (soprattutto nella forma) la Coscienziosità risulta buona per la presenza della Triplice fermezza (Aste rette 7, Mantiene il Rigo 7, Angoli B 4-5) che sfocia in un Piantata sul rigo 5. La Triplice larghezza non è molto equilibrata (Largo di lettera superiore di 4-5/10 al Largo tra parole) e il soggetto tenderebbe quindi all'impulsività, ma ha messo in atto degli efficaci meccanismi di controllo (Rovesciata, Aste rette, Mantiene il rigo, Angoli B, Accartocciata, Piantata sul rigo).

Consideriamo le sottodimensioni: accurato, scrupoloso, perseverante, coscienzioso, lavoratore, ben organizzato, autodisciplinato, preciso, puntuale, pratico, deliberato, ambizioso, emotivamente stabile, conta su di sé.

Non possiamo dire che il soggetto sia accurato o scrupoloso, ma è senz'altro ambizioso, perseverante e sufficientemente stabile dal punto di vista emotivo. Considerando anche i segni marginali fautori e contrari possiamo attribuire un punteggio medio di Coscienziosità.

STABILITÀ EMOTIVA

La stabilità emotiva è nel complesso discreta per la marcata prevalenza del carattere della Resistenza. La Resistenza del soggetto fa da efficace contrappeso a una certa tendenza all'instabilità che lo rende poco continuo sul piano operativo anche quando accusa delle flessioni dal punto di vista umorale (Spadiforme crescente e decrescente). Il soggetto pur in presenza di un po' di disordine e di confusione riesce a imporsi una linea orientativa e a seguirla, talvolta persino con eccesso di zelo (Piantata sul rigo, Recisa).

Si potrebbe ipotizzare che in questo caso la presenza del temperamento della Resistenza in alto grado sia motivata da un'iper-compensazione della volubilità interiore e della tendenza all'impulsività. In pratica il soggetto proprio perché sa di essere volubile non si fiderebbe nel seguire i propri impulsi e le proprie impressioni ma si cautelerebbe da se stesso programmando e seguendo in modo rigido ciò che ha deciso. I suoi programmi, per inciso, non potranno che essere finalizzati a emergere per veder riconosciuto il proprio valore (Calibro alto, Intozzata I). Il contrasto con la scrittura precedente relativamente alla stabilità emotiva è lampante poiché qui l'emotività, pur presente, è sotto controllo e non va a danneggiare il soggetto stesso, di cui anzi alimenta la sensazione di valore.

Nel complesso dovremmo attribuire, anche in questo caso, un punteggio medio.

APERTURA ALL'ESPERIENZA

La scrittura è caratterizzata da istanze opposte. Da una parte c'è una notevole vivacità (Diseguale metodico e non metodico, ritmo notevole, energia) dall'altra lo scrivente è prevenuto dal punto di vista intellettuale e affettivo (Rovesciata, Stretto tra lettere, Parallela 30%, Accartocciata, Piantata sul rigo). In pratica, a un interesse apparente ma superficiale (Stretto tra parole, Calibro alto) per ciò che è nuovo non corrisponde un'autentica apertura mentale. Il soggetto comprende le istanze altrui (Largo di lettera, Chiara, Diseguale metodico) ma non le fa proprie (Accartocciata, Stretto tra lettere) né ci ragiona su (Stretto tra parole), se non in modo approssimativo (Calibro alto). C'è quindi curiosità (Diseguale metodico e non metodico) ma non apertura. Anche in questo caso dovremmo dare un punteggio medio come confermato dall'analisi delle sottodimensioni: ha interessi ampi, è immaginativo, originale, creativo e audace. Il soggetto è creativo e originale – la scrittura è infatti molto personalizzata – ma non necessariamente di ampi interessi.

I punteggi attribuiti possono essere rappresentati dal grafico che segue.

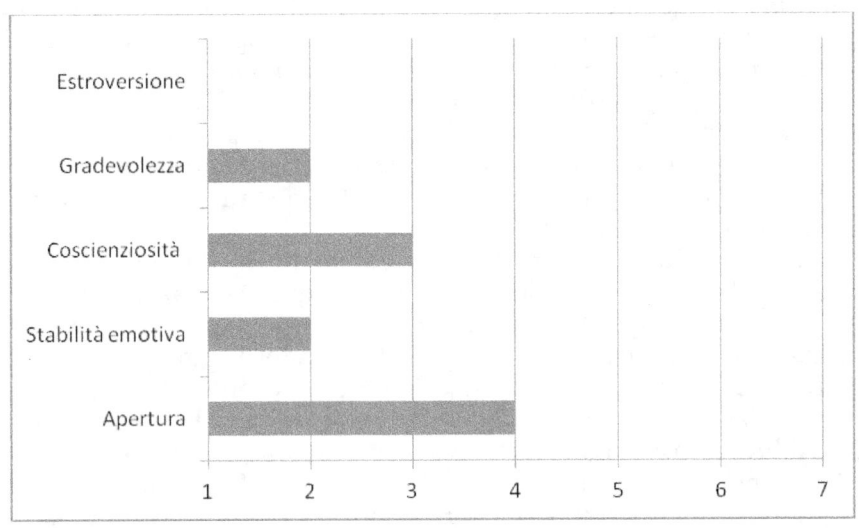

Figura 4. Punteggi del Big Five relativi alla scrittura in figura 2.

2.5 Big Five e compatibilità di coppia

Le scritture precedentemente esaminate non sono state scelte a caso poiché appartengono a una coppia.

A partire da queste scritture possiamo verificare se il Big Five, e la sua traduzione in termini grafologici, possa costituire uno strumento utile anche per la cosiddetta "grafologia di coppia".

Intendiamo con questa locuzione una branca della grafologia che ha per oggetto la determinazione dei punti di attrazione e repulsione, di compatibilità e incompatibilità, di forza e di debolezza di una coppia di individui al fine di specificarne le dinamiche caratteristiche di interazione, prevederne i possibili esiti relazionali e le possibili modalità di risoluzione di evenuali conflitti.

La grafologia di coppia non dovrebbe quindi occuparsi di stabilire in maniera spiccia se due individui siano o meno "compatibili" poiché la compatibilità o incompatibilità è sempre relativa a un determinato contesto relazionale e a un determinato insieme di motivazioni. Ciò che dovrebbe costituire lo specifico oggetto della grafologia di coppia è piuttosto la determinazione di quali *parti* di un individuo siano o meno attratte, e perché, da altre *parti* di un altro individuo.

Ho utilizzato intenzionalmente l'espressione "grafologia di coppia" in luogo di "grafologia matrimoniale" per diversi ordini di ragioni.

In primo luogo la grafologia di coppia non ha per oggetto di studio soltanto le coppie regolarmente sposate o che vogliano diventare tali ma qualsiasi tipo di coppia. Nulla vieta, ad esempio, di analizzare da un punto di vista grafologico le dinamiche relazionali che possono sorgere tra una coppia di amici o tra due soci di un'azienda.

Inoltre, la grafologia di coppia può essere estesa allo studio di compatibilità tra insiemi più vasti di individui per costituire una vera e propria grafologia dei gruppi.

Nell'eventualità più semplice la grafologia dei gruppi si occuperà di triadi costituite da tre individui, ciascuno dei quali si relazionerà in maniera diversa con ciascuno degli altri due dando luogo ad almeno tre distinte modalità relazionali (A-B, B-C, A-C). A loro volta questi pattern interagiranno con la situazione in cui avrà luogo la relazione. Ad esempio, sarà ben diversa la modalità relazionale di un Calibro grande con un Calibro piccolo in un contesto lavorativo, affettivo o amicale.

Avremmo quindi da una parte la grafologia individuale, che studia da un punto di vista grafologico le relazioni tra l'individuo e i possibili contesti, e dall'altro la grafologia dei gruppi – di cui un caso limite è la diade – che studia da un punto di vista grafologico le dinamiche relazionali presenti tra più individui, e tra questi e i possibili contesti.

Fatte salve queste premesse possiamo passare a illustrare il modo in cui il Big Five può essere utile nella grafologia di coppia.

Il metodo più logico è quello di esaminare il grado di somiglianza-dissomiglianza tra due individui in ciascuna delle cinque categorie oggetto di analisi. Utilizzeremo quindi la coppia precedentemente esaminata come *single-case* per illustrare le potenzialità dell'approccio grafologico al Big Five. Il Big Five costituirà comunque solo una griglia, ovvero uno schema di riferimento che ci darà un punto di ancoraggio per le nostre digressioni.

ANALISI DI COPPIA TRAMITE LE CATEGORIE DEL BIG FIVE

Lui si caratterizza per il grado massimo di introversione laddove lei tende maggiormente all'estroversione. Possiamo ipotizzare che uno dei motivi di attrazione di lui nei confronti di lei sia il fatto che lei lo metta in contatto, per quanto in maniera vicaria, con una dimensione – quella sociale – che di fatto tende a precludersi.

Allo stesso modo lei potrebbe essere attratta dall'interiorità di lui e dalla sua maggiore riflessività, una dimensione, questa, che in lei risulta particolarmente carente. Lei potrebbe quindi aver bisogno di lui per acquisire una riflessività *ausiliaria* – ad esempio per chiedere consiglio sulle conseguenze delle proprie e altrui azioni – o per riscoprire i "piaceri dell'introversione".

Uno dei motivi di attrito della coppia potrebbe invece risiedere nel fatto che lei ha continuamente bisogno di appoggio esterno per compiacere il proprio senso dell'Io, laddove lui risulta più restio a intraprendere relazioni qualsivoglia. Un problema pratico potrebbe quindi sorgere dal contrasto tra il bisogno di solitudine di lui e il bisogno di conferme esteriori – di un palcoscenico – da parte di lei. Non è difficile immaginare che lui voglia soprattutto stare con lei in un rapporto simbiontico e esclusivo mentre lei voglia passare il tempo anche con altre persone, per ottenere tutte quelle conferme che lui da solo non può darle.

Se in lui è pronunciata la "fobia di contatti" (Filiforme, Aste col concavo a sinistra) possiamo ipotizzare che tenda a reclamare l'esclusività del rapporto. Dal momento che lei è molto meno selettiva, e più socievole, non è difficile immaginare che possa avere più occasioni e più interesse nell'intraprendere nuove amicizie e relazioni.

Una risultante di questa asimmetria può essere la gelosia di lui per lei, che viene alimentata dal fatto che l'autostima di lui è particolarmente carente e precaria. Non è difficile arguire che lui si senta molto inferiore a lei – basti considerare il Calibro – e che tenda a idealizzarla.

Un punto di contatto tra i due può essere il fatto che entrambi condividono a livello profondo la stessa carenza di autostima. Lei ha risolto il problema con un'ipercompensazione, "pompando" in maniera indebita e difensiva il suo senso dell'Io; lui fondamentalmente non l'ha ancora risolto, e potrebbe essere attratto dalle modalità di soluzione di lei. Lui non fa mistero di considerarsi poca cosa mentre lei ne fa un segreto, che non condivide nemmeno con se stessa.

La manifesta introversione di lui entra in risonanza anche con l'inconscia introversione di lei (Jung 2007). Entrambi infatti sono in fondo diffidenti nei confronti dell'altro da Sé, ma lei alla fine si "butta", perché comunque ha bisogno di agire e di affermarsi (Intozzata I), lui invece tende a ritirarsi nel suo eremo e a contemplare il mondo con distacco e repulsione.

Ciò non toglie che si capiscano, a un livello più o meno inconscio, aperché la tematica che condividono è la stessa: l'idea di non potersi fidare, se non eventualmente l'uno dell'altro.

Dal punto di vista della coscienziosità si deve notare come lei sia molto più conclusiva ed efficiente di lui (Mantiene il rigo, Aste rette, Intozzata I, Angoli B). Ciò potrebbe portare ulteriori conflitti nella misura in cui lei riesce tendenzialmente a concludere quanto intrapreso mentre lui tende all'abbattimento e ad abbandonare anzi tempo i propri progetti, spesso alquanto fumosi e idealistici (ipertrofia della zona superiore, Oscura, Disordinata, cenni di Aggrovigliata e Ricci mitomania).

Se lui è portato all'astrazione lei è più dotata di senso pratico e i suoi obiettivi sono più concentrati sull'*hic et nunc*, su quello che è fattibile e possibile (ipertrofia della zona media).

Nella misura in cui lei ottenga, come è probabile, più successo ciò potrebbe ingenerare in lui un'ulteriore crisi di autostima, portandolo a sentire ancora di più il peso del suo isolamento. Lei lo sprona, lo sostiene e ha i mezzi per farlo (Calibro alto, Intozzata I), ma lo capisce relativamente (Stretto tra parole, Calibro alto). Si può dire che la complessità di lui sia maggiore, così come la sua considerazione dei dettagli e delle sfumature (Calibro piccolo, Filiforme). Lui potrebbe sentirsi ferito per un nonnulla mentre lei non è certamente persona che badi alle convenienze o sappia rapportarsi con la delicatezza esistenziale di lui o con la sua tormentata sensibilità (Calibro alto, Intozzata I, Recisa, Piantata sul rigo, Parallela). Si capisce quindi come lei potrebbe anche non accorgersi qualora lo ferisse, anche perché lui tende a interiorizzare tutto adottando, nel caso, modalità di comunicazione passivo-aggressive. Lei semplifica i problemi (Calibro alto), lui li complica; lei fa tutto facile, lui tutto difficile. Lei non vede praticamente ostacoli alla sua affermazione mentre lui vede ostacoli ovunque, anche in minuzie di ordinaria amministrazione.

Non è difficile immaginare lei affaccendata in molteplici attività laddove lui trova a stento la forza di iniziarne una. Un ulteriore motivo di attrito, dal punto di vista pratico, potrebbe quindi essere il fatto che lei tende a concludere quanto intrapreso e a passare subito ad altro (il ritmo è notevole) mentre lui tende a disperdere le proprie (limitate) energi nell'immaginazione e nelle fantasticherie. Lei in prima battuta può essere attratta dalla maggiore sensibilità di lui alle questioni ideali e teoriche ma alla lunga può pesare maggiormente nella quotidianità di coppia il fatto che lei non capisca perché lui si faccia tanti problemi. I problemi di lei sono sempre e solo pratici ("come fare cosa") lui invece ha problemi teorici, indicibili, insolubili.

Per quanto riguarda la stabilità emotiva si è visto come lei sia molto più stabile di lui. Lui cerca un'ancora di salvataggio, mentre lei va comunque avanti come "un carro armato", quali che siano i suoi eventuali contrasti interiori. È la sua faciloneria che da difetto si trasforma in pregio, quella superficialità che a lui manca e di cui avrebbe bisogno. Lui è una persona seria, persino troppo, lei può peccare di superficialità (Calibro alto, Stretto tra parole) ma scarica le proprie energie nell'azione e si "ricarica" con rapidità.

Sono entrambi relativamente aperti all'esperienza, ma lui più dal punto di vista teorico, lei dal punto di vista pratico. Lui è in cerca di idee, lei di persone.

In sintesi, l'attrazione tra i due può essere stata forte perché sono l'uno il contrario dell'altro. Ciò che manca all'uno ce l'ha l'altro e come coppia costituiscono una "sintesi" che unifica gli opposti. Ma sul lungo periodo le molte divergenze possono pesare negativamente. Lui potrebbe tornare al suo eremo, lei al suo palcoscenico.

2.6 Studi sul Big Five e implicazioni grafologiche

Sono stati condotti molti studi che mettono in relazione le cinque dimensioni del Big Five con variabili esterne. Questi studi sono importanti anche per le loro implicazioni grafologiche perché ci consentono di ampliare, eventualmente, il significato dei segni implicati nelle dimensioni di Estroversione, Gradevolezza, Coscienziosità, Stabilità emotiva e Apertura all'esperienza.

Saulsman e Page hanno mostrato come i dieci disturbi di personalità elencati dal DSM-IV (*cfr.* cap. 7) siano caratterizzati da profili tipici nel Big Five (Saulsman-Page 2004). Tutti i disturbi di personalità risultano inoltre associati a bassi punteggi nelle dimensioni Stabilità emotiva e Gradevolezza.

Questa scoperta è peraltro in linea con le intuizioni di Moretti. Abbiamo infatti visto nel paragrafo 2.2 come la Non Gradevolezza abbia come segno prototipico l'Acuta laddove la Non Stabilità emotiva risulta associata all'Intozzata II.

Entrambi i segni sono considerati dalla grafologia morettiana come predittori di una possibile psicopatologia.

Per quanto riguarda Acuta, ad esempio, Palaferri parla di "forme nevrotiche e maniache di persecuzione e di incomprensione da parte degli altri", "tendenza a shock affettivi, a forme depressive, a malinconie querule", e negli alti gradi "forme disintegrate della personalità". Con Ricci mitomania può dare luogo inoltre a "tendenza alle allucinazioni" (Palaferri 2001, p. 40).

Riguardo a Intozzata II Moretti è persino più esplicito. Nel *Trattato di grafologia* afferma che "questo segno indica impressionabilità (emotività) sicuramente patologica quando il segno è in un grado superiore e con pericolo di diventare patologica anche quando è in un grado inferiore" (Moretti 2002a, p. 87) e in *Scompensi e anomalie della psiche* che "il segno grafologico indice di emotività sia il compagno indivisibile di ogni disintegrazione [...] Se questo segno è accentuato sì da sorpassare il grado medio, cioè sopra 5, è indice di qualità tali e così disintegrate da aprire inevitabilmente l'accesso al manicomio" (Moretti 2000b, p. 56).

Pertanto con Acuta e/o Intozzata II sopra media il soggetto, secondo i risultati incrociati della metodologia grafologica e dello studio di Saulsman e Page, sarebbe a rischio di disturbo di personalità.

Secondo una ricerca di Barrick e Mount (1991) nell'ambito della selezione del personale, al contrario il tratto della Coscienziosità sarebbe predittivo di successo professionale in qualsiasi ambito occupazionale.

Grafologicamente gli esiti di questa ricerca si traducono nel sostenere che, a parità di condizioni, chi ha i segni Accurata o Compita, in un contesto di opportuna Resistenza, abbia maggiori probabilità di successo di chi non li ha, a prescindere dal tipo di mansione.

Ciò non stupisce poiché è facile immaginare che tratti come affidabilità, scrupolosità, organizzazione, autodisciplina e precisione siano utili e considerati favorevolmente in tutti gli ambiti lavorativi.

Meno ovvio è invece considerare come la Coscienziosità sia un predittore di successo più valido di tutte le altre dimensioni del Big Five, la Gradevolezza, l'Estroversione, la Stabilità emotiva e l'Apertura all'esperienza. Grafologicamente questo si traduce nell'asserzione, tutt'altro che scontata, che se si vuole riuscire in un'attività è molto più utile il segno Accurata (o Compita) rispetto a un buon Largo tra lettere (Gradevolezza), a un buon Diseguale metodico (Apertura all'esperienza), a una buona ed equilibrata Triplice larghezza (Stabilità emotiva), a un Calibro Alto (Estroversione) o a un Intozzata I.

Per quanto riguarda l'ereditabilità dei tratti è stato dimostrato, tramite studi sui gemelli, che ambiente e geni contribuiscono alle determinazione delle cinque dimensioni all'incirca nelle stesse proporzioni. Si va da un massimo di ereditabilità per l'Apertura all'esperienza (57%) a un minimo per la Gradevolezza (42%), passando per i risultati intermedi di Estroversione (54%), Coscienziosità (49%) e Stabilità emotiva (48%). Questa scoperta non ha implicazioni grafologiche dirette se non nella misura in cui dà ulteriore supporto alla tesi secondo la quale i segni grafologici e le corrispondenti tendenze sono non solo determinati dalla "natura" ma anche dal "vissuto".

Per quanto concerne la variabilità nel tempo dei cinque fattori si è dimostrato come negli adulti vi sia un'elevata stabilità dei tratti. Tuttavia i livelli di Coscienziosità, Gradevolezza e Stabilità emotiva tenderebbero ad aumentare con il trascorrere degli anni, mentre l'Estroversione e l'Apertura all'esperienza tenderebbero a diminuire. Si tratta in ogni caso di tendenze generali poiché individui specifici possono mostrare *pattern* diversi.

Relativamente alle differenze di genere, ricerche cross-culturali hanno dimostrato come le donne riportino punteggi più alti di Gradevolezza e punteggi più bassi di Stabilità affettiva, mentre gli uomini ottengono punteggi più alti nell'Estroversione e nella Coscienziosità.

Grafologicamente dovremmo quindi concludere che le donne hanno tendenzialmente un maggior grado di Intozzata II, di Curva e di Largo tra lettere e che gli uomini invece tendono ad avere un Calibro mediamente più alto e una scrittura maggiormente Accurata.

Non possiamo sottoscrivere senza riserve queste conclusioni poiché sappiamo, da osservazioni aneddotiche, che le donne hanno un Calibro tendenzialmente più alto degli uomini e una scrittura maggiormente Accurata. Questo mostra ancora una volta come non vi sia una relazione lineare tra tratti di personalità e segni grafologici poiché i problemi che la traduzione psicologia-grafologia comporta sono complessi (Rende 2006). Lo stesso dato mostra altresì come vi sia un estremo bisogno di dati normativi di tipo statistico – e quindi rilevati su ampi campioni – sulle differenze dei segni grafologici che caratterizzano generi diversi, età diverse e differenti livelli socioculturali.

Infine, relativamente all'ordine di nascita, e contrariamente alla tesi di Sulloway (Sulloway 1997), non sono state trovate differenze significative tra ordine di genitura e punteggi nelle dimensioni del Big Five.

2.7 Critiche al Big Five

Una delle critiche più frequenti che viene mossa all'approccio del Big Five è che non si tratti di una teoria esplicativa ma meramente descrittiva, che consentirebbe di valutare le differenze individuali ma non di spiegarle.

Questa critica risulta legata a un'altra obiezione secondo la quale il modello Big Five non sottenderebbe una precisa teoria ma sarebbe ricavato empiricamente da un insieme di dati che dimostrerebbero solo che alcuni descrittori tendono a raggrupparsi negli stessi *cluster* in seguito ad analisi fattoriale.

Infine al Big Five viene imputato di non riuscire a spiegare la totalità della personalità umana. Alcuni tratti e concetti, infatti, non trovano una precisa collocazione all'interno del modello. Tra questi sono stati citati la religiosità, la manipolatività (machiavellismo), l'onestà, la parsimoniosità, il conservatorismo, la mascolinità-femminilità, lo snobismo, il senso dell'umorismo, l'identità, il concetto di sé e la motivazione. MacAdams (1995) è arrivato a sostenere che il modello Big Five è "psicologia dell'estraneo", perché si limita a considerare quei tratti di personalità che potrebbero essere osservati da un completo sconosciuto.

In alcuni studi si è arrivati inoltre alla conclusione che i cinque fattori non sarebbero ortogonali tra di loro, ovvero non sarebbero del tutto indipendenti. È stata rilevata, ad esempio, una correlazione inversa tra Estroversione e Stabilità emotiva che può essere spiegata in base all'ipotesi secondo la quale chi tende a provare più frequentemente emozioni negative tenderà conseguentemente a essere meno loquace e estroverso.

L'ortogonalità tra dimensioni viene d'altro canto ritenuta desiderabile nella misura in cui riduce la ridondanza. Da un punto di vista grafologico abbiamo visto, ad esempio, come Estroversione e Gradevolezza non risultino essere del tutto distinte poiché condividono quella parte di significato veicolata dal Largo tra lettere.

Anche la validità dell'analisi fattoriale, il metodo con cui sono stati ricavati i cinque fattori, è stata oggetto di controversia. Si è sostenuto che l'applicazione di questa tecnica non fornisca in sé una base sufficiente per scegliere tra soluzioni alternative che comportino un numero diverso di fattori.

Alcuni ricercatori, ad esempio, hanno ottenuto 16 fattori (*cfr.* par. 5.3), mentre altri ne hanno ottenuti 3.

Ciò che determina i risultati dell'analisi fattoriale sono infatti i dati di partenza, che tuttavia sono ricavati empiricamente. A seconda delle metodologie usate questi dati potranno essere quindi diversi e presentare vari livelli di validità e attendibilità.

Nello specifico, i dati di partenza del Big Five si basano sull'analisi di questionari *self-report* che, come è noto, possono essere soggetti a distorsioni. Ai soggetti viene chiesto come si comportano in determinate circostanze, o quali tratti di personalità si attribuiscono, il che rende possibile sia l'autoinganno che l'inganno deliberato, nonostante l'uso di specifiche scale di controllo.

Nulla vieta ad esempio che un soggetto timido e introverso che non abbia un'accurata percezione di sé si veda come un leader dominante o si inganni sulla frequenza con cui mette in atto comportamenti che esprimono leadership.

Nonostante questi limiti il Big Five è un modello che offre indubbi vantaggi. Ha una buona generalizzabilità trans-culturale, mostra una elevata concordanza tra autovalutazioni e eterovalutazioni e costituisce una "buona mappa" per navigare tra le differenze individuali.

Le sue caratteristiche di comprensività, accessibilità ed economicità lo rendono molto utilizzato soprattutto in contesti applicativi come l'orientamento e la selezione del personale.

2.8 Grafologia e Big Five: conclusioni

La traduzione dei risultati dell'analisi grafologica in un insieme di tratti e punteggi comporta, come si è visto, una qualche perdita di informazione. Laddove infatti nell'analisi grafologica possiamo delineare distinzioni anche molto precise ("è estroverso sul piano sociale, ma introverso su quello affettivo") queste caratterizzazioni vengono perse nella misura in cui riduciamo la descrizione di dinamiche psicologiche complesse a un insieme di punteggi su una scala.

Modelli come il Big Five, inoltre, ci dicono poco o niente su come i tratti si influenzino a vicenda o interagiscano tra loro determinando un complesso dinamico, una *Gestalt* il cui totale superi la mera somma delle parti. Le teorie dei tratti esprimono una concezione psicologica statica piuttosto che dinamica.

Non siamo quindi interessati a implementare meccanicamente le teorie di personalità in ambito grafologico, bensì a verificare se queste ci possono fornire strumenti utili che amplino, piuttosto che ridurre, le potenzialità della grafologia.

Un altro limite delle teorie dei tratti è che gli individui possono manifestare tratti diversi in situazioni diverse (*cfr.* par. 1.3). La grafologia, peraltro, può rispondere efficacemente alle teorie di matrice interazionista che prevedono che il comportamento effettivo sia funzione tanto dei tratti di personalità che delle situazioni in cui questi si esplicano.

Ad esempio, abbiamo visto come la scrittura in figura 2 presenti una sindrome di riscontro frequente: Calibro alto, Stretto tra lettere, Rovesciata e Accartocciata (*cfr.* par. 2.4). Appiattire la complessità di questa combinazione a uno dei due poli delle cinque dimensioni del Big Five è non solo riduttivo (vi è una perdita di informazione) ma anche, con ogni probabilità, scorretto (vengono fornite informazioni fuorvianti).

Abbiamo a che fare con un soggetto che è estroverso sul piano sociale – in quanto cerca riconoscimenti del proprio valore e della propria importanza (Calibro Alto e Intozzata I) – ma che sul piano affettivo, intimo e relazionale è invece piuttosto chiuso e diffidente (Rovesciata, Stretto tra lettere, Accartocciata). Già questa semplice notazione scompone il tratto apparentemente unitario dell'Estroversione in due sottodimensioni, specificate in senso situazionale, Estroversione sociale e Estroversione affettiva. A queste si potrebbero aggiungere tanti tipi di Estroversione quanti sono i tipi di situazioni in cui il soggetto manifesta sfaccettature diverse del tratto in questione. Com'è ad esempio il soggetto a lavoro? Estroverso o introverso? Anche in questo caso la risposta non sarebbe univoca.

In un lavoro di tipo dirigenziale, in cui è in posizione sovraordinata piuttosto che subordinata, tenderebbe a un comportamento estroversivo in quanto ricaverebbe piacere dall'esercitare il comando e dal vedere il suo potere riconosciuto dai propri dipendenti. In una situazione subordinata in cui non vede riconosciuto il proprio valore, potrebbe tendere invece a un comportamento di tipo più riservato che rappresenterebbe una forma di arroccamento narcisistico, rifugiandosi magari in fantasie di successo (Rovesciata + Calibro alto). In questo caso quindi il tratto Estroversione si manifesterebbe o meno a seconda di fattori contingenti e, almeno in parte, casuali.

Potremmo chiederci, allo stesso modo, come il soggetto si comporti in famiglia e la risposta non sarebbe, nemmeno in questo caso, univoca. Se viene messa al centro dell'attenzione si comporterà in modo estroverso mettendo la sua creatività al servizio dell'ostentazione, ma se non gli viene riconosciuto il valore che crede di avere potrebbe "chiudersi a riccio", mettendo in atto comportamenti di tipo passivo-aggressivo per farsi notare. Alle critiche risponderebbe in modo sofistico (Stretto tra lettere) e stroncante (Recisa), ma poco argomentato (Stretto tra parole) pur rimanendo inflessibile nelle sue posizioni (Aste rette) e impermeabile alle istanze altrui, ritornando sempre sulle stesse argomentazioni (Accartocciata).

Queste esemplificazioni mostrano come il rapporto tra tratti e situazioni possa essere anche molto complesso. Quando si parla di situazioni infatti non si deve pensare solo a situazioni "reali" (un colloquio di lavoro, un appuntamento romantico, una cena con gli amici) ma anche a situazioni così come sono intese "soggettivamente". Immaginiamo un Calibro piccolo + Filiforme e un Calibro grande + Intozzata I che ricevano entrambi una lode. Nel primo caso il soggetto potrebbe pensare di aver ricevuto una lode immeritata, di essere stato sopravvalutato, e magari entrare in ansia all'idea di dover in futuro soddisfare delle aspettative che ritiene infondate. Nel secondo caso il soggetto invece penserebbe di aver ottenuto né più né meno ciò che gli era dovuto, l'ennesima conferma del proprio superiore valore. Il vissuto soggettivo non sarebbe lo stesso per i due soggetti e la differente rappresentazione della situazione eliciterebbe, presumibilmente, comportamenti diversi. Anche una situazione apparentemente semplice può venire percepita in modo altamente soggettivo. Il contesto di una festa potrebbe, ad esempio, essere percepito come piacevole da un Profusa e come minaccioso da un Acuta. Ciò che determinerà il comportamento sarà ovviamente il modo in cui la situazione viene percepita e non il modo in cui la situazione "effettivamente è" (ammesso che si possa determinare obiettivamente ciò che una situazione *effettivamente* sia).

Per quanto detto, ridurre la complessità dell'interazione tra tratti e situazioni a un semplice punteggio sul continuum Estroversione/Introversione è non solo riduttivo dal punto di vista dei dati grafologici che abbiamo a disposizione ma anche, in una certa misura, una falsificazione dei dati stessi.

È per questo che come grafologi dobbiamo tener conto non solo delle disposizioni ma anche delle situazioni in cui si esplicano i tratti e del modo soggettivo in cui le persone percepiscono queste situazioni. Dal momento che le situazioni inoltre comprendono generalmente persone diverse, con proprie dinamiche peculiari, dovremmo tener conto anche del modo in cui le dinamiche dell'uno interagiscono con le dinamiche degli altri.

Per illustrare questo punto riprendiamo ancora una volta l'esempio precedente, la scrittura numero 2 a pag. 53, e in particolare la combinazione di segni Calibro alto + Stretto tra parole + Stretto tra lettere + Intozzata I.

Una persona con una scrittura del genere si comporterà verosimilmente in modo diverso se entrerà in relazione con un Calibro piccolo piuttosto che con un Calibro alto. Nel primo caso potremmo avere una situazione in cui il Calibro piccolo – sentendosi in qualche misura inferiore – non abbia problemi a riconoscere al Calibro alto la supremazia cui anela. Il Calibro alto, sentendosi al sicuro da offese alla propria ipertrofica autostima, potrebbe quindi cessare o diminuire i comportamenti di tipo ostentatorio, e arrivare persino a tirare fuori "il Calibro piccolo che è in lui". In questo caso, infatti, le modalità esibizionistiche non avrebbero più ragion d'essere.

Ma la stessa persona qualora si relazionasse con un altro Calibro alto, con caratteristiche quindi simili alle proprie, potrebbe addirittura accentuare le proprio tendenze esibizionistiche perché finirebbe per entrare facilmente in competizione. I due darebbero luogo a un ciclo competitivo in cui nessuno riconosce il valore dell'altro per non sminuire il proprio, in un conflitto privo di possibili sbocchi.

Un grafologo quindi, in linea teorica, dovrebbe tener conto dei tratti di base di uno scrivente, del modo in cui questi tratti si combinano tra loro, delle tipologie di situazioni in cui i tratti hanno occasione di esplicarsi, del modo soggettivo in cui le situazioni vengono da lui percepite, e infine delle persone con cui l'individuo entra in relazione, dei loro tratti peculiari, e del modo in cui queste disposizioni interagiscono a loro volta con quelle dello scrivente.

Ovviamente non si pretende che un'analisi grafologica raggiunga un tale livello di complessità ma ciò che qui preme sottolineare è che queste potenzialità sono idealmente implicite nel metodo grafologico morettiano e che, all'occorrenza, possono essere esplicitate.

Dovremmo quindi guardarci dalle semplificazioni (Estroverso *aut* Introverso) che le teorie dei tratti sembrano richiedere e servirci di queste solo come di uno strumento che ci arricchisca concettualmente piuttosto che impoverirci.

3

La teoria di Eysenck e la grafologia

3.1 Il modello di Eysenck

Tra le teorie dei tratti una delle più celebri e eleganti è senz'altro quella di Hans Eysenck.

Eysenck ha individuato tramite analisi fattoriale due *superfattori*, il Nevroticismo e l'Estroversione, a cui ha aggiunto successivamente un terzo fattore, lo Psicoticismo (Caprara-Cervone 2003, p. 81).

L'Estroverso di Eysenck è rivolto all'esterno, impulsivo, disinibito, con molti contatti sociali ed è coinvolto in molte attività di gruppo (Boncori 1993, p. 669). Rispetto all'Estroversione del Big Five è quindi presente anche una sottodimensione di impulsività.

Un primo problema che dovremmo quindi affrontare da un punto di vista grafologico è se l'estroversione in grafologia sia correlata in modo significativo con l'impulsività.

È facile constatare come una tale relazione si dia, per quanto non abbia carattere assoluto. Alcuni segni di estroversione sono infatti *anche* segni di impulsività, come ad esempio lo Stretto tra parole. Il minimo comun denominatore sotteso a estroversione e impulsività sembra essere quello della disinibizione ovvero, nel caso dello Stretto tra parole, della carenza di "funzioni critiche e valutative della neocorteccia" (Palaferri 2001, p. 171).

D'altro canto il segno principe dell'introversione, il Calibro piccolo, è, a parità di condizioni, meno impulsivo del Calibro grande in virtù della contenutezza delle spinte espansive. È inoltre più facile, a livello sindromico, che il Calibro piccolo si accompagni al Largo tra parole e che il Calibro grande si accompagni allo Stretto tra parole. Anche in questo caso, tuttavia, la tendenza è relativa e non assoluta.

Della correlazione tra Calibro piccolo e Largo tra parole si può dare anche una dimostrazione grafometrica.

Dal momento che la misurazione del Largo tra parole assume come unità di misura la o di media grandezza è facile constatare come, a parità di larghezza tra parole espressa in millimetri, il Calibro piccolo dia luogo a un maggior grado di Largo tra parole del Calibro grande.

In un campione di 19 soggetti che ho esaminato (Rende 2006) il grado di correlazione tra Calibro (espresso in mm) e Stretto tra parole (espresso in decimi) è risultato essere di +0,404, una correlazione non elevatissima ma comunque significativa. Valori di r tra .50 e .20 indicano infatti una "tendenza alla relazione positiva" (Ercolani-Areni-Leone 2002, p. 128).

Dobbiamo quindi concludere che anche da un punto di vista grafologico vi sia una qualche relazione tra impulsività ed estroversione.

L'Introverso per Eysenck è "una persona che sta per proprio conto, introspettiva, amante più dei libri che delle persone, che si tiene distante da tutti a eccezione di pochi amici intimi; tende a pianificare, a riflettere prima di agire, a non fidarsi dell'impulso del momento; non gli piace l'eccitazione, prende gli eventi quotidiani con serietà e gli piace condurre una vita ordinata" (Boncori 1993, p. 659).

Come si evince da questa definizione l'Introversione in Eysenck comprende il concetto di Secondarietà di Le Senne, così come l'Estroversione comprende quello di primarietà che è affine, anche se non del tutto sovrapponibile, a quello di impulsività (Palaferri 1999b, pp. 95-97).

Uno degli aspetti più interessanti della teoria di Eysenck è il suo essere fondata su considerazioni di carattere neurofisiologico. Ad esempio, secondo Eysenck, i soggetti Introversi dimostrerebbero una maggiore reattività a un'ampia gamma di tecniche di stimolazione elettrofisiologiche e una maggiore attività a livello corticoreticolare.

Eysenck riprende a questo proposito la tesi di Hebb secondo la quale gli organismi mirano a un livello ottimale di eccitazione, che può variare da un individuo all'altro.

Gli Introversi in quanto "cronicamente più eccitati a livello corticale rispetto agli Estroversi" avrebbero la tendenza a evitare situazioni sociali stimolanti (Caprara-Cervone 2003, p. 204). Un ulteriore incremento dell'eccitazione verrebbe quindi vissuto come sgradevole in quanto li allontanerebbe dall'omeostasi.

D'altro canto gli estroversi, in quanto caratterizzati da bassi livelli di eccitazione, avrebbero bisogno di un supplemento di eccitazione ambientale per raggiungere il livello ottimale di stimolazione.

Eysenck quindi ipotizza un diverso livello di base di eccitazione cortico-reticolare che, unitamente al principio secondo il quale gli individui ricercano un livello ottimale di eccitazione, dà luogo a comportamenti opposti (di ricerca della stimolazione o di evitamento della stessa).

Come si vedrà meglio in seguito la dicotomia Estroversione-Introversione di Eysenck e la relativa spiegazione in termini neurofisiologici ha dei riscontri anche nella teoria di Cloninger (cfr. cap. 4) che distingue tra individui che tendono a ricercare la novità (novelty seeking) e individui che tendono ad evitare il danno (harm avoidance).

Per quanto in questa teoria la tendenza ad evitare il danno possa coesistere con la tendenza a ricercare la novità è evidente come concettualmente queste due dimensioni si presentino, almeno prima facie, come antitetiche. Il modo più sicuro di evitare danni è infatti quello di limitare la ricerca di novità.

Allo stesso modo il comportamento esplorativo si oppone alla ricerca di sicurezza. Non a caso, anche nella teoria dell'attaccamento di Bowlby (*cfr.* cap. 6) il comportamento di esplorazione dell'ambiente si oppone a quello di attaccamento. Il sistema di attaccamento viene attivato dalla percezione di un pericolo e si caratterizza per la ricerca di prossimità con una persona significativa che viene vista come "base sicura". Quando è attivo il sistema di attaccamento si disattiva il sistema di esplorazione, e viceversa.

Possiamo ipotizzare a questo punto una prossimità, quantomeno concettuale, tra Ricerca della novità e Estroversione da una parte e Evitamento del danno e Introversione dall'altra.

Grafologicamente, infatti, l'Estroversione e la Ricerca della novità sono qualificate dall'attrazione verso il vettore destra e verso tutto ciò che questo rappresenta: l'avanti, gli altri, l'altruismo, l'attività, l'aggressività (Palaferri 1999a, p. 29).

Viceversa l'Introversione e l'Evitamento del danno sarebbero qualificate dall'attrazione verso il vettore sinistra, ovvero verso il passato, l'egoismo, la regressione, la repressione, il narcisismo (Palaferri 1999a, p. 29).

Si è visto come la dimensione Introversione-Estroversione abbia per Eysenck una base neurofisiologica rappresentata dal diverso livello di attivazione della corteccia e della formazione reticolare. Anche la seconda dimensione presa in considerazione nel suo modello, il Nevroticismo, avrebbe un fondamento nell'attività cerebrale e in particolare rifletterebbe il livello di eccitazione del sistema limbico. Le persone con elevato livello di Nevroticismo possederebbero infatti un sistema limbico particolarmente sensibile alla minaccia e allo stress (Caprava-Cervone 2003, p. 205).

Il Nevroticismo si contrappone alla Stabilità emotiva e questa è per Eysenck una dimensione ulteriore e indipendente rispetto a quella caratterizzata dal continuum Estroversione-Introversione. L'incrocio tra queste dimensioni darebbe luogo a quattro tipi – l'estroverso stabile, l'estroverso instabile, l'introverso stabile e l'introverso instabile – che a loro volta corrisponderebbero ai quattro tipi di Ippocrate (Eysenck 1986, p. 18).

Per Eysenck la persona che ottiene punteggi alti in Nevroticismo tende a descriversi come "emotivamente instabile e iper-reattiva, con difficoltà a ritornare a uno stato normale dopo esperienze emotive intense; spesso si lamenta di vaghi problemi somatici come mal di testa, disturbi digestivi, insonnia, dolori alla schiena; si dice anche predisposta a disordini neurotici in situazioni di stress" (Boncori 1993, p. 671).

Il Nevroticismo di Eysenck è quindi concettualmente analogo alla Non Stabilità emotiva del Big Five (*cfr.* cap. 2) e come questa predice difficoltà di adattamento nei più svariati ambiti.

Grafologicamente, per quanto il segno principe di emotività sia l'Intozzata II, non dobbiamo ridurre la dimensione Nevroticismo a questo unico segno (*cfr.* par. 2.2).

Secondo Solange-Pellat "l'emotività ha per effetto di moltiplicare le disuguaglianze del tracciato" (Solange-Pellat 2004, p. 58).

Ne consegue che qualsiasi segno che indichi marcata disomogeneità in una qualsiasi categoria grafologica è indice di Nevroticismo: Non omogenea della pressione, del calibro, dell'inclinazione, nella Triplice larghezza, nell'ordine, nella forma o personalità grafica, nel collegamento (Palaferri 2001, pp. 196-200). Per Palaferri l'impressionabilità, che qui consideriamo sovrapponibile al Nevroticismo, "trova corrispondenze nella non omogeneità delle varie categorie grafiche e in un disordine più o meno accentuato. Più sono molteplici e vistosi il disordine, le variazioni, le non omogeneità e le sproporzioni, più si hanno indici di iperemotività" (Palaferri 1999b, p. 100).

L'ultima dimensione che dobbiamo prendere in considerazione è quella che Eysenck chiama Psicoticismo. Chi ottiene punteggi elevati in questo tratto "tende a descriversi come trascurato, impulsivo, sconsiderato, insensibile, crudele, incurante delle convenzioni, mal trattato, antipatico, ingannato dagli altri" (Boncori 1993, p. 571).

Secondo Eysenck "le componenti essenziali della dimensione sembrano essere una tendenza al comportamento deviante, insieme ad una componente affettiva connessa con qualcosa come la mancanza di sensibilità" (Boncori 1993, p. 571). È quindi presente anche nello Psicoticismo una sottodimensione di impulsività che però, per Eysenck, è diversa da quella che caratterizza la dimensione Estroversione.

Alti punteggi di Psicoticismo sono, del tutto ovviamente, indicatori di psicopatologia. Dal punto di vista grafologico possiamo immaginare una scrittura con segni quali Acuta (Secca, Irta), elevato grado di Parallela, Stretto tra parole e una certa trascuratezza grafica.

Rispetto alle scale di Estroversione e Nevroticismo la scala di Psicoticismo è stata introdotta da Eysenck in un momento successivo, con l'edizione del 1975 del test *Eysenck Personality Questionnaire*, che è andato a sostituire il precedente *Maudsley Personality Inventory* del 1959.

È risultato da verifiche empiriche che lo Psicoticismo non costituisce una dimensione indipendente rispetto alle altre (Boncori 2006, pp. 214-216). Nelle intenzioni di Eysenck l'introduzione di una terza dimensione doveva servire a distinguere gli individui nevrotici (con punteggi alti nella scala di Nevroticismo) dagli individui psicotici (con punteggi alti nella scala di Psicoticismo) ma, secondo alcuni critici, questo obiettivo non sarebbe stato raggiunto.

In particolare, sottoponendo gruppi distinti a un test basato sulla teoria di Eysenck, è emerso che i punteggi medi registrati nella scala P "non permettono di discriminare i nevrotici dagli psicotici" e che "il gruppo degli psicotici non presenta, nei punteggi medi, sensibili differenze da quelli ottenuti dal gruppo normale" (Boncori 2006, p. 216). Secondo Boncori "l'incapacità della scala P di discriminare tra nevrotici e psicotici e tra psicotici e persone con problemi di antisocialità induce a sconsigliarne nettamente l'uso applicativo" (Boncori 1993, p. 676).

È stato rilevato inoltre che nella versione italiana del test la dimensione Estroversione risulta debolmente e inversamente correlata con la dimensione Nevroticismo (r = -0,213). In altri termini, l'Estroversione costituirebbe un (debole) fattore protettivo nei confronti della nevrosi, laddove gli Introversi sarebbero più soggetti degli Estroversi a ottenere alti punteggi di Nevroticismo.

C'è infine da precisare che lo Psicoticismo di Eysenck, secondo le attuali classificazioni psichiatriche, non coincide tanto con i disturbi psicotici quanto con il Disturbo antisociale di personalità (*cfr.* par. 7.3).

Secondo il manuale diagnostico dei disturbi mentali (DSM-IV) il Disturbo Antisociale di personalità è infatti caratterizzato da disonestà, impulsività o incapacità di pianificare, irritabilità e aggressività, inosservanza spericolata della sicurezza propria e altrui, irresponsabilità abituale, mancanza di rimorso (American Psychiatric Association 2009, pp. 746-751).

In sintesi, tolta la scala Psicoticismo, che come si è detto è gravata da numerosi problemi, il modello di Eysenck non ci offre molto di più dal punto di vista caratterologico rispetto al Big Five. Non a caso quest'ultimo è successivo al modello di Eysenck e in una certa misura lo implementa. L'Estroversione infatti è presente anche tra i cinque fattori e il Nevroticismo è del tutto equivalente alla Non Stabilità emotiva.

Il contributo che qui ci interessa è un altro: il tentativo di Eysenck di fondare la sua teoria dei tratti su una base neurofisiologica, tentativo che come vedremo sarà percorso anche da altri autori (tra cui Cloninger, la cui teoria sarà oggetto di trattazione nel capitolo 4). Secondo Eysenck infatti "gli individui differiscono rispetto alla localizzazione che hanno in disposizioni semi-permanenti note come 'tratti' [...] I tratti di personalità sono determinati in misura importante da fattori ereditari" (Boncori 2006, p. 207).

È controverso quanto il tentativo di Eysenck di fondare la sua teoria dei tratti sulla neurofisiologia sia effettivamente riuscito ma il suo progetto teorico è del tutto affine allo spirito che anima la grafologia morettiana.

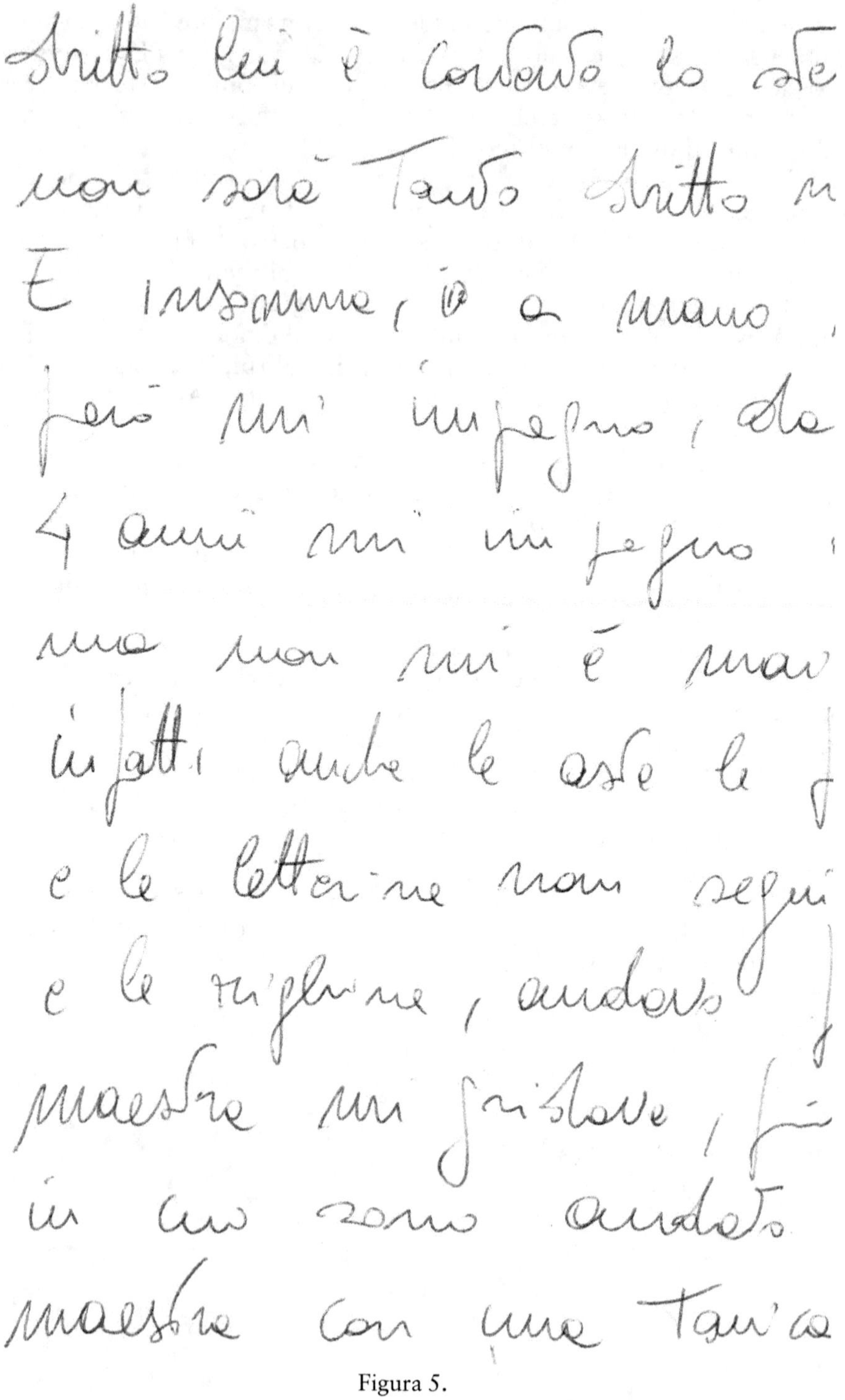

dritto lui è contento lo ste
non sarà tanto dritto m
E insomme, ò a mano,
però mi impegno, che
4 anni mi impegno
ma non mi è mai
infatti anche le aste le f
e le letterine non segui
e le righine, andare
maestre mi pistone, fi
in cui sono andato
maestre con una tan'ca

Figura 5.

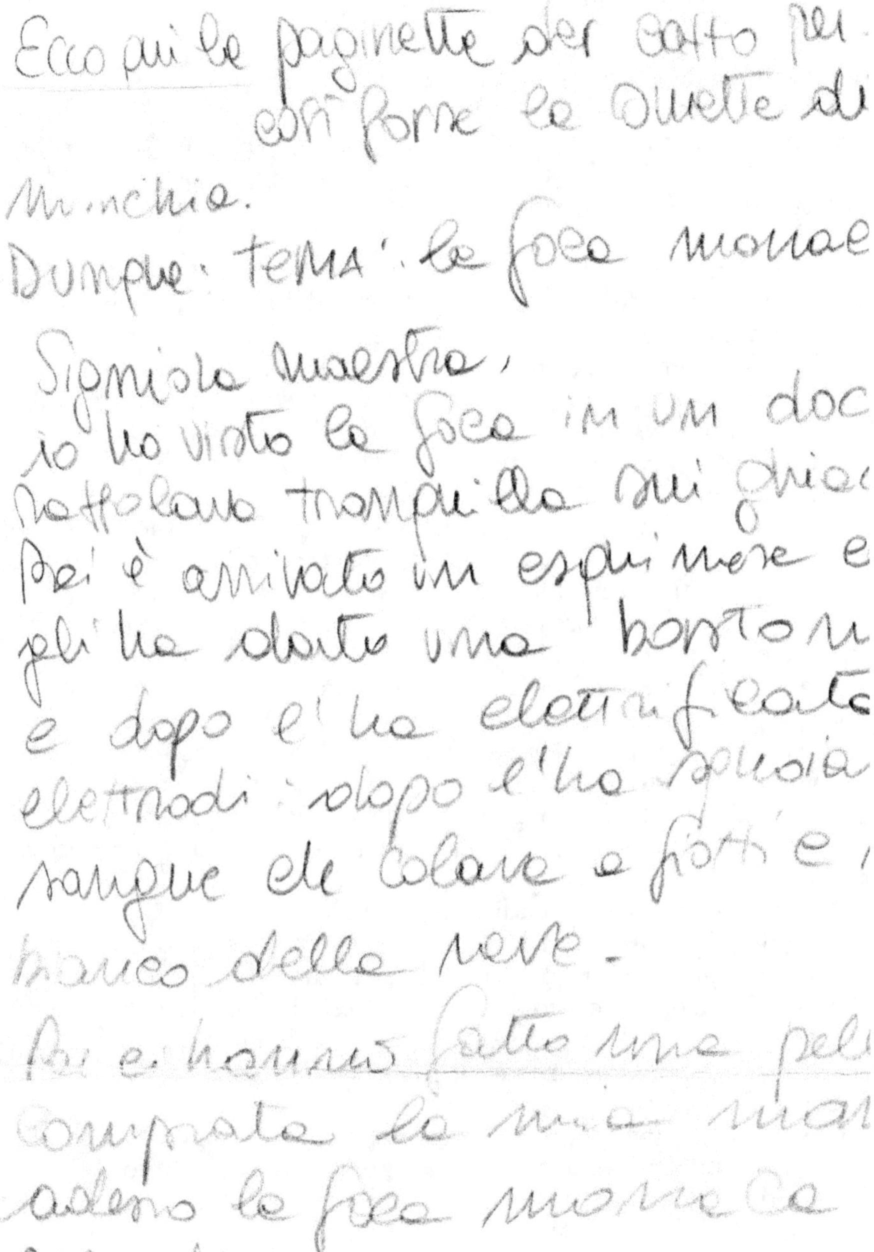

Ecco qui le paginette del catto per
conforme le ouette di
Minchia.
Dunque: TEMA: le foca monae

Signiola maestra,
io ho visto le foca in un doc
nattolano tranquilla sui ghiac
Poi è arrivato in espuimere e
gli ha dato una bottou
e dopo è lo eletnificato
elettrodi: dopo è lo squoia
sangue che colare e forti e,
bianco della neve.

Poi e hanno fatto una pell
comprata la mia mal
adesso le foca monce
annadio.

Figura 6.

3.2 Esemplificazioni grafologiche del modello di Eysenck

Possiamo ora applicare le due dimensioni principali del modello di Eysenck all'analisi delle due scritture riportate a pp. 76-77.

Come si è detto la teoria di Eysenck non aggiunge molto rispetto al Big Five (*cfr.* cap. 2) e la utilizzeremo pertanto in questa sede solo come uno spunto ulteriore per trarre alcune considerazioni di carattere grafologico.

La scrittura in figura 5. si caratterizza per i seguenti segni: Calibro alto 5 non omogeneo, Diseguale metodico del calibro 5, Largo di lettera 6, Largo tra lettere 4, Largo tra parole 5, Spadiforme decrescente III tipo, Mantiene il rigo 6-7, Ascendente 1-2, Intozzata I 6-7, Curva 6, Dritta 7, Angoli C 5, Aste col concavo a destra 6, Aste rette 3, Aste col concavo a sinistra 1, Chiara 6, Attaccata 8, Fluida 6-7, Sinuosa 5, Accartocciata 3, Ricci Mitomania I specie 3, Compita, cenni di Estesa e Ricci Flemma.

A favore dell'Estroversione abbiamo Calibro Alto, Largo tra lettere, Intozzata I, Curva, Attaccata, Fluida e Aste con concavo a destra mentre l'unico segno di relativa Introversione è costituito da 3/10 di Accartocciata. Come si può notare la scrittura si espande in maniera consistente in tutte e tre le dimensioni (altezza, larghezza, profondità).

A favore della Stabilità emotiva si rileva una buona ed equilibrata Triplice Larghezza, Mantiene il rigo, Intozzata I, Dritta e Fluida. L'unico segno di Nevroticismo è costituito da 3/10 di Ricci mitomania, che tuttavia in un contesto del genere parlano più di creatività che di fissazione patologica. Qualche non omogeneità del calibro, lo Spadiforme decrescente e qualche decimo di Ascendente non mutano il quadro di una sostanziale Stabilità.

Per Eysenck abbiamo quindi a che fare con un Estroverso Stabile.

Per il Big Five possiamo parlare di un soggetto Coscienzioso (scrittura Compita, Mantiene il rigo, Dritta, Chiara, Attaccata), Aperto all'esperienza (Diseguale metodico, Largo tra lettere, Fluida, Ricci mitomania) e tutto sommato Gradevole (Angoli C, Sinuosa, Fluida, Estesa, Curva, Aste dx), anche se non particolarmente cedevole e malleabile (Intozzata I, Dritta 7).

La scrittura in figura 6 è invece caratterizzata dai seguenti segni: Calibro alto 5-6, Largo di lettera 5-6, Largo tra lettere 3, Largo tra parole 3, Mantiene il rigo 5-6, Diseguale metodico del calibro 5, Diseguale non metodico, Spadiforme crescente II e III tipo, Ascendente 4, Attaccata 8, Intozzata I 6, Chiara 8, Aste dx 5, Aste rette 5, Curva 6-7, Non omogenea dell'inclinazione, Spigliata 7-8, Tentennante 3-4, Ricci del soggettivismo 5, cenni di Slanciata II tipo, Recisa, Accartocciata, Estesa.

Il soggetto è essenzialmente Estroverso sia per il Calibro Alto, che per altri segni fautori quali Curva, Attaccata, Intozzata I, cenni di Slanciata e Estesa. Il Largo tra lettere in media non è elevato (3/10) ma si riscontrano punte di 6/10.

La dinamica del Largo tra lettere, che varia in maniera poco armonica da 1 a 6/10, è analoga a quella dell'inclinazione che varia similmente da Rovesciata a Pendente.

Abbiamo quindi un soggetto che ha qualche ambivalenza nei confronti dell'Altro ed è indeciso se aprirsi o chiudersi, se "andare verso" o "andare via". Ne risulta un comportamento a tratti contraddittorio e poco prevedibile che non depone a favore della Stabilità emotiva.

L'incoerenza affettiva ha dei riflessi anche sulla concezione di sé del soggetto come indicato dalle ampie variazioni del Calibro, la cui altezza varia da 2,5 a ben 6 mm. Rispetto alla scrittura precedente abbiamo un maggior grado di Contorta, un maggior grado di Ascendente, un minor grado di Mantiene il rigo e soprattutto un minore equilibrio nella Triplice larghezza che porta a una maggiore impulsività (Largo di lettera > Largo tra parole).

Anche i 3/10 di Ricci del soggettivismo (con punte di 5) non depongono a favore di un buon equilibrio emotivo e riflettono probabilmente il tentativo dello scrivente di compensare la sua instabile autostima con un investimento di tipo narcisistico.

L'indecisione affettiva si riflette anche sul piano operativo dando luogo a 3-4/10 di Tentennante che menomano la Coscienziosità (manca il Compita della scrittura precedente ed è presente impulsività, come testimoniato dai cenni di Slanciata II). Per Eysenck avremmo quindi un Nevrotico Estroverso.

La due scritture analizzate appartengono rispettivamente a un uomo di 30 anni e ad una ragazza di 25 che hanno avuto una relazione.

Non è difficile immaginare che lei abbia visto nella solidità di lui un punto di appoggio, un'ancora di salvezza nelle sue oscillazioni umorali e affettive (Diseguale non metodico del calibro e dell'inclinazione). È possibile che lei sia stata attratta in prima battuta dalla sostenutezza e autosufficienza di lui che si contrappone in maniera così netta alla sua mancanza di autonomia affettiva (Rovesciata-Pendente).

In altri termini, lui ha risolto un problema cruciale – il rapporto con l'Altro – che per lei è invece tuttora fonte di disagio.

Lei ha esigenza di considerazione e di attenzione (Pendente, Calibro alto, Stretto tra lettere e soprattutto Ricci del soggettivismo) ma le capacità che ha lui di dargliene appaiono limitate. Lui non è infatti il tipo che si perda in smancerie o complimenti (Dritta) e appare troppo preso da se stesso (Calibro alto, Curva + Intozzata I) e dai prodotti della propria immaginazione (Diseguale metodico, Ricci Mitomania) per perdersi completamente in un rapporto con l'altro. Lui risulta più maturo dal punto di vista affettivo, e la sua affettività appare regolata dalla ragione, mentre l'affettività di lei è motivata soprattutto dal *bisogno* e dalle mutevoli passioni del momento.

Sebbene siano entrambi Estroversi l'Estroversione di lui è più controllata e ragionata (Dritta, Accartocciata) mentre quella dei lei è più impulsiva ed estrosa, e finalizzata al bisogno di far scena e di essere corrisposta. Possiamo ipotizzare che lui, a causa della maggiore stabilità affettiva e prevedibilità, risulti anche più Gradevole laddove lei, per il suo bisogno di distinzione (Ricci del soggettivismo) e la sua ambivalenza possa risultare meno Gradevole.

Si può ipotizzare che lui sia stato attratto dall'estro e dalla creatività di lei (Diseguale non metodico) e che su questa base i due abbiano trovato un punto di incontro, così come hanno una trovato una base comune nell'analogo interesse per gli altri (per quanto diversamente motivato nei due casi). Entrambi inoltre presentano una notevole Apertura all'esperienza, lui da un punto di vita più teorico, lei anche da un punto di vista pratico (apertura non solo a nuovi concetti ma anche a nuove esperienze, con una certa tendenza al "vagabondaggio affettivo").

Mentre tuttavia l'attività creatrice di lui si innesta su una solida base temperamentale, in lei si traduce in una fonte di ulteriore instabilità perché è più portata ad agire che a riflettere (Largo di lettera > Largo tra parole). In altri termini, lei ha indubbiamente una maggiore Primarietà, poiché non lascia passare un tempo sufficiente tra lo stimolo e la risposta, mentre in lui agiscono da importante freno moderatore indici di Secondarietà quali Largo tra parole, Dritta, Triplice equilibrata, Angoli C, Accartocciata.

È vero che lei ha qualche decimo di Tentennante ma l'elevato grado di Spigliata, lo scarso Largo tra parole, il ritmo vivace e esuberante la spingono ad agire comunque. Pertanto la sua indecisione – che come abbiamo visto, in ultima analisi, è di origine affettiva – non trova un sostanziale corrispettivo sul piano comportamentale.

Lui ha un buon intuito psicologico (Fluida, Sinuosa, Angoli C) e per questo lei deve essersi sentita piacevolmente compresa e aver visto in lui qualcuno che potesse aiutarla. Le capacità introspettive di lei sono invece piuttosto modeste (Stretto tra parole, Calibro alto) essendo troppo inquieta per poter condurre una lucida disamina di se stessa e delle proprie dinamiche (Diseguale non metodico del calibro e dell'inclinazione). Ha quindi bisogno di un appoggio esterno per conoscersi e per capirsi, e anche se lui può aver provato ad aiutarla da un punto di vista razionale è difficile che lei si sia sentita profondamente accolta sul piano affettivo.

In sintesi, possiamo ipotizzare che il diverso livello di maturazione (più "adulto" lui, più "bambina" lei) possa aver pesato negativamente sul rapporto determinandone la conclusione. Lei inoltre appare meno disposta di lui ad investire in un rapporto stabile, sia perché è meno lungimirante e paziente, sia perché quando le cose "si mettono male", può essere portata a cercare soddisfazione altrove per tamponare le proprie urgenze affettive.

4
La teoria di Cloninger e la grafologia

4.1 Per una teoria della corrispondenza

Tra le varie teorie dei tratti che sono state proposte in ambito psicologico ve n'è una, la teoria di Cloninger, che sembra rivestire particolare interesse per la grafologia morettiana[3].

In primo luogo, è come questa fortemente caratterizzata in senso neurofisiologico. Come si vedrà infatti Cloninger propone alcuni tratti di base a cui fa corrispondere l'attività più o meno pronunciata di specifici sistemi neurotrasmettoriali (serotonina, dopamina e noradrenalina).

In secondo luogo, sembra esservi una corrispondenza puntuale tra le dimensioni di personalità individuate da Cloninger e i temperamenti morettiani. La Persistenza di Cloninger ad esempio è del tutto analoga alla Resistenza morettiana. Questa corrispondenza permetterebbe di lanciare un ponte tra i temperamenti morettiani e i sistemi neurotrasmettoriali ipotizzati da Cloninger come substrato neurofisiologico dei suoi tratti di personalità. Potremmo quindi arrivare alla conclusione, ad esempio, secondo la quale la maggiore o minore presenza del temperamento morettiano della Resistenza è correlata con una maggiore o minore attività del sistema noradrenergico.

In questo capitolo esporrò la teoria di Cloninger e argomenterò a favore di una corrispondenza "uno a uno" tra le dimensioni della personalità da lui proposte e i temperamenti morettiani. Questa corrispondenza non potrà che essere relativa e imperfetta, data la diversità dei rispettivi punti di partenza, ma cionondimeno può offrire qualche spunto suggestivo passibile di ulteriori verifiche e sperimentazioni.

Nella seconda parte del capitolo cercherò poi di mostrare le principali implicazioni della "teoria della corrispondenza Moretti-Cloninger", che si possono riassumere come segue.

In primo luogo, se questa teoria fosse valida, avremmo la possibilità di mettere in atto una verifica-confutazione della teoria stessa tramite la quantificazione proporzionale dei temperamenti (Palaferri 2001, pp. 506-509) effettuata prima e dopo l'assunzione di sostanze psicotrope che agiscano sui sistemi neurotrasmettoriali di dopamina, serotonina e noradrenalina. Per rimanere al nostro esempio potremmo predire che un individuo in terapia con un antidepressivo noradrenergico vedrà a causa di ciò incrementata la percentuale di presenza nella sua scrittura del temperamento morettiano della Resistenza (Aste rette, Mantiene il Rigo, Angoli B, etc.).

In secondo luogo, un'altra implicazione della "teoria della corrispondenza Moretti-Cloninger" è che, qualora fosse vera, avremmo la possibilità di predire su base squisitamente grafologica la maggiore o minore rispondenza di un individuo a una specifica terapia psicofarmacologica.

Potremmo, ad esempio, avanzare l'ipotesi che un individuo che presenti carenze nel temperamento morettiano della Resistenza risponderebbe meglio ad un trattamento a base di antidepressivi noradrenergici piuttosto che serotoninergici (che dovrebbero influenzare, come vedremo, il temperamento dell'Attesa). La "teoria della corrispondenza" quindi, qualora corroborata, permetterebbe di qualificare la tesi secondo la quale la grafologia morettiana è basata sulla neurofisiologia arrivando al livello di specificazione dei singoli sistemi neurotrasmettoriali coinvolti.

Per concludere questa introduzione, e prima di passare all'esposizione della teoria di Cloninger, sarà necessaria una precisazione. Mi riferirò in questa sede ai *temperamenti* morettiani piuttosto che ai *caratteri* mettendo tra parentesi il problema di stabilire se vi sia in Moretti una distinzione tra temperamento e carattere (*cfr.* Cristofanelli 1995, pp. 15-21). La ragione di questa scelta è essenzialmente di comodo e non presuppone alcuna opzione teorica a monte. Cloninger, come si vedrà, distingue tra dimensioni del temperamento (innato) e dimensioni del carattere (acquisito) ma noi ci occuperemo esclusivamente di tracciare un parallelismo tra le dimensioni del temperamento di Cloninger e i temperamenti (o caratteri) morettiani. Per uniformità stilistica è sembrato quindi più conveniente parlare in entrambi i casi di *temperamento*.

Un'altra doverosa precisazione è che la teoria di Cloninger sembra implicare che anche il temperamento, e non solo il carattere, possa essere (artificialmente e reversibilmente) modificato. Dal momento che Cloninger specifica il temperamento nei termini dei sistemi neurotrasmettoriali coinvolti, e del loro relativo livello di attività funzionale, qualsiasi modificazione di questi sistemi modificherà anche in parte il temperamento, o quantomeno la sua espressione. Sperry, ad esempio, nell'illustrare il trattamento psicofarmacologico dei disturbi di personalità (Sperry 2000) parla di "modulare le dimensioni del temperamento". In questa sede non saremo sempre così precisi ma è implicito che le modifiche del temperamento a cui si farà riferimento sono sempre da intendersi come parziali e reversibili (cessando, verosimilmente, alla sospensione del trattamento stesso).

Allo stesso modo, per quanto riguarda i temperamenti (o caratteri) la grafologia morettiana prevede che la loro quantificazione proporzionale possa cambiare nel tempo (*cfr.* Palaferri 1999a, pp. 591-632).

Se ammettiamo quindi la liceità di una quantificazione proporzionale dei temperamenti (Palaferri), e non solo di uno loro specificazione qualitativa (Moretti), possiamo accettare l'assunto secondo il quale, in linea di principio, anche l'espressione dei temperamenti morettiani possa essere suscettibile di modifica, ad esempio per cause artificiali ed esogene come un trattamento psicofarmacologico. Non tutto ciò che è innato è infatti immutabile. Per fare un esempio, il patrimonio genetico è indubbiamente innato ma l'espressione di particolari geni è mediata dall'ambiente e il patrimonio genetico stesso è in linea di principio modificabile, come testimoniano le mutazioni spontanee o l'ingegneria genetica.

Fatta salva questa premessa possiamo passare a illustrare la teoria di Cloninger.

4.2 Neurotrasmettitori e tratti di personalità: la teoria di Cloninger

Il modello originale di Cloninger prevede tre dimensioni della personalità, geneticamente indipendenti l'una dall'altra e in relazione a uno specifico substrato biochimico (Castrogiovanni, 1999, p. 1283).

La *Novelty Seeking* (NS) o Ricerca della novità è legata al sistema dopaminergico ed è responsabile dell'attività esplorativa, dell'impulsività decisionale e della scarsa resistenza alle frustrazioni.

L'*Harm Avoidance* (HA) o Evitamento del danno è legata al sistema serotoninergico e causa inibizione del comportamento, comportamenti passivi di evitamento, paura dell'ignoto, scarsa resistenza agli stress fisici.

La *Reward Dipendence* (RD) o Dipendenza dalla ricompensa è legata al sistema noradrenergico ed è caratterizzata da comportamenti abitudinari, tendenza al sentimentalismo, eccessivo attaccamento sociale, dipendenza dall'approvazione.

Le diverse combinazioni delle tre dimensioni di base danno luogo a otto tipi di personalità i quali, in presenza di particolari determinanti caratteriali, tendono verso altrettanti disturbi di personalità (v. TAB. 2, a p. 83).

In sintesi, possiamo caratterizzare la Ricerca di novità come un "modo di interazione con l'ambiente caratterizzato da intenso eccitamento derivante dalla continua ricerca di stimolazioni", l'Evitamento del danno come una "modalità comportamentale tendente ad evitare qualsiasi situazione da cui possa derivare una punizione o una frustrazione e la Dipendenza dalla ricompensa come "tendenza a rispondere prontamente ai segnali di approvazione sociale" (Lingiardi 2001, p. 49).

RICERCA DELLA NOVITÀ (NS)	EVITAMENTO DEL DANNO (HA)	DIPENDENZA DALLA RICOMPENSA (RD)	PERSONALITÀ CORRISPONDENTE
alta	bassa	bassa	Antisociale
alta	bassa	alta	Istrionico
alta	alta	alta	Passivo-aggressivo
alta	alta	bassa	Schizoide
bassa	bassa	alta	Ciclotimico
bassa	alta	alta	Passivo-Dipendente, Evitante
bassa	alta	bassa	Ossessivo-Compulsivo
bassa	bassa	bassa	Schizoide (Imperturbabile)

Tabella 2. Combinazioni tra le dimensioni della personalità
secondo Cloninger (Lingiardi, 2001, p. 49).

Per quantificare queste dimensioni di personalità Cloninger ha messo a punto il *Tridimensional Personality Questionnaire* (TPQ), uno strumento di autovalutazione composto da 100 item valutati su scala dicotomica (vero/falso). Gli studi normativi effettuati sul TPQ hanno confermato la struttura del temperamento proposta da Cloninger e indicato la presenza di una quarta dimensione distinta indicata come *Persistence* (P) o Persistenza, misurata come "perseveranza nonostante la fatica e la frustrazione". Questa dimensione, ritenuta inizialmente una componente della Dipendenza dalla ricompensa (RD), si è poi rivelata essere una dimensione indipendente, ma comunque mediata dal sistema noradrenergico.

Per Cloninger la regolazione delle dimensioni temperamentali coinvolge quindi tre sistemi cerebrali e comporta l'attivazione di specifiche monoamine (neurotrasmettitori):

1) il sistema di attivazione comportamentale, preposto a reagire agli incentivi, è mediato dalla dopamina ed è coinvolto nella ricerca di novità.

2) il sistema di inibizione comportamentale, preposto a reagire alle punizioni, è mediato dalla serotonina ed è coinvolto nell'evitamento del dolore e del danno.

3) il sistema di mantenimento comportamentale, preposto a reagire ai premi, è mediato dalla noradrenalina ed è coinvolto nella regolazione

della dipendenza dal premio e nella persistenza. Secondo lo schema di Cloninger gli individui che hanno alti livelli di NS saranno quindi impulsivi, irascibili e curiosi, gli individui che hanno alti livelli di HA saranno pessimisti, afflitti da tensione e preoccupazione mentre quelli che hanno alti livelli di RD saranno emotivamente dipendenti dagli altri, socialmente sensibili, sentimentali e desiderosi di piacere.

La teoria di Cloninger si sposa peraltro molto bene a livello teorico con quello che sappiamo dei singoli sistemi neurotrasmettoriali.

La dopamina è implicata in molte funzioni importanti "incluso il movimento, l'attenzione, l'apprendimento e il rinforzo delle droghe" (Carlson 2002, p. 116). Si ritiene che svolga un ruolo fondamentale nei processi emozionali del piacere e della ricompensa, evocati dai comportamenti gratificanti che realizzano finalità adattive come il mangiare, il bere, il riprodursi, l'avere successo nella lotta e nella competizione, lo sfuggire a un pericolo, etc. La trasmissione dopaminergica rappresenta quindi uno dei correlati fisiologici del rinforzo psicologico, un processo di apprendimento che spinge a ripetere i comportamenti risultati utili o comunque piacevoli.

La dopamina è implicata anche nel Parkinson (degenerazione dei neuroni dopaminergici della *substantia nigra*) così come nella schizofrenia, in cui all'opposto si avrebbe una iperstimolazione dei recettori dopaminergici del neostriato (Carlson, 2002, p. 570). Laddove i sintomi del Parkinson vengono ridotti da agonisti della dopamina (come l'L-dopa), i sintomi della schizofrenia vengono controllati dai suoi antagonisti (come i farmaci antipsicotici).

La noradrenalina viene sintetizzata proprio a partire dalla dopamina ed è coinvolta nella regolazione dei comportamenti di emergenza e di risposta allo stress. A livello del sistema nervoso centrale produce attivazione cerebrale, aumentando l'attenzione e la vigilanza, mentre a livello periferico media gli aggiustamenti necessari ai comportamenti di lotta e di fuga (aumento del battito cardiaco, aumento della pressione arteriosa, etc.). Come la dopamina, è implicata nei processi di rinforzo psicologico e nelle funzioni cognitive e si ritiene svolta un importante ruolo nell'attenzione e nella sua focalizzazione. Ai pazienti affetti da ADHD (disturbo da deficit dell'attenzione e iperattività) vengono prescritte sostanze psicostimolanti quali il metifelnidato e le dextroanfetemine, che supportano l'aumento dei livelli di noradrenalina e dopamina.

Differenze nel sistema della noradrenalina sono implicate anche nella depressione per cui vengono utilizzati sia antidepressivi noradrenergici (reboxetina, desipramina) sia antidepressivi aventi un'azione congiunta su noradrenalina e serotonina (clomipramina, venlafaxina).

La serotonina, infine, viene sintetizzata a partire dall'aminoacido triptofano e "gioca un ruolo nella regolazione dell'umore, nel controllo dell'appetito, del sonno, dell'*arousal* e del dolore" (Carlson 2002, p. 122). Rispetto all'attività sessuale la serotonina ha una funzione inibente così come la dopamina ha una funzione stimolante. La serotonina sembra implicata anche nell'attivazione comportamentale, insieme ad acetilcolina e noradrenalina, e in particolare nella facilitazione dell'attività in corso, producendo *arousal* corticale e sopprimendo l'elaborazione dell'informazione sensoriale (Carlson, 2002, p. 300).

Bassi livelli di serotonina sono stati infine correlati con impulsività, ansia e depressione. Gli inibitori selettivi del re-uptake della serotonina (SSRI) agiscono come agonisti di questo neurotrasmettitore riducendo depressione, ansia e impulsività. Gli effetti collaterali più noti degli SSRI, come le disfunzioni sessuali, l'aumento di peso e la sonnolenza, sono una logica conseguenza della stimolazione serotoninergica.

La teoria della personalità di Cloninger non si esaurisce nella caratterizzazione del temperamento (ovvero l'aspetto "innato" e biologicamente determinato della personalità) ma si occupa anche dell'aspetto caratteriale (l'aspetto "acquisito", socialmente determinato).

Le dimensioni individuate da Cloninger relativamente al carattere sono Autodirezionalità, Cooperatività e Autotrascendenza.

Laddove una particolare crasi temperamentale predispone a uno specifico tipo di disturbo di personalità saranno tuttavia le dimensioni caratteriali a segnare la differenza tra normalità e patologia. Ad esempio un individuo con bassa NS, HA e RD avrà comunque tendenze schizoidi, ma queste si sostanzieranno in un Disturbo Schizoide della Personalità solo in presenza di bassa Autodirezionalità e bassa Cooperatività (che rappresentano gli aspetti nucleari di tutti i disturbi di personalità).

In questo capitolo non mi occuperò, come detto, della traduzione grafologica delle dimensioni caratteriali di Cloninger ma solo di quelle temperamentali, ovvero di quelle componenti della personalità che sono allo stesso tempo ereditabili, interamente manifeste già nell'infanzia e tendenzialmente stabili per tutta la durata della vita.

4.3 I temperamenti di Cloninger
e i temperamenti morettiani

Si è visto come Cloninger individui quattro dimensioni temperamentali, ciascuna delle quali è scomponibile in ulteriori sottodimensioni.

La dimensione Ricerca della novità (NS), mediata dal sistema dopaminergico, ha come sottodimensioni eccitabilità esploratoria, impulsività, stravaganza e sregolatezza.

Alti punteggi di NS dovrebbero quindi essere correlati con alti punteggi dell'Assalto morettiano (con qualche componente di Cessione).

Un'ulteriore conferma di questa ipotesi è che il sistema dopaminergico media il comportamento esplorativo, sessuale e aggressivo, che sembrano rientrare ampiamente nel concetto morettiano di Assalto. Sostanze d'abuso quali la cocaina agiscono d'altra parte come agonisti della dopamina aumentando l'incidenza di comportamenti aggressivi e imprudenti.

Segni paradigmatici del temperamento NS sarebbero Impaziente, Slanciata, Disordinata, Spavalda, Allungata, Calibro alto.

La dimensione Evitamento del danno (HA), mediata dal sistema serotoninergico, ha come sottodimensioni Ansia anticipatoria, Paura dell'incertezza, Diffidenza e Affaticabilità.

Alti punteggi di HA dovrebbero essere quindi correlati con alti punteggi dell'Attesa morettiana (con qualche componente di Resistenza).

Una prova indiretta di questa associazione è che gli antidepressivi serotoninergici riducono l'impulsività, o in alti termini aumentano l'Attesa e riducono l'Assalto.

Si è visto inoltre come in alcuni sistemi comportamentali, quali quello sessuale, dopamina e serotonina hanno effetti opposti allo stesso modo in cui l'Assalto (mediato dalla dopamina) è opposto all'Attesa (mediata dalla serotonina). Anche sul ritmo sonno-veglia dopamina e serotonina hanno effetti direttamente contrari: la dopamina è uno stimolante, mentre la serotonina induce sonnolenza. Non a caso uno degli effetti collaterali più frequenti del metifelnidato (agonista della dopamina usato per l'ADHD) è l'insonnia, mentre uno degli effetti collaterali più comuni degli antidepressivi serotoninergici è il torpore.

Segni paradigmatici del temperamento HA sarebbero quindi segni quali Filiforme (astenico), Largo tra parole (eccessivo), Staccata, Accurata, Compita, Calibro piccolo, Parca, Titubante, Tentennante, ma anche Lettere addossate, Stretto tra lettere e Accartocciata, ovvero segni di Resistenza "passiva" che indirettamente conducono all'Attesa.

La dimensione Dipendenza dalla ricompensa (RD) ha come sottodimensioni il sentimentalismo, l'attaccamento e la dipendenza.

Alti punteggi di RD dovrebbero quindi essere collegati con alti punteggi nella Cessione morettiana, che a sua volta sarebbe riconducibile a bassi livelli di noradrenalina.

Ne è una prova indiretta il fatto che la Cessione in ambito grafologico è associata all'ipotonia, ovvero alla mancanza di tensione, laddove la tensione da un punto di vista neurofisiologico è causata dall'attività noradrenergica (e adrenergica) sul sistema simpatico. Se questa ipotesi è corretta allora qualsiasi sostanza che agisca come agonista della noradrenalina, causando attivazione, dovrebbe ridurre i segni di Cessione (esempio da Pendente a Dritta, da Aste col concavo a destra a Aste rette).

I segni paradigmatici del temperamento RD sarebbero quindi Pendente, Aste col concavo a destra, Curva eccessivo, Largo tra lettere sopra la media, Sciatta.

La dimensione Persistenza (P) infine è specificata da una sola sottodimensione, l'ostinazione.

Alti punteggi di Persistenza dovrebbero quindi essere collegati con alti punteggi nella Resistenza morettiana, che a sua volta sarebbero riconducibile ad alti livelli di noradrenalina.

Una prova indiretta l'abbiamo da tutte le sostanze stimolanti, tra cui il comune caffè, che agiscono come agonisti della noradrenalina. Sappiamo infatti che queste sostanze aumentano la vigilanza e la Persistenza, attivando quindi il "sistema di mantenimento comportamentale". In altri termini, con una maggiore disponibilità di noradrenalina è più difficile essere distratti dall'attività in corso, il che si traduce in una maggiore attenzione, concentrazione e perseveranza.

D'alta parte, segni di Cessione morettiana quali Sciatta comportano anche difficoltà di concentrazione laddove i segni di Resistenza quali quelle della Triplice fermezza sono considerati fautori delle attività che richiedono attenzione prolungata. Ne consegue che se l'attenzione e la concentrazione sono mediate dalla noradrenalina, allora la Resistenza morettiana è in ultima analisi riducibile all'attività noradrenergica (e la Cessione alla ridotta attività noradrenergica).

I segni paradigmatici del temperamento P sarebbero i segni di Resistenza "attiva" quali Aste rette, Mantiene il rigo, Angoli B.

Per riassumere il discorso sin qui svolto possiamo servirci di una tabella (v. TAB. 3).

TEMPERAMENTO DI CLONINGER	TEMPERAMENTO MORETTIANO	NEUROTRASMETTITORE
Ricerca della novità	Assalto	Dopamina
Evitamento del danno	Attesa	Serotonina
Dipendenza dalla ricompensa	Resistenza	Noradrenalina (-)
Persistenza	Cessione	Noradrenalina (+)

Tabella 3. Combinazioni tra le dimensioni della personalità di Cloninger e Moretti e neurotrasmettitori implicati.

Ricordiamo inoltre come per Cloninger le diverse dimensioni possono essere messe in relazione tra loro, in tutte le possibili combinazioni. Partendo dai temperamenti morettiani, combinati a due a due, possiamo ottenere dodici relativi punteggi nelle quattro dimensioni di Cloninger (v. TAB. 4). Come si vede dalla tabella, in caso di copresenza di temperamenti contraddittori (Resistenza-Cessione e Attesa-Assalto) i relativi temperamenti di Cloninger rimangono indeterminati.

Infine possiamo tentare l'operazione inversa cercando di risalire dall'attività di un particolare sistema neurotrasmettoriale (alta-bassa) al temperamento morettiano corrispondente e perfino al possibile comportamento risultante (v. TAB. 4).

TEMPERA-MENTO PRIMARIO	TEMPERA-MENTO SE-CONDARIO	NS	HA	RD	P
Assalto	Cessione	+	-	+	-
Assalto	Resistenza	+	-	-	+
Assalto	Attesa	+-	+-		
Attesa	Assalto	+-	+-		
Attesa	Cessione	-	+	+	-
Attesa	Resistenza	-	+	-	+
Resistenza	Assalto	+	-	-	+
Resistenza	Cessione			+-	+-
Resistenza	Attesa	-	+	-	+
Cessione	Assalto	+	-	+	-
Cessione	Resistenza			+-	+-
Cessione	Attesa	-	+	+	-

Tabella 4. Combinazioni tra i temperamenti morettiani (a due a due) e i relativi punteggi nelle dimensioni temperamentali di Cloninger.

NEUROTRASMETTI-TORE	TEMPERAMENTO PRIMARIO	COMPORTAMENTO RISULTANTE	TEMPERAMENTO SECONDARIO
Dopamina alta	Assalto	Ricerca del piacere immediato	Cessione
Dopamina bassa	Attesa (per carenza di assalto)	Procrastinazione, anedonia, abulia	Resistenza (per carenza di cessione)
Noradrenalina alta	Resistenza	Persistenza nell'attività in corso, ricerca dell'utile piuttosto che del piacevole	Attesa
Serotonina alta	Attesa	Evitamento del danno, prudenza	Resistenza
Serotonina bassa	Assalto (per carenza di attesa)	Impulsività da insoddisfazione di tipo compensatorio	Cessione (per carenza di Resistenza)

Tabella 5. Combinazioni tra stato dei neurotrasmettitori, temperamenti morettiani e risultanti comportamentali.

Questo schema non vuole render conto solo della variazioni inter-individuali ma anche di quelle intra-individuali. Individui con "dopamina alta" tenderanno frequentemente alla ricerca del piacere immediato, ma non lo faranno certo in ogni momento (dovremmo immaginare il caso estremo di un individuo che abbia il solo temperamento dell'Assalto). Viceversa anche individui con "dopamina bassa" avranno momenti in cui, per cause esogene e endogene, presenteranno un alto livello di dopamina, comportandosi di conseguenza. Le differenze tra gli individui sono quindi anche in questo modello, come in quello morettiano, di grado e non di genere.

4.4 Implicazioni della teoria della corrispondenza tra Cloninger e Moretti

Abbiamo sin qui avanzato l'ipotesi che vi sia una buona corrispondenza tra temperamenti morettiani e dimensioni temperamentali di Cloninger.

Se questa ipotesi è corretta la pretesa che la grafologia sia fondata sulla neurofisiologia ne risulterebbe senz'altro corroborata. Potremo infatti risalire da una particolare crasi temperamentale (rilevabile attraverso l'analisi grafologica) al livello di funzionamento neurotrasmettoriale di un individuo dato. Ovviamente, affinché ciò sia possibile, non solo deve essere corretta la "teoria della corrispondenza" ma anche la stessa teoria di Cloninger.

Per verificare l'ipotesi della corrispondenza sono possibili varie strategie. In primo luogo potremmo somministrare a un campione rappresentativo di persone il test di Cloninger e verificare in che misura i risultati correlino con il calcolo proporzionale dei temperamenti su base grafologica.

In secondo luogo, e questo è senz'altro più interessante, potremmo verificare se in seguito a una terapia psicofarmacologica vi sia un cambiamento nel profilo temperamentale di un individuo dato.

In seguito a una terapia con antipsicotici, ad esempio, ci aspetteremmo una diminuzione proporzionale dell'espressione del temperamento dell'Assalto (misurato quantitativamente e non qualitativamente), in seguito ad una terapia con antidepressivi serotoninergici un aumento proporzionale dell'espressione temperamento dell'Attesa, e così via.

In altri termini qualsiasi sostanza psicotropa che coinvolga i sistemi di dopamina, noradrenalina e serotonina, dal momento che va a modificare – per quanto temporaneamente e reversibilmente – l'espressione del temperamento così come viene definito da Cloninger dovrebbe conseguentemente modificare anche la crasi temperamentale morettiana.

Questo non varrebbe soltanto per gli psicofarmaci ma per tutte le sostanze, anche d'abuso, che abbiano effetto sui sistemi neurotrasmettoriali. Ad esempio, in caso di uso di cocaina, che è un agonista della dopamina e della noradrenalina, potremmo aspettarci un effetto accrescitivo sul temperamento dell'Assalto e della Resistenza (l'effetto *rebound*, da astinenza, sarebbe invece caratterizzato da un incremento temporaneo di Attesa e Cessione).

In terzo luogo, in caso di una patologia psichiatrica che richieda una terapia a base di psicofarmaci la teoria della corrispondenza consentirebbe di predire, a parità di condizioni, quale sostanza svolgerà con maggiore probabilità il suo effetto benefico.

È noto, ad esempio, che per la terapia della depressione si usano sia antidepressivi serotoninergici, che noradrenergici che a effetto misto (Marazziti 2003). Possiamo ipotizzare che se l'individuo ha un deficit di Attesa trarrà maggior beneficio dai primi, se ha un deficit di Resistenza un maggior beneficio dai secondi e che se ha un deficit di entrambi trarrà maggior beneficio dagli SNRI e dai triciclici, che agiscono su entrambi i sistemi. Può esserci anche una depressione da mancanza di Assalto, nel qual caso dovrebbero essere indicati quei farmaci antidepressivi, come gli ANTI-MAO, che agiscono anche sul sistema della dopamina.

In quarto luogo, e per concludere, se la teoria è corretta potremmo predire a partite dalla crasi temperamentale a quale sostanza d'abuso un individuo sia predisposto. Ad esempio un individuo con insufficiente Assalto e Resistenza sarebbe più incline all'uso di sostanze stimolanti, quali la cocaina, mentre un individuo con un eccesso di Assalto ricercherà più facilmente gli effetti sedativi di sostanze che diminuiscano il suo stato di sovraeccitazione, come l'alcool e le benzodiazepine (che agiscono sul neurotrasmettitore GABA). Gli individui con un eccesso di Resistenza, e quindi tendenti al nervosismo da eccesso di tensione, dovrebbero parimenti evitare qualsiasi sostanza stimolante che agisca sollecitando ulteriormente il sistema noradrenergico.

Come si vede le implicazioni della teoria della corrispondenza tra Cloninger e Moretti sono molteplici e per la loro linearità e semplicità ben si prestano ad essere verificate o confutate empiricamente, permettendo in caso di verifica un raccordo molto stretto tra il livello neurofisiologico e quello più squisitamente grafologico. È bene sottolineare tuttavia come, in attesa di sperimentazioni in merito, le implicazioni qui esposte siano da considerarsi esclusivamente ipotesi di lavoro, e come pertanto non possano fondare la teoria sulla quale esse stesse si fondano.

4.5 Due casi "clinici": psicofarmacologia teorica

In questo paragrafo esamineremo nuovamente le due scritture che abbiamo già considerato nel capitolo 2 (v. FIG. 1 e FIG. 2 a pp. 52 -53).

Nella prima scrittura il calcolo proporzionale dei temperamenti dà il seguenti risultato: Attesa 46%, Resistenza 24%, Assalto 16%, Cessione 14%[4].

Come si vede il temperamento più rappresentato è l'Attesa che da solo rende conto quasi del 50% della struttura temperamentale del soggetto.

Se tentiamo di desumere grafologicamente i tratti di personalità di Cloninger avremo soprattutto un individuo che bada "a non prenderle" (Evitamento del danno). Alti punteggi di HA sono infatti correlati per Cloninger ad Ansia anticipatoria, Paura dell'incertezza, Diffidenza e Affaticabilità, quattro tratti che possiamo ascrivere senza difficoltà allo scrivente in esame.

Dal momento che il neurotrasmettitore implicato nell'HA è la serotonina, in caso di diagnosi di depressione l'individuo *non* beneficerebbe secondo la nostra ipotesi di antidepressivi serotoninergici che avrebbero l'effetto di aumentarne ulteriormente l'Attesa.

Il problema in questo caso è che l'individuo riflette e controlla troppo prima di agire (Minuziosa, Stentata, Tentennante, Titubante, Contorta) con il rischio di concludere poco e compensare nella fantasia la mancanza di realizzazioni pratiche (Ascendente, Ricci mitomania, allunghi superiori).

Da un punto di vista teorico quindi in caso di terapia con SSRI ci aspetteremmo un rafforzamento ulteriore dell'Attesa e un parallelo indebolimento dell'Assalto. L'individuo sarebbe quindi relativamente più tranquillo (potrebbero diminuire ad esempio le Aste col concavo a sinistra, lo Stretto di lettera e il Disordinata) ma non per questo più intraprendente e conclusivo.

Nella seconda scrittura facendo il calcolo proporzionale dei temperamenti si ottiene il seguente risultato: Resistenza 52%, Assalto 20%, Attesa 16%, Cessione 16%.

Il temperamento abnorme è in questo caso la Resistenza che risulta sovra-rappresentata per una iperstimolazione noradranergica che si traduce in uno stato di costante tensione.

L'individuo avrebbe bisogno di maggiore capacità di Attesa (Evitamento del danno), che avrebbe inoltre come conseguenza ulteriore una riduzione dell'Assalto (Ricerca della novità).

In caso di un episodio depressivo, al contrario del caso precedente, beneficerebbe quindi di un antidepressivo serotoninergico mentre sarebbe del tutto controproducente un trattamento noradrenergico che finirebbe per aumentarne la tensione e il nervosismo.

Del tutto ovviamente da una semplice analisi grafologica non si possono e non si devono desumere diagnosi mediche né tantomeno prescrizioni farmacologiche. Lo scopo di queste ipotesi, vale la pena sottolinearlo, non è promuovere un'impossibile sostituzione della psicofarmacologia ad opera della grafologia ma di raccordare le conclusioni dell'una e dell'altra in un ambito di proficua interdisciplinarietà.

5
Gray, Thomas e Chess, il 16 PF di Cattell e la grafologia

5.1 Il modello di Gray e la grafologia

La teoria della personalità di Gray, similmente al primo modello di Eysenck (*cfr.* cap. 3), è centrata intorno a due dimensioni: ansia e impulsività.

Queste due dimensioni possono essere concepite come l'effetto di una rotazione di 30° o 45° delle dimensioni Estroversione e Nevroticismo di Eysenck (Caprara-Cervone 2003, p. 205; Gennaro 2004, p. 177).

Le corrispondenze tra le dimensioni di Eysenck e quelle di Gray sono le seguenti (Gennaro-Scagliarini 2007):

Introversione = alta ansietà + bassa impulsività
Estroversione = bassa ansietà + alta impulsività
Stabilità = bassa ansietà + bassa impulsività
Nevroticismo = alta ansietà + alta impulsività

Otteniamo quindi per sommatoria le seguenti corrispondenze:

Introversione stabile = media ansietà + bassa impulsività
Estroversione stabile = bassa ansietà + media impulsività
Introversione instabile = alta ansietà + media impulsività
Estroversione instabile = media ansietà + alta impulsività

Per Grey alla base delle differenze individuali relative ad ansia e impulsività vi sono tre sistemi fisiologici. Il sistema di avvicinamento regola l'impulsività e si attiva in presenza di premi (incentivi e ricompense) e in assenza di punizioni. Il sistema di inibizione regola la paura e l'ansia ed è sensibile alle punizioni e all'assenza di premi. Infine, il sistema di attacco-fuga regola l'aggressività e la fuga e si attiva in presenza di stimoli negativi.

Più precisamente il sistema di attivazione comportamentale (BAS, *Behavioral Activation System*) sarebbe regolato dalla dopamina laddove il sistema di inibizione comportamentale (BIS, *Behavioral Inhibition Sistem*) sarebbe regolato dalla serotonina e dalla noradrenalina. Infine, il sistema di attacco-fuga (*Fight or Flight*) coinvolgerebbe l'amigdala, l'ipotalamo mediale e la materia grigia. Questo'ultimo sistema risulta caratterizzato sia da un aspetto difensivo (panico) che aggressivo (collera), entrambi finalizzati alla salvaguardia dell'integrità fisica dell'individuo.

Un'implicazione della teoria di Gray, utile anche da un punto di vista pedagogico, è che gli individui impulsivi sarebbero più sensibili ai premi mentre quelli ansiosi sarebbe più sensibili alle punizioni.

Per quanto riguarda la psicopatologia Gray ritiene che i disturbi di tipo distimico (depressione, ossessioni, fobie) siano tipici di soggetti con elevati livelli di ansietà e quindi maggiormente sensibili alle punizioni. Viceversa i disturbi di tipo psicopatico (come il disturbo antisociale di personalità) sarebbero caratteristici di soggetti con elevati livelli di impulsività. Questi individui sarebbero quindi maggiormente sensibili ai vantaggi che possono derivare dal comportamento antisociale e allo stesso tempo poco preoccupati delle possibili sanzioni.

Da un punto di vista grafologico, a una prima approssimazione, tutti i segni progressivi che esulando dal modello scolastico accentueranno le spinte verso il vettore destra saranno indice di Impulsività (ad esempio Slanciata, Ardita, etc.). Viceversa, tutti i segni regressivi che esulando dal modello scolastico accentueranno le spinte verso il vettore sinistra saranno indice di Non Impulsività (ad esempio Accartocciata, Ricci del nascondimento, etc.).

L'enfasi, per quanto concerne l'impulsività, è quindi sull'immissione di tratti progressivi non previsti dal modello scolastico e non pre-calcolati dallo scrivente in fase di ideazione del grafismo.

Tutti i segni che indicano mancanza di controllo delle proprie azioni, e conseguentemente della propria scrittura, rientrano pienamente nel concetto di Non Impulsività. Poiché il segno principe per quanto concerne l'autocontrollo è l'Accurata, in tutte le sue declinazioni, tutti i segni che si oppongono all'accuratezza saranno parimenti indice di Impulsività: Gettata via e Impaziente, ma anche Sciatta e Disordinata. C'è infatti sia un'impulsività di Assalto che un'impulsività di Cessione. Nella prima il soggetto non resiste ai suoi impulsi ad assalire, nella seconda non resiste ai suoi impulsi a cedere.

Similmente, qualsiasi gesto di contrazione (riduzione delle spinte espansive sia verso il vettore alto che verso il vettore destra) sarà un segno di Ansia (Lettere addossate, Stretto tra lettere, Calibro piccolo) laddove qualsiasi gesto di espansione (accentuazione delle spinte sia verso il vettore alto che verso il vettore destra) sarà un segno di Non Ansia (Calibro alto, Largo tra lettere, Profusa).

Anche con i segni di insicurezza soggettiva (Titubante, Tentennante, Stentata) si ha contrazione del grafismo in quanto il soggetto percepisce, almeno a tratti, il vettore destra come repulsivo. Non sceglie quindi la via più semplice e immediata per giungere a destinazione (Fluida) ma ha dei momenti di ripiegamento su se stesso, ambivalenza decisionale o inceppamento nel momento di passare all'azione.

In tutti questi casi, caratterizzati da incertezza esecutiva, si ha la contemporanea presenza di più sollecitazioni vettoriali. Nel Titubante di I specie in cui "le lettere sembrano contrarsi su se stesse e piegarsi le une verso le altre" (Palaferri 1999a, p. 292) nel momento in cui il soggetto dovrebbe procedere verso il vettore destra sperimenta un moto di timidezza che attiva, nello stesso momento, l'attrazione verso il vettore di sinistra. La dinamica, qualitativamente simile a quella che dà luogo al segno Lettere addossate, causa la contrazione della lettera su se stessa e il piegamento delle lettere le une verso le altre.

Nel Titubante di II specie in cui "le righe procedono in maniera ondulata" (Palaferri 1999a, p. 292) lo scrivente è simultaneamente attratto dai vettori alto e basso, ovvero si sente contemporaneamente respinto da entrambi. Manifesta infatti insicurezza sia nell'andare verso l'alto che verso il basso e questa ambivalenza provoca la caratteristica ondulazione del rigo. Possiamo parlare in questo caso di una specie di Tentennante verticale.

Infine, nel Titubante di III specie i "tratti finali delle o sporgono appena verso l'esterno come timorosi di espandersi verso lo spazio". Nel momento in cui il soggetto esegue il tratto finale della o si attiva il vettore destra che viene percepito tuttavia come pericoloso. Si attiva quindi contemporaneamente un'attrazione verso il vettore di sinistra. Il movimento che ne risulta, il riccetto della o debole e contratto, è una formazione di compromesso tra le due opposte tensioni vettoriali.

Si possono far valere le stesse considerazioni per i segni Tentennante e Stentata, ma con un'importante differenza. Nel Tentennante l'ambivalenza destra-sinistra si verifica in modo diacronico, mentre nello Stentata in modo sincronico. In altri termini, mentre nel Tentennante si hanno momenti di attrazione verso il vettore destra a cui seguono momenti di attrazione verso il vettore sinistra, nello Stentata si ha una contemporanea attivazione di entrambi i vettori (o di vettori comunque opposti). Il movimento che ne risulta è, ancora una volta, una formazione di compromesso tra forze vettoriali in contrasto. Il soggetto, indeciso tra procedere nella direzione A o nella direzione B, procede verso entrambe.

Il fenomeno è simile a quello che caratterizza alcune forme di *lapsus linguae* in cui si attivano nella memoria di lavoro del parlante due parole simili nel significato ma diverse nella forma. Fino all'ultimo momento non si riesce a scegliere tra l'una e l'altra e la parola che alla fine ne risulta finisce per costituire un miscuglio di entrambe. Un altro esempio può essere quello del guidatore che in presenza di un bivio non sa se girare a destra o a sinistra, e chiede aiuto al passeggero. In attesa delle informazioni, che tardano ad arrivare, procede dritto e finisce sul cordolo che separa le due strade.

Per tornare a Gray e alla grafologia possiamo quindi avere sia un'impulsività non ansiosa (Spavalda, Slanciata, Ardita) che un'impulsività ansiosa (Disordinata con segni d'incertezza quali Stentata, Tentennante o Titubante). Allo stesso modo l'ansia può essere sia di tipo impulsivo (non omogeneità nelle varie dimensioni) che non (segni d'ansia in un contesto di Resistenza e Attesa, compostezza grafica e accuratezza).

L'ansia può quindi averte una valenza di tipo eccitatorio, progressivo e estroversivo o di tipo inibitorio, regressivo e introversivo. Le marcate non omogeneità partecipano sia dell'ansia che dell'impulsività mentre segni quali Lettere addossate esprimono al contempo sia ansia che *non* impulsività (Lettere addossate infatti è un segno regressivo che frena qualsiasi movimento estroversivo di tipo impulsivo).

Lo stesso discorso vale per il segno Intozzata II che può essere considerato, in senso lato, come una non omogeneità pressoria e che può quindi esprimere, a seconda dei contesti, sia ansia che impulsività. Lo spasmo pressorio può dare luogo infatti sia a un'espansione che a una contrazione. Nel primo caso avremo impulsività dettata dall'ansia, nel secondo ansia senza impulsività poiché l'ansia viene vissuta, e assorbita, internamente al soggetto, senza effetto palese dal punto di vista comportamentale. C'è da notare che mentre con l'atto impulsivo il soggetto si libera almeno temporaneamente dall'ansia convogliandola nell'azione, nel caso opposto l'ansia viene alimentata all'interno con maggiore danno per il soggetto stesso.

Per quanto riguarda il profilo temperamentale i temperamenti maggiormente interessati all'impulsività sono quelli che abbiamo chiamato *primari*: non solo l'Assalto, quindi, ma anche la Cessione, in cui l'impulsività deriva da ipotonia. Viceversa i temperamenti maggiormente interessati all'ansia sono quelli che abbiamo chiamato *secondari*, ovvero la Resistenza e l'Attesa. Negli eccessi di Resistenza vi è ansia per eccesso di tensione, negli eccessi di Attesa ansia per mancanza di risoluzione.

Dal momento che l'Estroversione vuole Assalto, che la Stabilità vuole Resistenza, e che i contrari di Estroversione e Stabilità vogliono i contrari di Assalto e Resistenza (rispettivamente Attesa e Cessione) possiamo proporre uno schema di corrispondenza tra dimensioni di Eysenck, dimensioni di Grey e temperamenti morettiani.

Eysenck	Grey	Moretti
Estroversione stabile	Impulsività media e Ansia minima	Assalto + Resistenza
Introversione stabile	Ansia media e Impulsività minima	Attesa + Resistenza
Estroversione nevrotica	Impulsività massima e Ansia media	Assalto + Cessione
Introversione nevrotica	Ansia massima e Impulsività media	Attesa + Cessione

Tabella 6. Corrispondenza tra Eysenck, Gray e temperamenti morettiani

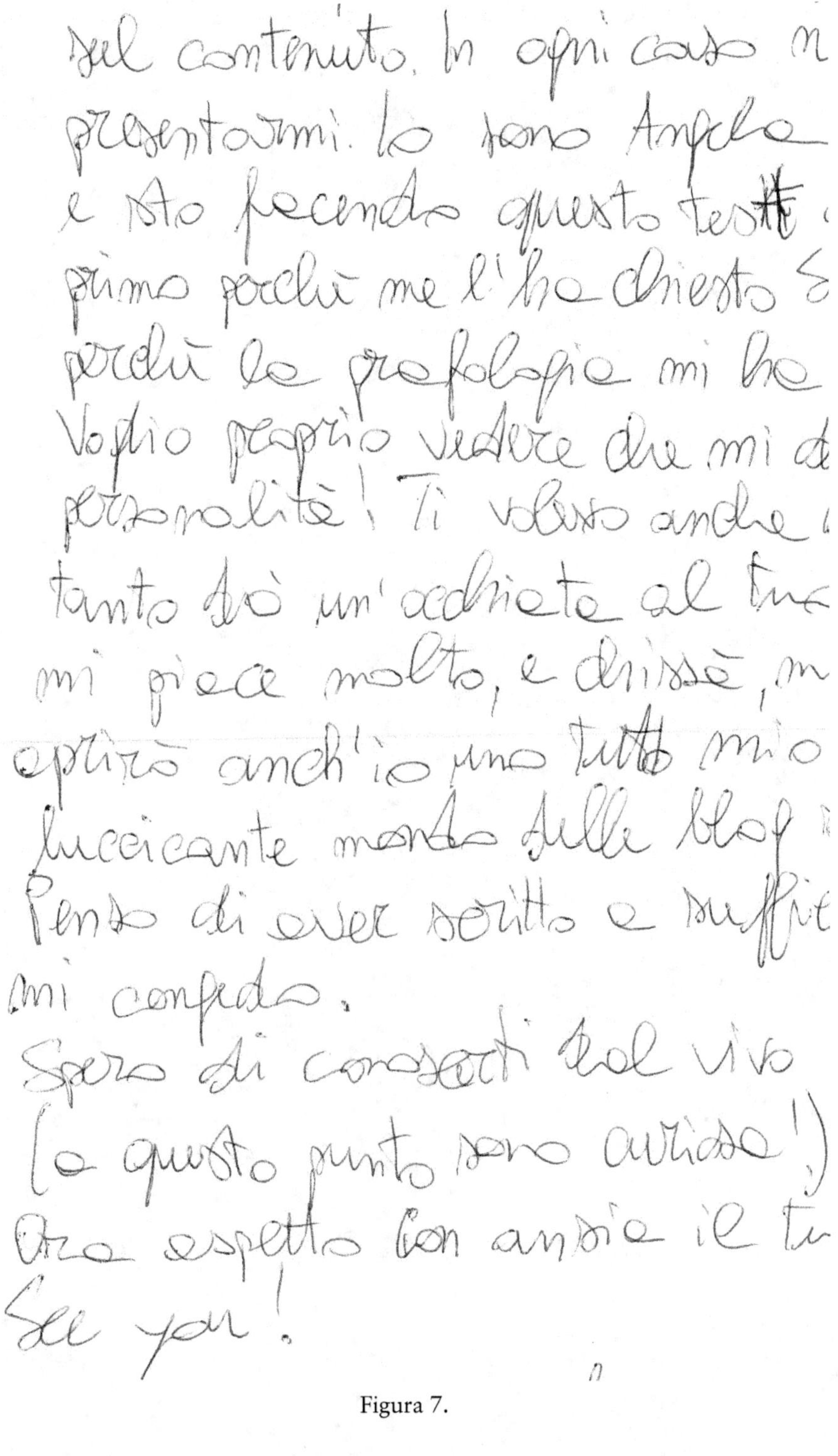

sul contenuto. In ogni caso ti
presentarmi. Io sono Angela
e sto facendo questo testo
primo perché me l'ha chiesto &
perché le profeSpie mi ha
voglio proprio vedere che mi dà
personalità! Ti volevo anche
tanto dò un'occhiata al tuo
mi piace molto, e chissà, m
aprirò anch'io uno tutto mio
luccicante mondo delle blog
Penso di aver scritto e suffit
mi confedo.
Spero di conoscerti dal vivo
(a questo punto sono curiosa!)
Ora aspetto con ansia il tu
See you!

Figura 7.

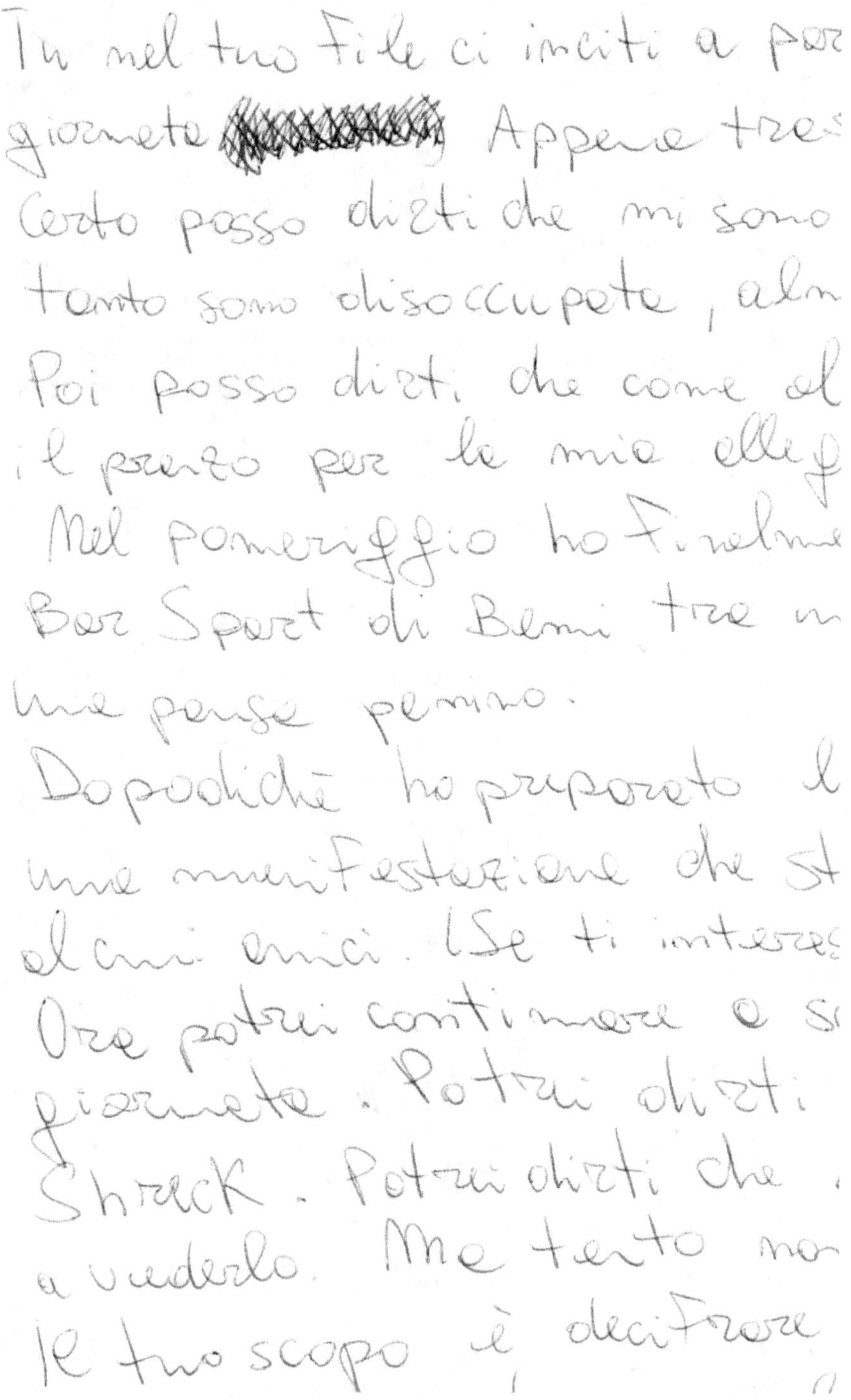

Tu nel tuo File ci inciti a por
giornate ~~XXXXXXXX~~ Appena tras
Certo posso dirti che mi sono
tanto sono disoccupate, alm
Poi posso dirti, che come al
il pranzo per le mie ellef
Nel pomeriffio ho finalmo
Bar Sport di Bemi tre m
me pense pemino.
Dopodiché ho preparato l
una manifestazione che st
dl cui miei. Se ti interes
Ora potrei continuare e si
giornate. Potrei dirti
Shrack. Potrei dirti che
a vederlo. Me tanto no
le tuo scopo è, decifrare

Figura 8.

Esamineremo ora due scritture alla luce della teoria di Gray. In entrambi i casi si tratta di scritture di donne che hanno un'età compresa tra i 25 e i 30 anni.

Alla scrittura riportata in figura 7, a pag. 97, sono stati attribuiti i seguenti segni: Largo di lettera 5, Largo tra lettere 3 (1-6), Largo tra parole 2-3, Calibro alto 6, Intozzata I 5, Estesa 5, Aste col concavo a destra 6, Aste col concavo a sinistra 3, Aste rette 1, Chiara 6-7, Attaccata 8, Mantiene il rigo 5, Ascendente (col concavo in basso) 2, cenni di Rilasciata, Contorta 30%, Curva 6, Ampollosa 5, Accartocciata 5, Tentennante 6-7, Trasandata 5 (per impacciamento ma senza cura), Stentata 3-4, Disordinata 4, Non omogenea dell'inclinazione (Pendente-Rovesciata), Ricci soggettivismo 3-4, Ricci sciatteria, cenni di Profusa, Aggrovigliata e Ricci della flemma, addossamenti in Calibro alto, *m* ed *n* ad arco.

Se c'è un elemento che caratterizza questa scrittura, oltre alla trasandatezza per impacciamento, è la non omogeneità. Il soggetto oscilla tra Pendente e Rovesciata, tra Stretto tra lettere e Largo tra lettere, tra Ascendente e Discendente, tra Aste col concavo a destra e Aste col concavo a sinistra, tra Calibro alto ed Estesa. La dinamica ricorrente quindi è l'alternanza tra chiusura e apertura.

Si noti anche il margine sinistro decrescente che farebbe pensare a un soggetto introverso, nonostante siamo in presenza di ben 4 mm di Calibro.

Sono presenti degli addossamenti, che indicano una difficoltà a procedere, eppure in alcuni momenti il Largo tra lettere va oltre i 5/10 dando luogo a profusione (è infatti presente il Calibro alto). Si trovano *m* ed *n* ad arcata e lettere accartocciate eppure lo scrivente fa mostra di non essere diffidente per la presenza dei segni Pendente, Estesa e Largo tra lettere.

Tutte queste ambivalenze tra vettore destra e vettore sinistra finiscono per dar luogo ai segni Tentennante, Stentata e Contorta. In presenza di un temperamento che tende alla sciatteria (la natura di fondo è ipotonica) la presenza di incertezze nell'esecuzione sfocia nell'impacciamento. È altresì presente un tentativo di compensazione nella fantasia, indicato da segni quali Ampollosa e Ricci del soggettivismo.

Dovremo quindi caratterizzare lo scrivente sia come ansioso che come impulsivo. L'impulsività è a scatti poiché il soggetto in certi momenti agisce d'impulso mentre in altri cerca di contenersi. Alcuni segni regressivi di questa scrittura possono quindi essere visti come un tentativo di opporsi alla soggiacente impulsività. L'impulsività in questo caso si nutre d'ansia, la quale è alimentata da sentimenti di incertezza sul proprio valore e sull'atteggiamento da tenere nei confronti degli altri. È probabile che lo scrivente si renda conto di essere impacciato e che tema, a torto o a ragione, che la sua goffaggine susciti una risposta negativa da parte dell'ambiente. La relativa superficialità data dal Calibro alto e dello Stretto tra parole mitiga l'ansia di fondo ma accentua l'impulsività.

Per quanto riguarda il modello di Eysenck siamo nel campo dell'estroversione nevrotica a cui corrispondono, nel modello di Gray, impulsività massima e ansia media. Il soggetto dall'esterno appare estroverso e "caciarone" ma il vissuto interno non è certamente di serenità. Coerentemente con lo schema riportato in tabella 6 sono presenti sia segni di Cessione che, in misura minore, di Assalto (Calibro alto, Disordinata, cenni di Profusa e di Aggrovigliata, Ampollosa 5, Aste col concavo a destra 3, Stretto tra parole). Non è l'Assalto del soggetto sicuro di sé, propositivo e intraprendente, ma quello di chi per superare le proprie incertezze "si butta". È un Assalto quindi dettato da impulsività e da voglia di "fare pur di fare".

Si noti che in una scrittura del genere l'impulsività svolge anche una funzione positiva perché permette, almeno a tratti, il superamento dell'incertezza. È come se lo scrivente si ribellasse continuamente alle proprie insicurezze prima di esserne nuovamente riassorbito. È una scrittura che esprime lotta costante contro se stessi dettata dal desiderio di migliorarsi, di cui sono testimonianza tra l'altro i 2 decimi di Ascendente.

Anche dal punto di vista del contenuto si rivela un certo entusiasmo (abbondanza di punti esclamativi e di espressioni enfatiche e iperboliche). Lo scrivente cerca di compensare con la sovraeccitazione il sentimento interiore di mancanza di valore, e in buona parte vi riesce.

Vediamo ora una scrittura per certi versi simile ma che presenta alcune differenze sostanziali.

Alla scrittura in figura 8, a pag. 98, possono essere attribuiti i seguenti segni: Calibro medio-alto (fino a 3,5 mm, media 2,8 mm, con cadute di calibro), Diseguale metodico del calibro 6, Largo di lettera 5-6 (molto disomogeneo, da 3 a 8), Largo tra lettere 3-4 (con addossamenti), Largo tra parole 3, Attaccata 5 (con frammentazioni e giustapposizioni), Chiara 7, Rovesciata 4-5 (da a 7), Aste rette 5, Aste col concavo a destra 3, Aste col concavo a sinistra 2, Parallela 20%, Contorta 10%, Mantiene il rigo 6, Ascendente 2-3 (con il concavo in basso e momenti di ascendente e ascendente/discendente), Curva 5-6, Intozzata I 5-6 (non omogenea), Trasandata 5 per impacciamento e senza cura, Disordinata 5 (non omogenea nella pressione, inclinazione, calibro e tenuta del rigo), Stentata 4, Tentennante 3-4, cenni di Impaziente e Recisa, *m* ed *n* ad arcata.

Anche questa scrittura, come in quella in figura 7, è e Disordinata e Trasandata per impacciamento e senza cura (Palaferri 2001, p. 240). Rispetto alla scrittura precedente, tuttavia, sono presenti almeno tre differenze sostanziali.

In primo luogo questa scrittura ha una migliore tensione grafica di cui sono testimoni i 5/10 di Aste rette, il Parallela al 20%, la migliore tenuta del rigo e i cenni di Recisa. La migliore tensione del grafismo a sua volta si traduce in una minore impulsività. La natura di fondo è simile, ed è in entrambi i casi improntata alla sciatteria, ma qui c'è maggiore controllo e tenuta (e l'impressione di disordine è infatti minore).

In secondo luogo, è presente una minore ambivalenza. Non è un caso che il grado di Tentennante sia significativamente minore e le oscillazioni tra Pendente, Dritta e Rovesciata siano molto più contenute.

I meccanismi di difesa di questo soggetto sono quindi più coerenti. Prevale il Rovesciata e la riserva e c'è nel complesso una maggiore autonomia affettiva (per quanto difensiva e puramente esteriore). Il soggetto è più arroccato nelle sue posizioni di cautela nei confronti dell'altro ma proprio perché ha scelto, tutto sommato, quale atteggiamento tenere, questa scelta gli conferisce maggiore coerenza e coesione interiore.

Rispetto alla scrittura precedente è anche presente un grado di Staccata significativamente maggiore. Lo Staccata favorisce dei momenti di analisi ("cosa sto facendo e perché?") che si contrappongono all'agire impulsivo. Non a caso il ritmo è più pacato e meno turbolento.

Rispetto al caso precedente abbiamo quindi un soggetto che è meno preda dei propri impulsi e del sentire del momento. Può sentirsi comunque sollecitato ad agire in modo impulsivo ma sa in misura maggiore come fare fronte a questa tendenza. La natura di fondo è simile ma le risposte sul piano comportamentale e operativo sono diverse.

In entrambi i casi è presente impacciamento ma nel secondo scrivente la capacità di seguire le regole risulta meno danneggiata. Non a caso anche il grado di Contorta è minore, segno che abbiamo a che fare con un soggetto meno reattivo. In un contesto del genere la presenza del segno Parallela al 20% testimonia dello sforzo di conformarsi alle norme – anche in maniera schematica – per superare la propria naturale impulsività. Si potrebbe argomentare che mentre la trasandatezza in questo soggetto è innata le Aste rette e gli altri correttivi siano acquisiti e quindi frutto di uno sforzo cosciente di apprendimento.

In terzo luogo, si può notare come in questo caso vi sia meno bisogno di compensare la sensazione di inadeguatezza nella fantasticheria, poiché vi è una maggiore padronanza delle proprie azioni. Questo scrivente sembra infatti più calato nella realtà, come testimonia il Calibro medio-alto a confronto con il Calibro alto 6/10 della scrittura precedente, nonché l'assenza di Ricci del soggettivismo, Ampollosa o altri tentativi di fare mostra di sé. Abbiamo quindi, in sostanza, una persona che si accetta maggiormente per quello che è.

In sintesi, l'ansia è comunque presente (addossamenti, cadute del calibro, non omogeneità della pressione) ma l'impulsività è minore (Rovesciata, Parallela, Staccata). Lo scrivente è favorito in ciò da un ritmo meno frenetico e irrequieto. Anche dal punto di vista dei contenuti si evidenzia una maggiore compostezza (uso del condizionale e delle perifrasi, periodi più brevi e concisi).

La maggiore consapevolezza e la minore tendenza a tradurre l'ansia in azioni impulsive potrebbe d'altro canto aumentarne la percezione soggettiva di angoscia e la sensazione di distanziamento dagli altri (Rovesciata, Staccata). Mentre il soggetto della scrittura 7 lotta contro se stesso, in questo caso c'è non solo maggiore accettazione ma anche maggiore rassegnazione, per lo meno dal punto di vista affettivo. È una persona che ha più paura di "farsi male", di non essere corrisposta, il che comporta sia una minore tendenza ad assumere dei rischi sia una minore messa in atto di azioni sconsiderate. È evidente comunque in entrambi i casi un vissuto che non dev'essere stato propriamente piacevole come testimoniano i vari segni di chiusura acquisita (ad esempio le *m* e le *n* ad arcata). Alla base, in entrambi i casi, c'è una psicomotricità di tipo trasandato, con tutto quel che ne consegue dal punto di vista delle difficoltà di socializzazione e della sfiducia in sé.

5.2 La teoria del temperamento di Thomas e Chess e i suoi correlati grafologici

Tra le varie teorie a base temperamentale quella di Alexander Thomas e Stella Chess riveste una particolare importanza.

Per Thomas e Chess il temperamento si riferisce allo "stile comportamentale" piuttosto che al comportamento in quanto tale e svolge un'attività di mediazione nel rapporto dell'individuo con l'ambiente (Gennaro-Scagliarini 2007, pp. 67-75).

Tra temperamento e ambiente vi è un'influenza reciproca e circolare: da una parte l'ambiente influenza il temperamento e dall'altra il temperamento del bambino influenza le risposte delle persone a lui vicine (il suo ambiente interpersonale).

Quello di temperamento è un costrutto che spiega la variabilità interindividuale, ovvero il motivo per cui bambini diversi in situazioni simili producono risposte diverse. Queste differenze sarebbero quindi il riflesso di tratti temperamentali che sono valutabili fin dai primi mesi di vita e che rimangono relativamente stabili nel corso dell'infanzia.

Il profilo temperamentale può tuttavia modificarsi, in una certa misura, in seguito alle costrizioni imposte da specifici ambienti educativi (influenza dell'ambiente sul temperamento). Per questo motivo il temperamento va valutato nel contesto sociale poiché i vincoli degli specifici contesti ambientali possono essere responsabili di variazioni nell'espressione. In altri termini, ambienti specifici possono elicitare aspetti diversi di uno stesso temperamento, che non avrebbero altrimenti trovato espressione in un altro ambiente.

I due studiosi, pertanto, si sono mostrati scettici nei confronti di una spiegazione esclusivamente ambientalista delle differenze individuali:

> Come innumerevoli altri genitori, siamo colpiti dalle differenze dei nostri bambini, già chiaramente evidenti nelle prime settimane di vita. Come clinici siamo colpiti continuamente della nostra incapacità a

porre in relazione diretta le influenze ambientali quali gli atteggiamenti dei genitori e le loro pratiche [...] Come professionisti della salute mentale, diventiamo sempre più preoccupati dall'ideologia attuale che vede nella madre la causa di tutte le psicopatologie infantili, siano esse in termini di semplici comportamenti che in termini di delinquenza giovanile o in termini di schizofrenia [...] Abbiamo chiamato questa ideologia la sindrome Mal de Mère (cit. in Gennaro-Scagliarini 2007, p. 69).

Thomas e Chess hanno iniziato lo studio del temperamento infantile con il *New York Longitudinal Study*, iniziato nel 1950. I risultati di questo studio, che prevedeva la somministrazione di interviste e questionari ai genitori dei bambini coinvolti, hanno portato all'identificazione di nove dimensioni temperamentali. Queste dimensioni, presenti sin dalla nascita, sono osservabili e misurabili e influenzano in vario modo le risposte all'ambiente e la costruzione della personalità del futuro individuo.

Tenteremo ora una caratterizzazione grafologica delle nove dimensioni identificate. Nel fare ciò dovremmo ovviamente privilegiare i segni a base temperamentale rispetto a quelli che attengono al "vissuto", in quanto abbiamo a che fare con dimensioni biologiche e innate della personalità piuttosto che caratteriali e acquisite.

Anche se Thomas e Chess classificano il temperamento dei bambini piuttosto che degli adulti, ciò non implica ovviamente che i segni grafologici corrispondenti siano presenti già nell'infanzia.

Saranno invece presenti nell'infanzia i tratti temperamentali i quali, una volta che l'individuo avrà una sufficiente padronanza del gesto scrittorio, si esprimeranno nei segni grafologici corrispondenti. Il motivo per cui Thomas e Chess studiano il temperamento dei bambini piccoli risiede nella necessità di studiare il temperamento allo stato più puro possibile, in assenza dalle influenze "inquinanti" dell'ambiente e dell'educazione.

1. LIVELLO DI ATTIVITÀ

Il livello di attività riguarda la componente motoria dell'agire. Un bambino attivo è a proprio agio quando agisce mentre un bambino quieto è a suo agio quando non agisce.

Mentre i bambini con alto livello di attività possono avere qualche difficoltà nel rimanere seduti i bambini caratterizzati da un livello di attività minore riescono a tollerare con maggiore facilità un ambiente più strutturato.

I bambini con alto livello di attività fanno affidamento in misura maggiore sulle abilità motorie grossolane (ad esempio correre e saltare) mentre i bambini con bassi livelli utilizzano più frequentemente abilità motorie che coinvolgono movimenti fini (ad esempio disegnare o fare un puzzle).

Dal punto di vista grafologico le dimensioni implicate in questa dimensione sono quelle della rapidità grafica e, in seconda battuta, della pressione. Chi ha una scrittura caratterizzata da un ritmo sostenuto tende infatti a muoversi di più (Dinamica, Veloce, Slanciata) fino agli estremi dell'iperattività (Gettata via, Impaziente, alti gradi di Veloce, etc.). Viceversa chi ha una scrittura caratterizzata da un ritmo blando tende a muoversi di meno, fino all'inazione (Lenta). Al centro del continuum vi sono gli individui caratterizzati da un livello medio di attività.

Anche la pressione è implicata nel costrutto poiché Intozzata I (specie se con "pressione autentica") è caratterizzato da un impulso endogeno ad agire mentre Filiforme (specie se "astenico") tende più facilmente all'inattività.

Il livello di attività va anche messo in relazione con i temperamenti morettiani. In presenza di un eccesso del temperamento dell'Assalto avremo iperattività, mentre con un grado discreto ma non eccessivo di questo temperamento si avrà un livello di attività ottimale. Infine, se vi è assoluta carenza di Assalto e una preponderanza del temperamento dell'Attesa si avranno individui con un livello di attività inferiore alla media.

Bisogna infine specificare che il "livello di attività" di Thomas e Chess non ha molto a che vedere con l'Attività caratterologica di Le Senne (Palaferri 1999b, pp. 90-92). Mentre il costrutto di Le Senne richiede un'attività incisiva e conclusiva il livello di attività di Thomas e Chess è compatibile anche con un'attività disorganizzata e inconcludente. Ha più quindi a che fare con il movimento, anche fine a se stesso, che con l'efficacia delle azioni messe in atto. Chi ha un alto grado di Impaziente, ad esempio, sarebbe poco attivo secondo la caratterologia di Le Senne mentre avrebbe un alto livello di attività secondo Thomas e Chess. Il termine 'attività' è quindi ambiguo e si presta a più interpretazioni.

2. RITMICITÀ

La ritmicità riguarda la regolarità e la prevedibilità di funzioni biologiche quali il sonno, l'alimentazione e l'evacuazione. La differenza dirimente è tra bambini regolari che hanno una routine prevedibile – ad esempio nel mangiare e nel dormire – e bambini irregolari e imprevedibili, che mangiano e dormono senza alcuna regola.

Dal punto di vista grafologico la ritmicità è in relazione con il continuum che va da Uguale-Pedante-Parallela al Diseguale non metodico (di tutti i tipi), ovvero dal segno Omogenea al segno Non Omogenea.

Con Uguale avremo infatti estrema regolarità mentre con Disordinata una eccessiva irregolarità. Tanto più intense, frequenti e poco armoniche saranno le variazioni di una scrittura tanto minore sarà la regolarità dello scrivente e tanto più questi risulterà imprevedibile.

3. RISPOSTA DI AVVICINAMENTO

La risposta di avvicinamento riguarda la reazione a stimoli nuovi (persone e cose), reazione che si può esprimere attraverso l'avvicinamento o attraverso il ritiro.

Davanti a uno stimolo nuovo il bambino in cui prevale la risposta di avvicinamento va verso di esso e si dimostra curioso e ansioso di esplorarlo. Al contrario, il bambino in cui prevale la risposta di ritiro retrocede manifestando timore e paura.

I bambini del primo tipo tendono ad avvicinarsi agli stimoli senza pensare, mentre quelli del secondo tipo preferiscono osservarli attentamente prima di intraprendere una qualsiasi azione.

Grafologicamente abbiamo quindi a che fare con il continuum scrittura destrorsa-scrittura sinistrorsa che è specificata sia dall'inclinazione (Pendente vs. Rovesciata), che dalla tensione delle aste (Aste concave a destra vs. Aste concava e sinistra), che dall'ampiezza delle larghezze orizzontali (Largo tra lettere vs. Stretto tra lettere). In secondo luogo è coinvolto anche il calibro, ovvero la categoria espansione-retrazione (Calibro alto vs. Calibro piccolo). Dal punto di vista caratterologico, infine, è implicata la distinzione tra primarietà e secondarietà di Le Senne. Nei temperamenti primari si ha una prevalenza di Assalto e Cessione, in quelli secondari di Resistenza e Attesa.

4. ADATTABILITÀ

L'adattabilità riguarda la maggiore o minore facilità nell'adattarsi a cambiamenti di programma e routine. I bambini adattabili impiegano poco tempo ad abituarsi ai cambiamenti nell'ambiente, mentre quelli meno adattabili possono aver bisogno di un tempo maggiore.

Dal punto di vista grafologico sono implicati in primo luogo il continuum fluidità-stentatezza, e in secondo luogo i continuum rapidità-lentezza e uguaglianza-diseguaglianza.

Il segno principale di adattabilità è infatti il Fluida a cui si contrappongono tutti i segni che lo eliminano o ne riducono il grado: Stentata, Tentennante, Titubante, Artritica, Angolosa sopra i 5/10, Acuta, Irta, Secca, Aggrovigliata, Lenta, Sciatta, gli eccessi di cura grafica, Staccata e Contorta di grado elevato (Palaferri 2001, p. 135).

È implicata anche la categoria della rapidità grafica perché il Lenta ha più difficoltà ad adattarsi alle novità rispetto al Veloce.

Infine, risulta interessata anche la categoria dell'uguaglianza grafica perché chi ha Uguale o Parallela si adatta meno facilmente ai cambiamenti rispetto a chi ha Diseguale metodico del calibro, dell'inclinazione o dello Scattante.

Dal punto di vista temperamentale tutti gli eccessi di Attesa nuociono all'adattabilità così come gli eccessi di Resistenza (Piantata sul rigo).

Anche in questo caso non bisogna confondere l'adattabilità in senso generale dal significato ristretto di adattabilità utilizzato da Thomas e Chess. In questo senso specifico l'adattabilità ha a che fare soprattutto con la duttilità e la malleabilità, in quanto contrapposte alla staticità e all'abitudinarietà. Pertanto chi ha Curva, ad esempio, non sarà necessariamente adattabile nel senso di Thomas e Chess, poiché non necessariamente chi ha Curva si adatta prontamente alle novità (men che meno se ha un grado eccessivo di Curva, nel qual caso la scrittura tenderà facilmente al Lenta).

5. SOGLIA DI RESPONSIVITÀ

La soglia di reponsività riguarda l'intensità minima di uno stimolo necessaria a evocare una risposta, ovvero la soglia a cui il bambino risponde a stimoli luminosi, acustici, tattili e propriocettivi. Per attirare l'attenzione dei bambini a soglia alta, e provocarne una reazione, occorrono stimoli molto forti mentre i bambini a soglia bassa sono più facilmente disturbati da stimoli esterni e interni, per quanto lievi.

Dal punto di vista grafologico è implicato il continuum Grossa-Filiforme con i gradi intermedi rappresentati dall'Intozzata I.

In questo caso la corrispondenza grafologica è talmente perfetta da non richiedere ulteriori spiegazioni. Palaferri parla infatti esplicitamente di "soglia di ricettività nervosa": "questa – a seconda del grado – è più o meno alta con Intozzata I, è molto alta con Grossa e Grossolana (per questo chi ne è caratterizzato reagisce tardi e poco sul piano affettivo – ma è bassa in Filiforme (sempre più bassa col crescere del grado). Ne deriva una ricettività nervosa in cui passano gli stimoli più sfumati – sia positivi che negativi – con ovvia scarsa selettività e controllo emotivo" (Palaferri 1999a, p. 65)

6. INTENSITÀ

L'intensità riguarda la quantità di energia che viene esibita nell'espressione delle emozioni.

I bambini con alta intensità reagiscono intensamente e rumorosamente a tutto mentre i bambini con bassa intensità reagiscono in modo meno manifesto e più contenuto. Ad esempio, i bambini "intensi" possono saltare e urlare quando sono eccitati laddove i bambini "meno intensi" possono limitarsi a sorridere senza mostrare alcuna emozione. Ciò non implica tuttavia che i bambini con bassa intensità provino emozioni meno forti.

Grafologicamente il continuum di interesse è quello che va dalla scrittura Parca (scarsa intensità delle reazioni emotive) a quella che si colloca al suo opposto (per la quale nella grafologia morettiana non esiste un termine unico). La scrittura Parca per Palaferri è caratterizzata da tre elementi: "grafismo semplice nelle forme, ordinato e proporzionato", "tratti iniziali e finali essenziali e così ogni elemento accessorio delle lettere" e Calibro piccolo (Palaferri 2001, p. 203).

La scrittura che si contrappone a Parca avrà quindi un grafismo complicato nelle forme, disordinato e sproporzionato (1) tratti iniziali, finali e accessori superflui (2) e Calibro alto (3).

Ogni tratto superfluo, che può essere eliminato senza recar danno alla struttura essenziale del grafismo, è quindi espressione di un "di più" che va all'opposto di Parca e rientra nel concetto di intensità di Thomas e Chess.

Come segno contrario al Parca possiamo quindi pensare a una scrittura Profusa, con un po' di Disordinata, in un contesto di Slanciata di II tipo o di abbondanza di ricci. Quanto più una scrittura si oppone all'essenzialità del Parca, e quindi a ciò che è strettamente necessario per essere leggibile, tanto più entriamo nel concetto di intensità di Thomas e Chess.

Si deve infatti sottolineare come questa dimensione non riguardi l'intensità dei sentimenti esperiti ma quella della loro manifestazione. Un Calibro piccolo con Filiforme può provare sentimenti molto intensi ma non li esprimerà all'esterno. Un Calibro alto con Intozzata I o Grossa, d'altro canto, può provare sentimenti poco intensi ma esprimerli in modo appariscente.

Per quanto riguarda l'Intozzata II dobbiamo considerare come questo segno accentui l'intensità delle emozioni, ma solo in contesti estroversivi ne accentua anche l'intensità espressiva.

Ad esempio, in presenza di Calibro piccolo Intozzata II intensifica la percezione interna dell'emozione, che però non viene esteriorizzata. In presenza di Calibro alto, al contrario, Intozzata II accentuerà l'espressione emozionale che risulterà ancora più teatrale, ed eventualmente scomposta.

7. QUALITÀ DELL'UMORE

La qualità dell'umore riguarda il tono edonico prevalente (positivo o negativo) ovvero la tendenza del bambino a sperimentare emozioni positive piuttosto che negative.

Dal punto di vista grafologico dobbiamo considerare in primo luogo la scorrevolezza grafica perché chi ha Fluida prova tendenzialmente emozioni più positive rispetto a chi ha Stentata, Tentennante e Titubante.

In secondo luogo dobbiamo considerare il continuum espansione-contrazione, sia nella dimensione verticale che orizzontale. Infatti chi ha Calibro alto e Largo tra lettere (Profusa) prova emozioni più positive rispetto a chi ha Calibro piccolo e Stretto tra lettere.

Infine, devono essere valutati l'equilibrio e l'armonia della scrittura. Quando la scrittura risulta poco equilibrata, per qualsiasi motivo, si avrà un tono edonico prevalentemente negativo. Al contrario se la scrittura è equilibrata (ad esempio nella Triplice Larghezza) il tono edonico sarà prevalentemente positivo.

8. DISTRAIBILITÀ

La distraibilità riguarda la suscettibilità alle varie forme di stimolazioni che interferiscono nell'esecuzione di un compito. I bambini caratterizzati da un alto grado di distraibilità hanno difficoltà a rimanere concentrati su un unico compito e a portarlo a termine senza interruzioni perché la loro attenzione è facilmente sviata da ciò che accade nell'ambiente.

Dal punto di vista grafologico il continuum maggiormente implicato è quello che va da Sciatta-Accurata da una parte, e da Disordinata a Pedante, Parallela e Uguale dall'altra. Sappiamo infatti che Disordinata e Sciatta hanno tra i loro significati quello di disattenzione e svagatezza e al tempo stesso che segni quali Accurata, Pedante, Parallela e Uguale indicano elevate capacità attentive.

Mentre Sciatta si oppone ad Accurata dal punto di vista della forma, Gettata via gli si oppone dal punto di vista del movimento. Non a caso, anche Gettata via può comportare difficoltà di concentrazione, sia per eccesso di precipitosità (non vede l'ora di finire quello che sta facendo per passare al compito successivo) che per interferenze inconsce (associazioni non pertinenti al compito).

È evidente quindi come nel caso della distraibilità la categoria grafologica maggiormente interessata sia la cura grafica. Per fare le cose fatte bene (con cura) bisogna infatti prestare attenzione a ciò che si fa. Viceversa se si fanno le cose con trascuratezza o incuria (e quindi senza cura) si presterà poca attenzione a quanto si va facendo.

9. GRADO E DURATA DELL'ATTENZIONE

Il grado e la durata dell'attenzione riguardano la capacità di sostenere uno sforzo di concentrazione prolungato senza pause e interruzioni e di perseverare in un compito nonostante le eventuali frustrazioni.

Questo tratto è distinto dal precedente in quanto la distraibilità riguarda soprattutto la sensibilità rispetto alle stimolazioni esterne mentre il grado e la durata dell'attenzione riguardano in misura maggiore il grado di attrazione-attenzione che si prova per il compito che si sta svolgendo. Chi è distratto interrompe ciò che sta facendo perché attratto da qualcos'altro, mentre chi ha poca attenzione lo interrompe perché desiste troppo presto o perché il compito non gli interessa più.

In questo tratto sembra quindi maggiormente coinvolta la categoria grafica della Triplice Fermezza (Aste rette, Angoli B, Mantiene il rigo). Al polo opposto avremmo invece quella che abbiamo chiamato "Triplice cessione": Aste col concavo a destra, Curva eccessivo, Discendente. Dal punto di vista temperamentale il continuum maggiormente interessato è quindi quello che va dalla Resistenza alla Cessione.

È tuttavia inevitabile, almeno in parte, una certa sovrapposizione con il costrutto precedente.

Volendo comunque operare delle distinzioni potremmo rilevare come chi ha Disordinata si distrae perché pensa a qualcos'altro mentre chi ha Sciatta tende a distrarsi per mancanza di interesse. Allo stesso modo chi ha Accurata tende a portare a termine il compito per perfezionismo e desiderio di fare bene mentre chi ha Uguale, Pedante o Parallela perché per eccesso di tensione è incapace di distrarsi (è troppo concentrato). Da questo punto di vista potremmo notare come Accurata-Sciatta abbia più a che fare con la durata e il grado di attenzione mentre Disordinata-Uguale con la distraibilità. Non a caso Accurata in grado elevato si accompagna facilmente a una buona o eccessiva Triplice fermezza mentre Sciatta si accompagna altrettanto facilmente a segni di Cessione (Discendente, stiramenti orizzontali, Aste col concavo a destra, etc.).

Thomas e Chess hanno ricavato dai nove tratti esaminati tre costellazioni temperamentali che definiscono altrettante tipologie di bambini: facili, difficili e lenti.

I bambini facili hanno ritmi regolari nelle funzioni biologiche, tendono a produrre risposte di avvicinamento nei confronti degli stimoli nuovi, si adattano facilmente ai cambiamenti e hanno un umore tendenzialmente positivo. I bambini lenti hanno una discreta regolarità nelle funzioni vitali, si adattano lentamente ai cambiamenti ma possono sviluppare reazioni normali se sostenuti adeguatamente dall'ambiente. I bambini difficili, infine, hanno ritmi biologici irregolari, si ritraggono di fronte alle novità, hanno reazioni emotive intense e negative e resistono al cambiamento.

La caratterizzazione di un bambino come difficile, tuttavia, viene fatta in base ai giudizi delle madri che possono essere, per una varietà di motivi, parziali e soggettivi. Ad esempio è stato dimostrato come le madri estroverse tendano a percepire i loro figli come più difficili rispetto alle madri introverse e che alcune caratteristiche materne, come l'ansia in gravidanza, possono essere predittive della classificazione di un bambino come "difficile" a pochi mesi di vita.

Per Thomas e Chess, quindi l'appartenenza di un bambino a uno dei tre profili non dipende solo dalle sue caratteristiche intrinseche ma dal modo in cui il suo temperamento interagisce con uno specifico ambiente. I due autori parlano di bontà di adattamento (*goodness of fit*) se vi è consonanza tra le caratteristiche temperamentali del bambino e le richieste e aspettative da parte dell'ambiente. Viceversa parlano di povertà di adattamento (*poorness of fit*) se le richieste e aspettative dell'ambiente sono incompatibili con il temperamento del bambino. La bontà (o la povertà) dell'adattamento inciderà sulla qualità dell'interazione genitore-figli che a sua volta avrà inevitabilmente un impatto sul grado di adattamento del bambino stesso.

Dopo questa sommaria descrizione delle ricerche di Thomas e Chess possiamo utilizzare le nove dimensioni temperamentali sin qui descritte per analizzare grafologicamente la compatibilità di coppia su base temperamentale di due scriventi.

La prima scrittura, riportata a pag. 111, è di un uomo di 34 anni, la seconda, riportata a pag. 112, di una donna di 32. Lui, laureato in fisica, lavora come analista finanziario, lei, laureata in giurisprudenza, come avvocato penalista.

Alla scrittura di lui possono essere attribuiti i seguenti segni: Calibro piccolo 7, Diseguale metodico del calibro 6, Largo di lettera 5 (da 2 a 7), Largo tra lettere 4 (da 2 a 5), Largo tra parole 5 (da 4 a 8), Attaccata 6, Staccata 4, Chiara 7, Oscura 3, Curva 5, Filiforme 6, Mantiene il rigo 6, Ascendente 3 (con ascendente e discendente a scaglioni), Aste rette 5, Aste col concavo a destra 3, Aste col concavo a sinistra 2, Diseguale metodico dell'inclinazione 70%, Contorta 20%, Parallela 10%, Dritta 6 (40%), Pendente 2 (40%), Rovesciata 2 (20%), Parca 7, Minuziosa 5, Tentennante 4-5, Spadiforme, Scattante, cenni di Recisa, Lettere addossate e Impaziente.

Alla scrittura di lei possono essere attribuiti i seguenti segni: Calibro piccolo 5 (non omogeneo, da 1 a 3,5 mm), Diseguale metodico del calibro 6, Spadiforme III tipo decrescente 5, Largo di lettera 4-5 (da 2 a 7), Largo tra lettere 3 (da 1 a 5), Largo tra parole 6-7, Mantiene il rigo 4, Ascendente 4-5 (da 0 a 10), Curva 6, Filiforme 5, Chiara 4, Oscura 6, Aste col concavo a sinistra 5, Aste rette 5, Estesa, Impaziente 3-4, Angoli A 3-4 (da 0 a 6), Angoli B 4 (da 0 a 6), Diseguale metodico dell'inclinazione 65%, Contorta 30% (7), Parallela 5%, Non omogenea dell'inclinazione, Tentennante 4-5, Rovesciata 5 (con momenti di Dritta e Pendente), Tagli delle *t* sopraelevati.

I punti di convergenza tra i due saltano all'occhio. Entrambi sono cerebrali (Calibro Piccolo e Largo tra parole), sensibili e intelligenti (Filiforme e Diseguale metodico del calibro). Entrambi sono tendenzialmente introversi ma lui è più sereno nei rapporti con gli altri (Largo tra lettere 4) mentre lei manifesta qualche ambivalenza (Non omogenea dell'inclinazione, Non omogenea del Largo tra lettere) che compensa con un'apertura più apparente che reale (Estesa). A causa di quest'ambivalenza può manifestare anche momenti di scontrosità (Aste con concavo a sinistra 5), permalosità (6/10 di Angoli A in alcuni punti con Filiforme) o testardaggine ingiustificata (6/10 di Angoli B in alcuni punti).

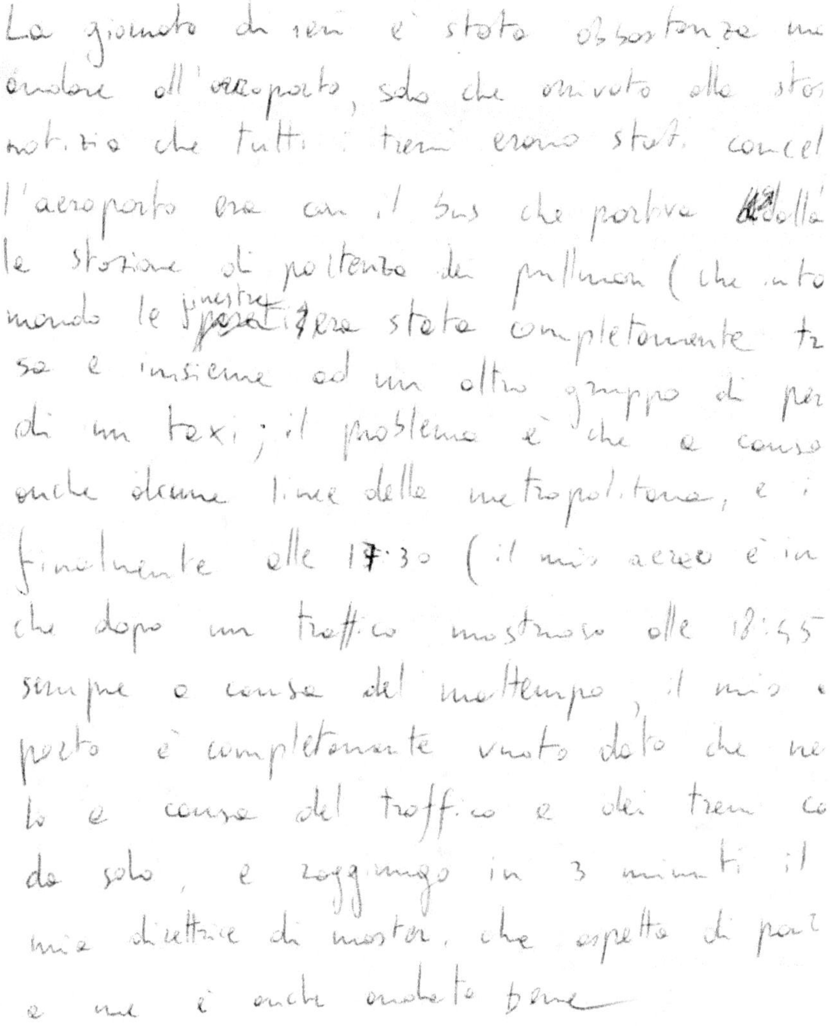

La giornata di ieri è stata abbastanza un orrore all'aeroporto, solo che arrivato alle stazione notizia che tutti i treni erano stati cancel l'aeroporto era con il bus che portava dalla le stazione di partenza dei pullman (che intanto mondo le nostre passeggera stata completamente ti so e insieme ad un altro gruppo di per di un taxi; il problema è che e causa anche alcune linee delle metropolitana, e i finalmente alle 17:30 (il mio aereo è in che dopo un traffico mostruoso alle 18:55 sempre o causa del maltempo, il mio a porto è completamente vuoto dato che ne to e causa del traffico e dei treni ca da solo, e raggiungo in 3 minuti il mia direttrice di mostra, che aspetto di par e mi è anche andato bene

Figura 9.

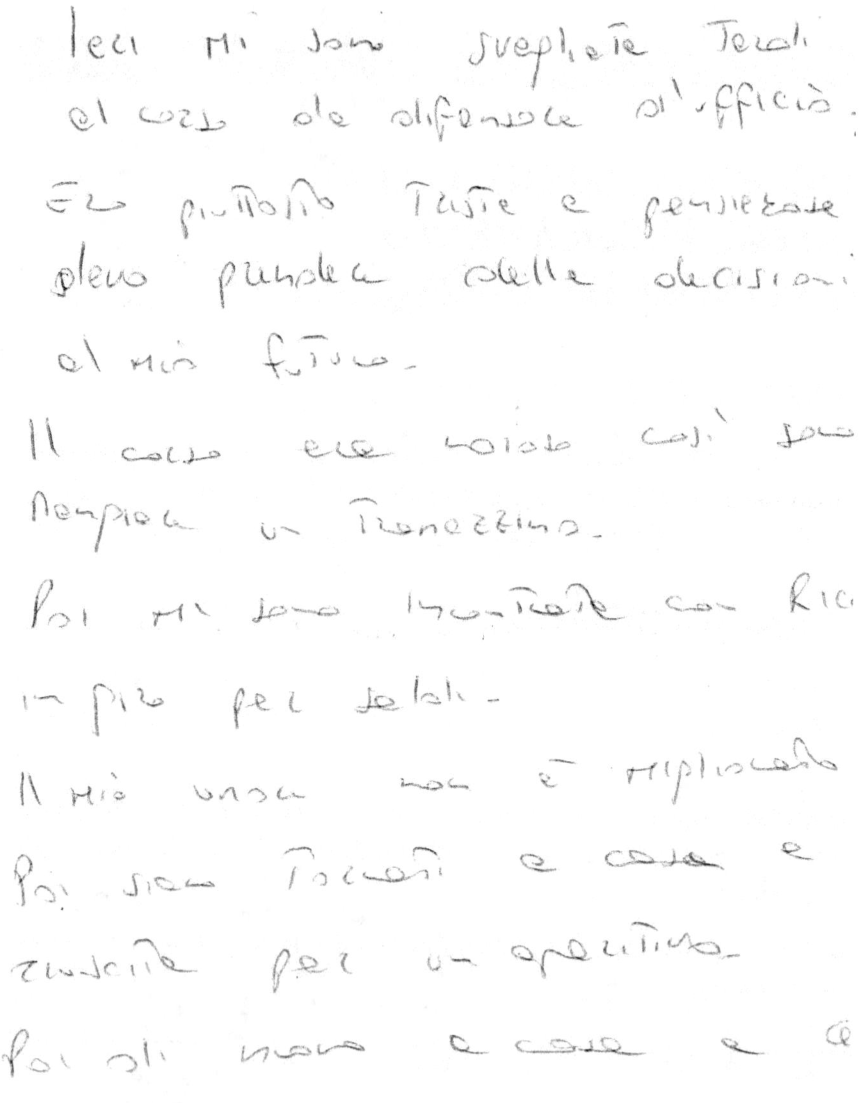

Figura 10.

Alla base c'è un'affettività insoddisfatta (Rovesciata) che la spinge a cercare qualcosa di ulteriore anche se in fondo non sa nemmeno lei bene cosa vuole (Ascendente, Non omogenea dell'inclinazione, Oscura). È facile quindi che rimanga insoddisfatta, alla perenne ricerca di qualcosa di meglio che però non arriva mai (Impaziente, Ascendente).

Di certo nessuno di due ama parlare molto di sé e dei propri sentimenti (lei Rovesciata, lui Parca), nonostante siano tutt'altro che anaffettivi (Filiforme). Lei perché non si sente affettivamente sicura, lui perché non ne sente l'esigenza. Lei preferisce quindi nascondersi dietro l'oscurità e atteggiamenti apparentemente contraddittori, lui tende a interiorizzare e a risolvere da solo i propri problemi.

I due discutono molto perché sono entrambi ipercritici e molto analitici (Largo tra parole > Largo di lettera, Calibro piccolo, Staccata lei Minuziosa lui). Lui nelle discussioni è un po' più oggettivo (Largo tra lettere 4), lei invece non va tanto per il sottile se si tratta di averla vinta (Oscura 6, momenti di Angoli A e B di 6/10, momenti di Largo tra lettere 1/10).

Lei alterna momenti di apparente comprensione delle istanze di lui (momenti di Pendente e di Largo tra lettere 5/10) con momenti di imprevedibile chiusura e atteggiamenti passivo-aggressivi (Rovesciata e momenti di Largo tra lettere 1/10).

Poiché lui è più coerente dal punto di vista affettivo (Attaccata 6, Mantiene il rigo 6, modulazione nell'inclinazione e nelle aste) si può immaginare che gli atteggiamenti ambivalenti di lei e i suoi momenti di nervosismo (Contorta 30% di 7/10) possano creargli più di un problema.

Lei può soffrire di sensi di isolamento in cui sente gli altri, e in particolare il proprio partner, distanti (Staccata 6, Largo tra parole 6-7, Rovesciata) mentre lui è tendenzialmente più sintonico e partecipativo (Attaccata 6).

Si può parlare in lei di ambizione occulta (tagli delle *t* sopraelevati con Calibro piccolo, Ascendente 4-5 che in alcuni punti arriva a 10) con una certa smania di arrivare (Impaziente, Estesa), insofferenza per gli ostacoli (Impaziente, Ascendente), e una scelta di mezzi non sempre trasparente (Estesa, Oscura). D'altro canto l'estrema attenzione ai dettagli di lui scade talvolta nella minuziosità e questo può fargli venire dei dubbi dal punto di vista operativo (Minuziosa, Tentennante) che tuttavia supera nella maggior parte dei casi abbastanza agevolmente (Attaccata 6, Mantiene il rigo 6, Ascendente 3, cenni di Recisa).

Alla fine i due, e forse non sorprenderà a questo punto, si sono lasciati. Seguendo lo schema di Thomas e Chess avremo:

1. *Livello di attività*. Nel caso di lui il ritmo è controllato quindi l'attività non è eccessiva. È presente attività mentale ma non rientra nel costrutto. Nel caso di lei il ritmo è più vivace per la presenza dei segni Ascendente, Oscura, Impaziente, cenni di Angoli A e B sopra i 5/10. Estesa, in questo contesto, indica che il soggetto vorrebbe fare di più

di quanto non potrebbe (é comunque un segno progressivo in quanto l'ovale risulta schiacciato perché subisce l'attrazione del vettore destra). Lei risulta quindi relativamente più attiva perché ha un maggior grado di Ascendente, un minore grado di Filiforme, un ritmo più vivace e, nonostante il Rovesciata, una maggiore tensione verso il margine destro. L'attività di lui invece è moderata dal Parca, dal Largo tra parole, dal Minuziosa e dal Tentennante. In entrambi i casi, tuttavia, è presente più attività mentale che non motilità e mobilità.

2. *Ritmicità.* I ritmi di lui sono più prevedibili in quanto la sua scrittura è più omogenea (è una persona relativamente uguale a se stessa in diversi momenti). La scrittura di lei invece è caratterizzata da non omogeneità nelle larghezze, nell'inclinazione, nell'angolosità. Il Parca in lui contribuisce alla moderazione delle tendenze conferendogli regolarità e continuità operativa (Attaccata 6, Mantiene il rigo 6) mentre lei è maggiormente in balia delle emozioni (e quindi meno prevedibile e regolare nei comportamenti).

3. *Risposta di avvicinamento.* Lui non è né chiuso a priori nei confronti dell'oggetto, né aperto a priori a nuove esperienze e nuovi stimoli, ma seleziona in base alle proprie esigenze (Filiforme, Dritta, Calibro piccolo). Lei invece ha nei confronti dell'oggetto un atteggiamento ambivalente, da una parte "si butta" (Impaziente 3-4, Estesa, Ascendente, momenti di Pendente) dall'altra ci ripensa (Aste col concavo a sinistra 5, Rovesciata 5). In entrambi i casi prevale una risposta rispetto all'oggetto improntata alla selettività e alla presa di coscienza (Filiforme e Largo tra parole) piuttosto che all'avvicinamento incondizionato.

4. *Adattabilità.* In entrambi i casi l'adattabilità è nella media. Non vi sono stentatezze ma nemmeno particolare fluidità. Dal punto di vista mentale c'è adattabilità (Diseguale metodico del calibro) ma sul versante pratico può esserci qualche difficoltà in più (Largo tra parole, Filiforme, Minuziosa per lui, Staccata per lei). Nessuno dei due è particolarmente abitudinario ma non anelano nemmeno al cambiamento a tutti i costi. Lei tuttavia, avendo una maggiore Non omogeneità, si trova meglio in situazioni mutevoli e cangianti rispetto a lui e può essere spinta al nuovo dall'impazienza e dalla voglia di fare. L'Ascendente può dare a entrambi una spinta motivazionale in più qualora si renda necessario un cambiamento per il perseguimento dei propri scopi.

5. *Soglia di responsività.* È bassa in entrambi i casi ma in lui è più bassa perché il grado di Filiforme è maggiore. Sono entrambi sensibili agli stimoli più sfumati ma lui, rispetto a lei, è maggiormente in grado di controllare le proprie emozioni (Parca).

6. *Intensità*. Per quanto detto al punto 5. l'espressività di lui è minore ma entrambi gli scriventi controllano abbastanza bene le proprie reazioni emotive (Calibro piccolo, Filiforme, Largo tra parole). Lei, a tratti, può essere più impulsiva di lui ma le sue reazioni non sono mai scomposte o eccessive.

7. *Qualità dell'umore*. In entrambi i casi è nella media ma per ragioni diverse. Lui non ha particolari slanci né si sovraeccita facilmente (Parca) ma tende piuttosto verso un'aurea mediocrità. Lei invece è più facile all'entusiasmo ma anche più facile a deprimersi (il calibro è non omogeneo e varia da 1 a 3,5 mm). In lei coesistono tendenze opposte. Da una parte lo slancio dell'Ascendente, dall'altro il ripensamento del Largo tra parole, il raffreddamento dello Staccata, il contenimento del Calibro piccolo. Il suo umore è quindi nella media ma solo in senso aritmetico, come media tra estremi opposti. Tuttavia lei rimane nell'oggettività anche quando si esalta e quindi è un'esaltazione solo relativa perché il calibro è, nel complesso, tendente al piccolo. È quindi un'esaltazione nel fare più che nel senso dell'Io, un narcisismo di padronanza più che di risonanza (Bravo 1998).

8. *Distrabilità*. Entrambi sono favoriti nella concentrazione dal Calibro piccolo ma lei si distrae molto più facilmente per la presenza di Impaziente e Oscura e quindi sia perché non vede l'ora di passare al compito successivo sia per interferenze inconsce (Oscura e Non omogenea nel calibro). La scrittura di lui non è certamente accurata ma è leggibile e precisa mentre quella di lei tende all'irrequietezza nel gesto.

9. *Grado e durata dell'attenzione*. È maggiore in lui che in lei per la maggiore presenza di Mantiene il rigo. Si noti inoltre che il rigo di lei è particolarmente ondulato, un ulteriore segno di variabilità umorale (che non può non riflettersi nell'attenzione). Entrambi sono in grado di imporsi una disciplina (Aste rette 5) ma in lui l'autodisciplina è più spontanea, mentre in lei è più frutto di autoimposizione che di natura. Non a caso lei a volte sviluppa eccessi di tensione (Aste col concavo a sinistra 5 e Contorta 30% 7). Lui è naturalmente attento ai dettagli, lei considera i dettagli ma in modo più impressionistico e meno preciso.

Nel caso che abbiamo appena considerato, nonostante le inevitabili differenze, la compatibilità temperamentale sembra buona. I problemi, semmai, sono di origine caratteriale. Le due scritture sono infatti simili riguardo a importanti categorie grafologiche quali la pressione, la triplice larghezza e il calibro. Queste similarità possono costituire in prima battuta motivi di attrazione mentre possono costituire sul lungo termine elementi di attrito.

Si può vedere da questo esempio come la teoria di Thomas e Chess trovi una feconda applicazione dal punto di vista grafologico aiutandoci peraltro a distinguere ciò che riguarda il temperamento dell'individuo da ciò che può essere ascritto al suo vissuto.

Disporre di una griglia di tratti a base temperamentale può essere inoltre molto utile per un'analisi di compatibilità di coppia. Per definizione, infatti, il temperamento non cambia – o almeno non in età adulta – e non può quindi essere oggetto di accomodamento o di negoziazione. Tuttavia possiamo essere noi ad adattarci al temperamento scegliendo delle occupazioni che siano conformi alla nostra biologia prima ancora che al nostro carattere.

5.3 Il 16 PF di Cattell da un punto di vista grafologico

Il 16PF di Cattell è uno degli strumenti più noti per la valutazione delle caratteristiche normali della personalità (Boncori 1993, p. 658).

I sedici tratti che sono valutati dal questionario di Cattell sono stati ricavati partendo dall'analisi di Allport e Odbert che hanno estratto da un dizionario di lingua inglese tutte le parole che si riferivano a caratteristiche di personalità (*cfr.* par. 1.2). Dai 4505 tratti iniziali si è arrivati, tramite analisi successive, a una lista di 171 tratti di superficie di tipo bipolare (ad esempio Arrogante-Umile, Socievole-Timido, etc.).

In un'ulteriore fase in base a questi tratti sono state raccolte valutazioni su 100 adulti che sono state intercorrelate e ripartite in 60 raggruppamenti (*cluster*). Questi raggruppamenti costituiranno la base da cui sarà ricavato il questionario *16 Personality Factors*.

I sedici tratti sono riportati di seguito con una succinta traduzione in termini grafologici.

A. *Sizotimia-Affettotimia.* Contrappone gli individui distaccati, critici e poco disponibili alla collaborazione agli individui di buon carattere, interessati agli altri e collaborativi.

La dimensione maggiormente implicata dal punto di vista grafologico è quella della Curvilineità contrapposta alla Angolosità. Anche Palaferri come principale significato della categoria Curva-Angolosa indica la categoria ciclotimia-schizotimia con un significato del tutto sovrapponibile (Palaferri 1999a, p. 79).

B. *Bassa intelligenza cristalizzata-Alta intelligenza cristallizzata.* Per intelligenza cristallizzata si intende quel tipo di intelligenza che è connessa con gli apprendimenti scolastici e culturali. È quindi un indice di cultura e come tale ha solo un'imperfetta traduzione in termini grafologici. Nella grafologia francese può essere in parte sovrapponibile alla categoria Organizzata-Non organizzata (Crépieux-Jamin 2001, p. 45) mentre nella psicologia della scrittura di Marchesan ha qualche analogia con il continuum Modello-Antimodello.

In senso più ristretto l'intelligenza cristallizzata indica la capacità di ragionamento. Chi ha bassi punteggi in questa dimensione tende al pensiero concreto e ha difficoltà a utilizzare il pensiero astratto (tipo Sensazione di Jung e Linfatico di Ippocrate). Chi invece ottiene punteggi alti risulta più orientato al pensiero astratto, è brillante e ha una maggiore facilità di apprendimento.

Grafologicamente si va da una scrittura Uguale, Calibro alto e Stretta tra parole a una scrittura con Diseguale metodico, Calibro piccolo e Largo tra parole.

C. *Minore forza dell'Io-Maggiore forza dell'Io*. La minore forza dell'Io è caratteristica di chi è preso dai suoi sentimenti, è poco stabile affettivamente e rimane facilmente sconvolto. La maggiore forza dell'Io è propria invece di chi è affettivamente stabile e maturo, e affronta la realtà. Grafologicamente considereremo l'organizzazione spaziale generale, il continuum Omogenea-Non omogenea e l'equilibrio nella Triplice Larghezza.

E. *Sottomissione-Dominanza*[5]. La sottomissione è propria di chi è umile, mite, accomodante, conformista. La dominanza si attribuisce invece a chi ha un carattere forte, è aggressivo, competitivo e testardo. La categoria grafologica implicata è di natura temperamentale e va dagli eccessi di Cessione (alti gradi di Aste col concavo a destra, Curva, Discendente) a segni di Assalto quali Intozzata I, Angoli A, Angoli B.

F. *Malumore-buonumore*. La contrapposizione è tra chi è misurato, prudente, serio, taciturno e chi è euforico, facilone, impulsivo, allegro ed entusiasta. Dal punto di vista grafologico quindi il continuum maggiormente interessato è quello che va da Parca a Profusa.

Notiamo, per inciso, come in inglese questa dimensione abbia il nome di "surgency-desurgency", di cui "malumore-buonumore" costituisce una traduzione alquanto imprecisa.

G. *Minore forza del Super-Io-Maggiore forza del Super-Io*. Si può attribuire minore forza del Super-Io a chi è opportunista, non rispetta le regole, sente pochi obblighi e maggior forza del Super-Io a chi è coscienzioso, perseverante, di carattere fermo, ossequioso alle regole morali.

Il continuum grafologico implicato è quella che va da Gettata via alla peggio ad Accurata studio (Palaferri 2001, p. 36). Lo stesso Palaferri, che ha individuato questo continuum nella grafologia morettiana, attribuisce a Gettata via una prevalenza dell'inconscio e a Accurata studio una prevalenza della coscienza. L'optimum, come noto, è costituito da Accurata spontanea in cui vi è armonia tra coscienza e inconscio.

H. *Threctia-Parmia*. Nella teoria di Cattell 'threctia' è un neologismo che deriva dall'inglese *threat* e sta per 'temperamento timoroso'. Chi ottiene punteggi alti in questa dimensione è timido, pauroso, impacciato in pubblico.

'Parmia' indica invece il temperamento in cui prevale il sistema autonomo para-simpatico. Chi ottiene punteggi alti in questa dimensione è amante dell'avventura, socialmente disinvolto e spontaneo.

Il continuum grafologico implicato è quello che va dai segni dell'insicurezza soggettiva (Titubante-Tentennante-Stentata) a Fluida.

I. *Harria-Premsia.* 'Harria' è una contrazione di *hard realism*, ovvero 'duro realismo'. Chi ottiene punteggi alti in questa dimensione è autosufficiente, realistico, si aspetta poco dagli altri, è duro.

'Premsia' invece è una contrazione di *protection emotional sensitivity*, ovvero 'sensibilità affettiva protetta'. Chi ottiene punteggi alti in queste dimensioni si appoggia agli altri per ricevere sostegno, cerca frequentemente aiuto, si aspetta di ricevere affetto e attenzione, è gentile e indulgente con se stesso e con gli altri.

Grafologicamente il continuum di interesse è quello che va da una scrittura caratterizzata da Triplice Fermezza e Dritta a una scrittura caratterizzata da Pendente con rilevanti segni di cessione quali Aste col concavo a destra (indulgente con se stesso e con gli altri) e buona Curvilineità.

L. *Alaxia-Protension.* Chi ottiene punteggi alti in Alaxia tende a fidarsi, ad adattarsi, a non essere geloso, a non avere problemi nei rapporti interpersonali. Chi invece ottiene punteggi alti in Protension (*projection of inner tension* ovvero 'proiezione di tensioni interne') tende a non fidarsi, a essere ipervigile, sospettoso, scettico e oppositivo.

La categoria grafologica maggiormente implicata è quella delle larghezze orizzontali e in particolare del Largo tra lettere (e secondariamente del Largo di lettera). Questa categoria a sua volta rientra in quella più generale di scrittura destrogira-sinistrogira ovvero di attrazione-repulsione verso il vettore destra.

M. *Praxernia-Autia.* 'Praxernia' è un neologismo che deriva da *pratical concern* ovvero 'preoccupazioni di tipo pratico'. Chi ottiene alti punteggi in questa dimensione è pratico, orientato alla soluzioni dei problemi, solido e convenzionale.

'Autia' deriva da *autistic* e *internally autonomous thinking* (modo di pensare autistico e autonomo). Chi ottiene punteggi alti in questa dimensione è fantasioso, con la testa tra le nuvole, interessato all'arte e alle teorie, assorbito dal mondo delle idee, poco pratico.

Il continuum grafologico maggiormente implicato è quello che va da Uguale a Diseguale non metodico del calibro.

Anche l'equilibrio tra le zone grafiche può essere rilevante. Con una predominanza della zona media abbiamo il tipo Praxernia, mentre con uno sviluppo esagerato della zona superiore abbiamo il tipo Autia.

N. *Ingenuità-scaltrezza.* Chi è ingenuo è schietto, genuino e privo di astuzie. Chi è scaltro è astuto, diplomatico e calcolatore.

Grafologicamente abbiamo scaltrezza con un grado consistenti dei segni Angoli C, Flessuosa, Convolvoli, Ricci nascondimento, Ricci ammanieramento, Accurata.

All'estremo opposto non abbiamo un termine unitario per qualificare una scrittura priva di questi segni. La scrittura che meglio rappresenta il concetto, tuttavia, è quella Gettata via con Profusa, per quanto anche altre sindromi possano avere la stessa risultante in termini psicologici.

O. *Sentimento di adeguatezza-tendenza al senso di colpa.* La contrapposizione è tra chi è sicuro di sé, fiducioso e sereno e chi è apprensivo, biasima se stesso, si preoccupa, si agita ed è insicuro.

Grafologicamente saranno coinvolte tre dimensioni: l'espansione verso il vettore destra senza indugi (Fluida vs. Titubante e Minuziosa), la distensione delle larghezze orizzontale (Largo tra lettere vs. Stretto tra lettere e Lettere addossate), l'espansione in senso verticale del calibro (Calibro alto vs. Calibro piccolo). In pratica quanto più vi è espansione nello spazio, sia in senso verticale che orizzontale, e tanto più la scrittura è destrogira piuttosto che sinistrogira, tanto più vi sarà sentimento di adeguatezza piuttosto che tendenza al senso di colpa.

Q1. *Conservatorismo temperamentale-Radicalismo.* Chi ottiene punteggi alti nella prima dimensione rispetta le idee tradizionali, è attaccato alla famiglia ed è conservatore. Chi è radicale tende a sperimentare nuovi metodi e soluzioni, a non essere dogmatico, a desiderare i cambiamenti.

Ancora una volta, dal punto di vista grafologico, la contrapposizione è tra scrittura Uguale-Pedante-Parallela e scrittura Diseguale nel calibro, nell'inclinazione e nello scattante, sia metodico che non metodico.

Q2. *Dipendenza dal gruppo-Autosufficienza.* Chi ottiene punteggi alti nella prima dimensione è un buon gregario ed è orientato al gruppo. Chi ottiene punteggi alti nella seconda dimensione preferisce decidere da sé, è individualista, autosufficiente e ama stare da solo. Anche in questo caso la categoria grafologica maggiormente implicata è quella che va da Curva a Angolosa (e ovviamente Acuta, Irta, Secca).

Q3. *Scarsa integrazione di sé vs. forza del sentimento di sé.* Chi ottiene punteggi alti nella prima dimensione è impulsivo, agisce spinto dai propri bisogni, non si cura delle norme sociali, tollera il disordine, è indisciplinato. Chi ha forza del sentimento di Sé è controllato, preciso nei rapporti, perfezionista, organizzato, compulsivo, autodisciplinato. Da un punto di vista grafologico il continuum implicato è quello che va dalla scrittura Disordinata (o eventualmente Gettata via, Sciatta) a quella Accurata.

Q4. *Bassa tensione ergica-Alta tensione ergica*. Chi ha bassa tensione ergica è rilassato, tranquillo, non frustrato. Chi ha alta tensione ergica è teso, motivato, coi "nervi a fiori di pelle".

Dal punto di vista grafologico è utile valutare il grado di tensione della scrittura secondo i gradi di irrigidimento di Pophal. Della categorizzazione di Pophal Massi ha proposta una traduzione in termini morettiani (Massi 2001). Si va dal I grado, caratterizzato da rilevante Cessione e da segni quali Sciatta, Trasandata di I o II tipo, Discendente, Aste col concavo a destra di grado elevato, Lenta in contesti di ipotonia, facile profusione del gesto grafico, fino al V grado, caratterizzato da segni di tensione eccessiva quali alti gradi di Stentata, Artritica e elevate non omogeneità grafica in tutte le dimensioni. Il III grado rappresenta l'optimum ed è caratterizzato da un'ottimale triplice larghezza che tuttavia non mortifica il Largo tra lettere, il Curva e le Aste col concavo a destra.

La tassonomia dei tratti di Cattell può essere esposta anche facendo uso di termini non bipolari, come segue: A. Calore umano; B. Capacità di ragionamento; C. Stabilità emotiva; E. Dominanza; F. Vivacità G. Coscienziosità; H. Audacia sociale; I. Sensibilità; L. Vigilanza; M. Astrattezza; N. Riservatezza; O. Apprensione; Q1. Apertura al cambiamento; Q2. Autonomia; Q3. Perfezionismo; Q4. Tensione.

È tuttavia opportuno considerare anche le definizioni perché i singoli termini non sempre colgono la complessità del tratto in questione e in alcuni casi le traduzioni in italiano non rendono giustizia nelle dimensioni implicate nel corrispondente vocabolo in lingua inglese.

6.
Bowlby e la grafologia

6. La teoria dell'attaccamento e gli stili di attaccamento

La teoria dell'attaccamento di John Bowlby è una delle teorie più importanti e feconde della psicologia moderna. Non c'è quasi nessun campo di questa disciplina che non sia stata influenzata direttamente o indirettamente dalle idee di Bowlby e da quelle dei suoi epigoni. Bowlby non si è limitato a proporre una nuova teoria ma – primo tra gli psicoanalisti – l'ha anche dotata di un solido supporto sperimentale (Ortu 2006).

La tesi principale di Bowlby è che ciascun bambino sia geneticamente predisposto a sviluppare un legame di attaccamento con chi si prende cura di lui (*caregiver*). Diversamente dalla psicoanalisi classica che riteneva che l'infante ricercasse la vicinanza della madre per una serie di "vantaggi secondari" (come ad esempio il nutrimento) Bowlby postula che la spinta a instaurare un legame con il caregiver sia primaria, innata e universale, e quindi non deducibile da ulteriori motivazioni.

Il legale di attaccamento viene inteso da Bowlby come "quella particolare relazione stabile che si instaura tra il bambino e la persona adulta che si prende cura di lui a partire dalla nascita sulla base degli scambi interattivi che si svolgono tra i due" (Simonelli-Calvo 2004, p. 11). Da un punto di vista evoluzionistico questo legame ha la funzione di massimizzare le probabilità di sopravvivenza del bambino che tenderà a ricercare la prossimità con un individuo adulto e competente in condizioni di pericolo reale o percepito.

In particolare, i cosiddetti *comportamenti di attaccamento* come il sorriso, la vocalizzazione e il pianto, hanno la funzione di favorire la vicinanza fisica tra bambino e *caregiver* tramite l'avvicinamento dell'adulto o l'avvicinamento del bambino.

L'attaccamento non è tuttavia l'unico sistema motivazionale. Particolare rilevanza ha nel bambino anche il sistema esplorativo che agisce in modo spesso antitetico al sistema di attaccamento. In condizioni di pericolo la tendenza a esplorare l'ambiente viene infatti inibita e vengono attivati i comportamenti di attaccamento volti a ripristinare la distanza ottimale tra bambino e adulto competente. In seguito alla vicinanza con il caregiver il bambino sperimenterà un senso soggettivo di sicurezza e potrà tornare a esplorare l'ambiente. L'adulto agisce quindi come una sorta di regolatore ausiliario dell'omeostasi interna del bambino, che non è ancora in grado di autoregolarsi da sé.

Per Fonagy e Target il sistema di attaccamento ha anche la funzione di permettere al bambino di acquisire la cosiddetta "funzione riflessiva", ovvero la capacità di riflettere sui propri e altrui stati mentali e di render conto del comportamento, proprio e altrui, in termini mentalistici (e non fisicalistici). La funzione riflessiva è, ad esempio, carente – per motivi neurologici – negli individui affetti da autismo, i quali tendono a vedere gli altri esseri umani come "oggetti" caratterizzati da un comportamento mutevole e imprevedibile.

Il deficit degli autistici ci fa quindi capire a cosa serva la funzione riflessiva e quanto sia importante nella nostra vita quotidiana. In assenza di una teoria della mente che ci permetta di attribuire agli altri intenzioni e credenze non saremmo in grado di spiegarci il comportamento altrui e tenderemmo a vederlo in modo puramente meccanico (e quindi a non comprenderlo).

La funzione riflessiva per Fonagy e Target è inoltre coinvolta nell'autoregolazione emotiva poiché il bambino impara dall'adulto come gestire i propri stati emotivi problematici. Tramite il rispecchiamento, ovvero la riproposizione empatica dello stato di disagio esperito dal bambino, l'adulto insegna al bambino a padroneggiare gli stati di angoscia (Fonagy-Target 2001).

Per la teoria dell'attaccamento Bowlby si ispira a teorie di matrice etologica e in particolare alla ricerche di Lorenz sull'imprinting e agli studi di Harlow sui piccoli di macaco Rhesus. Quest'ultimo aveva dimostrato come in condizioni sperimentali controllate i cuccioli preferiscano un soffice sostituto materno artificiale che sia in grado di offrire calore piuttosto che un freddo simulacro di metallo in grado di nutrirli.

Per Bowlby gli esperimenti di Harlow dimostrano come il bisogno di contatto fisico e vicinanza sia fondamentale e innato e come la ricerca del legame emotivo con il caregiver sia dovuto a una motivazione intrinseca e non solo alla gratificazione di bisogni orali.

Mary Ainsworth, un'allieva di Bowlby, ha ideato un'ingegnosa situazione sperimentale, nota come Strange Situation, in cui il comportamento del bambino viene osservato sia in assenza che in presenza della madre.

Nella Strange Situation, che consta di otto distinti episodi di circa tre minuti ciascuno, vengono effettuati due cicli di riunione e separazione tra madre e bambino e il comportamento del bambino viene osservato e catalogato in relazione alle sue reazioni all'abbandono e al ricongiungimento con la madre.

La Ainsworth, a seconda delle reazioni del bambino, classifica quattro stili di attaccamento.

L'attaccamento sicuro (B) è proprio dei bambini che protestano vivacemente all'abbandono della madre ma che mostrano piacere e disponibilità a farsi consolare al ricongiungimento. Il bambino con attaccamento sicuro "manifesta quello che è stato definito un comportamento di base sicura, nel senso che da un lato appare relativamente autonomo nell'esplorazione dell'ambiente, soprattutto quando il genitore è presente, dall'altro appare in grado di segnalare con chiarezza i propri bisogni di attaccamento e consolarsi e rassicurarsi alla presenza dell'adulto di riferimento" (Simonelli-Calvo 2004, p. 39). Vi è quindi un ideale bilanciamento tra il sistema di esplorazione e quello di attaccamento e il bambino riesce a modulare il passaggio dall'uno all'altro a seconda delle condizioni dell'ambiente.

Il bambino sicuro ha quindi interiorizzato un senso di fiducia nella disponibilità della figura di attaccamento che gli consente di esplorare l'ambiente senza doversi preoccupare eccessivamente della propria sicurezza e sopravvivenza. La certezza interiorizzata di poter disporre di un caregiver sensibile ai suoi bisogni gli permette inoltre di esprimere con chiarezza i propri desideri di attaccamento qualora ne avvertisse la necessità.

In campioni "non clinici" statunitensi la presenza di uno stile di attaccamento di tipo sicuro è stimabile tra circa la metà e i due terzi della popolazione. In Italia sembra che l'attaccamento sicuro sia meno frequente (Simonelli-Calvo 2004, p. 40).

Nello stile di attaccamento insicuro evitante (A) il bambino non protesta alla separazione della madre e non si mostra interessato a lei al suo ritorno. Il sistema attaccamento-esplorazione è sbilanciato a favore dell'esplorazione: "durante la procedura infatti questi bambini appaiono particolarmente autonomi e indipendenti, maggiormente centrati sull'esplorazione dell'ambiente e sui giocattoli che sulla presenza dell'adulto di riferimento" (Simonelli-Calvo 2004, p. 40). Il bambino non manifesta tendenza a fare riferimento all'adulto quando si sente spaventato o a disagio e non manifesta chiaramente desideri di vicinanza, contatto e rassicurazione. I bambini evitanti tendono quindi a inibire la manifestazione dei bisogni psicologici di conforto e protezione e a sviluppare uno stile relazionale centrato sull'autonomia e l'indipendenza.

Questi bambini hanno interiorizzato un'immagine del caregiver come inaffidabile o indisponibile e hanno imparato a "fare da sé".

Negli Stati Uniti l'attaccamento evitante viene osservato in media in circa un quarto del campione mentre questa percentuale è maggiore in Italia (Simonelli-Calvo 2004, p. 41).

Lo stile di attaccamento insicuro ambivalente (C) è caratterizzato da un comportamento di intenso disagio in seguito alla separazione a cui non segue tuttavia una facile consolabilità del piccolo al ritorno della madre: "il ritorno del genitore dopo la separazione, infatti, non sembra sufficiente a consolarli, come se la presenza della figura di attaccamento non fosse in grado di ristabilire il loro senso di sicurezza e placare le richieste di ulteriore attaccamento e bisogno di conforto" (Simonelli-Calvo 2004, p. 41). Il sistema esplorazione-attaccamento è quindi sbilanciato verso l'attaccamento: i bambini insicuri-ambivalenti sono maggiormente centrati sulla relazione con l'adulto piuttosto che sull'esplorazione dell'ambiente circostante e si dimostrano poco autonomi.

Il loro comportamento è quindi del tutto speculare a quello dei bambini insicuri-evitanti. La percentuale di presenza dell'attaccamento insicuro-ambivalente (C) è circa la metà di quello insicuro-evitante (A), e rappresenta un ottavo circa del totale. Questa percentuale è leggermente superiore in Italia (Simonelli-Calvo 2004, p. 42).

Mary Main e Judith Salomon hanno proposto un ulteriore stile di attaccamento per quei bambini che nella Strange Situation risultavano non classificabili.

L'attaccamento disorganizzato-disorientato (D) è caratterizzato dalla mancanza di una strategia coerente nella relazione con il genitore con repentini passaggi, senza soluzione di continuità, da comportamenti sicuri (B) a comportamenti ambivalenti (C) ed evitanti (A): "il comportamento di questi bambini, dunque, esprime momenti di generale confusione legati a una profonda incapacità di organizzare efficacemente la situazione oltre a una grave incapacità a orientare il comportamento stesso e l'affettività, anche perché accompagnati da atteggiamenti visibilmente impauriti e rigidi sia a livello corporeo sia per ciò che concerne l'espressione del viso" (Simonelli-Calvo 2004, p. 43).

Questi comportamenti si manifestano solo quando il genitore è presente. Se ne può quindi inferire che è proprio la presenza del genitore a determinare la momentanea disorganizzazione del comportamento del bambino.

Si parla a questo proposito di caregiver spaventato/spaventante. Il bambino da una parte è spaventato dalla sua figura di attaccamento, dall'altra in situazioni di paura è filogeneticamente spinto a ricercare la prossimità con la figura di attaccamento (che è ciò che lo spaventa). Questa simultanea attrazione-repulsione determinerebbe quindi il comportamento del bambino che risulta apparentemente disorganizzato e confuso.

Sono considerati indici di disorganizzazione nella Strange Situation: manifestazioni sequenziali o simultanee di pattern contraddittori; movimenti ed espressioni indiretti, mal indirizzati, incompleti e interrotti; stereotipie, movimenti asimmetrici, movimenti strani e posture anomale; movimenti ed espressioni *freezing* (congelati), *stilling* (immobili) o rallentati; indici diretti di timore del genitore; indici diretti di disorganizzazione e di disorientamento (Simonelli-Calvo 2004, p. 43).

L'attaccamento disorganizzato, ancor più di quello insicuro, è considerato a forte rischio di psicopatologia adulta, e in particolare di stati dissociativi e di disturbo borderline di personalità (Liotti 2001).

La rilevazione dello stile di attaccamento del bambino è importante per almeno tre ordini di ragioni.

In primo luogo è stata dimostrata una relativa stabilità dello stile di attaccamento dall'infanzia all'età adulta. In altri termini il rapporto che il bambino ha con il caregiver finisce per essere riproposto in altri contesti e in altre relazioni. Il bambino con un attaccamento sicuro tenderà quindi da adulto a instaurare rapporti intimi caratterizzati da sicurezza e fiducia laddove i bambini caratterizzati da attaccamento insicuro o disorganizzato tenderanno a riproporre dinamiche conseguenti.

L'autoperpetuazione dello stile di attaccamento è mediata da quelli che Bowlby definisce *modelli operativi interni*. L'individuo interiorizza un modello di rapporto e specifiche attese relative al comportamento della figura di attaccamento e tende ad attualizzarli e riproporli nei rapporti successivi. A loro volta l'esito di questi rapporti finisce per rinforzare (o eventualmente indebolire) i modelli operativi interni. Per dirla altrimenti un individuo che si aspetti di essere rifiutato finirà (probabilmente) per causare il rifiuto dell'altro e confermerà così la sua tesi che i rapporti intimi siano indesiderabili e pericolosi. I modelli operativi interni agiscono quindi come profezie che si autoavverano.

In secondo luogo l'attaccamento sicuro è un importante fattore di protezione dalla psicopatologia, così come l'attaccamento insicuro (e ancora più quello disorganizzato) costituisce un importante fattore di rischio. Non vi è un nesso deterministico tra qualità dell'attaccamento del bambino e adattamento futuro dell'individuo ma un attaccamento sicuro costituisce un buon predittore.

In terzo luogo gli stili di attaccamento vengono trasmessi da una generazione all'altra. I genitori con attaccamento sicuro tendono ad avere figli con attaccamento sicuro, così come i genitori con attaccamento insicuro tendono ad avere figli con attaccamento insicuro. Si noti che secondo Fonagy e Target il bambino sviluppa legami di attaccamento indipendenti con il padre e la madre. È quindi possibile avere un attaccamento sicuro nei confronti del padre e uno insicuro nei confronti della madre o viceversa.

Dopo questa succinta spiegazione della teoria dell'attaccamento e dei suoi principali sviluppi proveremo nel successivo paragrafo a darne una traduzione in termini grafologici con particolare riferimento alla tipologia degli stili di attaccamento elaborata Mary Ainsworth.

6.2 Stili di attaccamento e grafologia

ATTACCATA-STACCATA

Una dimensione grafologica che sembra rivestire un'importanza particolare per la teoria dell'attaccamento è quella della continuità grafica.

In particolare per Moretti il segno grafologico Attaccata è indice di "continuità nelle disposizioni affettivo-attive e in tutte le attitudini intellettuali" (Moretti 2002a, p. 368).

Il segno Attaccata, così come Staccata, ha quindi sia un significato affettivo (coesione con gli altri) che intellettivo (coesione interna dei processi di pensiero). Questa corrispondenza è peraltro congrua con gli sviluppi della teoria dell'attaccamento che postulano che i processi di pensiero siano intrinsecamente relazionali e dipendenti dalla qualità delle relazioni presenti e passate.

La mancanza di coesione intellettiva degli elevati gradi di Staccata sarebbe quindi dovuta, in ultima analisi, a un'incoerenza affettiva.

Quando abbiamo a che fare con elevati gradi di Staccata possiamo quindi, almeno in prima battuta, presumere che vi sia un problema nel sistema di attaccamento (insicuro o disorganizzato), che comporterebbe una specifica difficoltà nel *connettersi* con gli altri. L'individuo si sente, in altri termini, *staccato* dagli altri, così come forse, in passato, si era sentito separato dalla figura di attaccamento.

Palaferri va nella stessa direzione quando afferma che chi ha Staccata sopra la media prova "sensazione di isolamento per stato-dipendenza da mancata sintesi affettiva infantile" (Palaferri 1999a, p. 272).

Incidentalmente si può notare come il senso di non appartenenza sia considerato da taluni autori come caratteristico dei disturbi di personalità (Dimaggio-Semerari 2003), e come i disturbi di personalità potrebbero, a loro volta, essere collegati a problemi di attaccamento.

Dobbiamo tuttavia essere attenti a non generalizzare. Elevati gradi di Staccata (dai 6-7/10 in su) possono essere dovuti anche a esigenze che nulla hanno a che vedere con dinamiche di tipo affettivo. Palaferri (1999a, p. 270) porta l'esempio di uno scrivente che ha una scrittura rapida, agile e armoniosa, ma poco leggibile, e che adotta 10/10 di Staccata e di Chiara nelle lettere missive per farsi comprendere dal destinatario. Allo stesso modo un elevato grado di Staccata è presente anche nelle scritture di tipo *script*, oggi molto diffuse, in cui lo scrivente è necessariamente costretto a elidere i tratti di collegamento tra una lettera e l'altra.

Fermo restando che non è possibile inferire lo stile d'attaccamento di un individuo dalla sua sola scrittura avremmo maggiori indizi in questo senso qualora l'elevato grado di Staccata sia accompagnato da altri segni di "estraniamento" nei confronti degli altri.

In particolare lo Staccata di grado elevato sembra in relazione con l'attaccamento di tipo insicuro-evitante (A) in cui l'individuo cerca di padroneggiare gli stati affettivi problematici (e in particolare quelli sollecitati dal sistema di attaccamento) ricorrendo a meccanismi di difesa quali l'intellettualizzazione e la razionalizzazione (*cfr.* cap. 8). L'individuo "raffredda" in questo modo le sue emozioni e si protegge da esse con la teoria. Uno di questi meccanismi di "distacco" è la tendenza a ironizzare che è per l'appunto caratteristica degli elevati gradi di Staccata (si veda ad esempio la scrittura di Trilussa, in Palaferri 2001a, p. 275).

Un altro segno che rema nella stessa direzione è il Largo tra parole eccessivo ovvero il Largo tra parole maggiore (di almeno 2-3/10) del Largo di lettera. L'eccesso di analisi (Staccata) è infatti concettualmente limitrofo all'eccesso di critica (Largo tra parole) e come questo porta difficoltà in ambito relazionale.

Anche in questo caso è probabile che sia la mancanza di "sintesi affettiva" a portare l'individuo alla critica piuttosto che la critica a portare problemi nella "sintesi affettiva". Chi si sente distante dagli altri può rimuginare sui motivi della sua insoddisfazione e questo eccesso di ragionamento può portarlo all'ipercritica. Non a caso nei bambini, che non hanno le facoltà intellettive sufficientemente sviluppate, il Largo tra parole eccessivo indica solo senso di isolamento e non capacità di ragionamento. Potremmo quindi sostenere che l'individuo inizia a ragionare e ad analizzare proprio quando qualcosa "va storto" dal punto di vista affettivo.

FLUIDA-STENTATA

Un'altra categoria grafica interessata è quella che riguarda il continuum Fluida-Stetantata.

Il segno Fluida rientra a buon diritto nell'attaccamento di tipo sicuro (B) anche perché presuppone alti gradi di Attaccata, oltre a essere un segno che indica "empatia e simpatia". L'empatia presuppone la capacità di leggere nella mente dell'altro che a sua volta presuppone un attaccamento di tipo sicuro (Fonagy-Target 2001).

Chi ha Fluida non solo si sente connesso con gli altri (Attaccata) ma va anche *verso* gli altri senza impedimenti o resistenze interiori.

Viceversa chi ha i segni dell'insicurezza soggettiva si incammina verso il vettore destra, ma nel percorso inciampa (Stentata), a tratti torna indietro (Tentennante) o si affloscia su se stesso (Titubante). L'*andare verso* è quindi ostacolato da conflitti interiori che possono indicare un attaccamento di tipo insicuro.

Non a caso anche questi segni indicano eccesso di analisi, come Staccata di alto grado, e possono dar luogo a eccessi di collera per "frustrazione di tendenze" (il che ci fa pensare al comportamento del bambino con attaccamento insicuro-ambivalente). In particolare Fluida da una parte e Stentata-Tentennante-Titubante dall'altra non sono altro che, in senso lato, modalità di Attaccata-Staccata. In particolare Fluida altro non è che un accrescitivo di Attaccata mentre Stentata, Tentennante e Titubante – come Staccata – implicano una deviazione non necessaria dal percorso che andrebbe linearmente dal vettore sinistra al vettore destra.

Un'analogia che può essere utile a questo proposito è quella del bambino sicuro nella Strange Situation che va verso la madre senza impedimenti di sorta (Fluida). D'altra parte il bambino che ha un attaccamento insicuro o disorganizzato può essere esitante a ricongiungersi alla madre (Titubante), avere moti di avvicinamento a cui seguono moti di allontanamento (Tentennante), cercare di andare verso la madre ma non riuscirvi (Stentata).

In linea di massima quindi questi segni rientrano nell'attaccamento insicuro-ambivalente (C) anche se in certi contesti sia Titubante che Stentata possono accedere anche a quello insicuro-evitante (A). Stentata infatti comporta un che di misantropia astiosa mentre il Titubante, anche per la scarsa energia di cui dispone, tende a ripiegarsi su stesso e nella vita fantastica.

Il Tentennante di altro grado, in particolari contesti di disordine, può anche essere un indice di attaccamento disorganizzato (D) essendo una modalità, più lieve, del Non omogenea dell'inclinazione (v. *infra*).

PENDENTE-ROVESCIATA

Un'altra categoria grafica interessata alla teoria dell'attaccamento è quella dell'inclinazione grafica. Sia un eccessivo Pendente che un eccessivo Rovesciata possono testimoniare qualche difficoltà nel vissuto che è possibile risalga ai primi anni di vita, nel rapporto col caregiver.

Dovremmo invece evitare di pensare a un attaccamento insicuro per un lieve Pendente o un lieve Rovesciata, perché questi segni, in grado minore, sono troppo frequenti. Ricordiamo infatti che l'attaccamento evitante (A) è caratteristico di circa un quarto della popolazione e l'attaccamento di tipo ambivalente (C) è presente in circa un ottavo.

L'eccesso di Pendente, come è stato notato, ha una funzione compensatoria. L'individuo si sente deprivato dell'affetto dell'altro e per questo lo ricerca costantemente pur non essendone mai sazio. In questo caso più che all'attaccamento evitante (A) viene da pensare a quello ambivalente (C). Tuttavia l'eccessiva passionalità, l'erotizzazione dei rapporti effettivi, può anche essere un modo per evitare la consapevolezza della propria dipendenza affettiva. L'altro non viene visto come una possibile figura di attaccamento ma semplicemente come un oggetto sessuale. Il fine ultimo potrebbe essere proprio quello di evitare le emozioni legate al sistema di attaccamento che per chi ha un attaccamento evitante sono considerate pericolose. Sarà quindi il contesto dei segni a chiarire quale dei due tipi di attaccamento insicuro prevalga. Rimaniamo comunque nell'ambito dell'attaccamento insicuro (A o C) perché è improbabile, data la teoria grafologica morettiana, che un eccessivo Pendente si accompagni alla sicurezza dal punto di vista affettivo.

Lo stesso vale, ovviamente, per eccessivi gradi di Rovesciata, poiché per Moretti, per quanto concerne le dinamiche affettive, Rovesciata è del tutto simile a Pendente. La differenza tra Rovesciata e Pendente non è quindi nelle dinamiche profonde, ma solo nel modo di manifestarle. L'esigenza affettiva è la stessa solo che in un caso viene esaltata e nell'altro celata. Per questo Rovesciata ci fa pensare maggiormente a un attaccamento di tipo evitante (A) per quanto possa coesistere, a seconda del contesto dei segni, anche un attaccamento di tipo ambivalente (C) che non a caso viene chiamato anche "resistente".

Il Rovesciata è infatti un segno di attesa-resistenza. Se prevale l'attesa (e questo dipende sia dal grado che dal contesto dei segni, che dalla situazione) prevale l'atteggiamento evitante, se prevale la resistenza prevarrà l'atteggiamento resistente.

Nel primo caso si avrà un atteggiamento improntato al distacco, alla negazione del bisogno dell'altro. Nel secondo caso si avrà prima un atteggiamento di ricerca dell'altro – il Rovesciata attiva il "Pendente che è in lui" – e poi un atteggiamento di rifiuto (la tendenza a indispettire e indispettirsi del Rovesciata).

Anche un eccessivo Dritta, in un contesto di rigidità, può far pensare a un attaccamento evitante in quanto il soggetto nega, proprio come in Rovesciata, la sua dipendenza affettiva celandola dietro una maschera di autonomia (pensiamo al comportamento del bambino evitante nella Strange Situation che "fa finta" che della madre non gliene importi nulla).

Dal punto di vista della teoria dell'attaccamento quindi la sanità mentale, o quantomeno l'equilibrio, si hanno quando l'individuo è consapevole dei propri bisogni affettivi e trova il modo di manifestarli e soddisfarli. In Rovesciata abbiamo un individuo che *non è* – non vuole – essere consapevole della propria affettività laddove in Pendente abbiamo un individuo il quale, pur essendone consapevole, non riesce a trovare un modo appropriato per soddisfarla.

Una forte non omogeneità dell'inclinazione ci fa pensare infine a un attaccamento di tipo disorganizzato (D) in cui l'individuo non sa letteralmente se andare verso l'altro o fuggirne (ancora una volta si pensi al comportamento del bambino disorganizzato nella Strange Situation che alterna manovre di avvicinamento e di allontanamento senza apparente soluzione di continuità).

Tutti i segni di ansia o di angoscia possono far sospettare un attaccamento insicuro, o in presenza di forti disomogeneità, disorganizzato. Alcuni tipi di ansia sono più vicini al concetto di attaccamento evitante (A), altri al concetto di attaccamento ambivalente (C).

In particolare abbiamo visto come Staccata e Largo tra parole siano segni di un atteggiamento evitante nei confronti dell'attaccamento. Abbiamo a che fare in questo caso con un'ansia "fredda" (non espressa) che si manifesta soprattutto a livello intellettivo, con componenti somatiche ridotte (ad esempio ossessioni piuttosto che attacchi di panico).

Viceversa i segni di ansia che rientrano nel temperamento della Resistenza (si pensi a Lettere addossate e Stretto tra lettere) sono indici di un'ansia di tipo "caldo" che si manifesta più facilmente a livello somatico piuttosto che cognitivo. In questo caso, in presenza di altri indici significativi, penseremo più facilmente a un attaccamento di tipo ambivalente (C).

CALIBRO GRANDE-CALIBRO PICCOLO

Un'altra categoria grafica *indirettamente* interessata all'attaccamento è la dimensione della scrittura. La relazione è solo indiretta perché non sembra esservi una relazione uno a uno tra stili di attaccamento e tipi di calibro (Calibro grande, Calibro medio, Calibro piccolo). Il calibro riguarda infatti "il sentimento di sé" e questo sentimento, per quanto possa avere una sua radice nella qualità dell'attaccamento, non è con questa in relazione diretta.

Possiamo notare tuttavia come una buona e soprattutto *stabile* autostima sia un indizio di un attaccamento di tipo sicuro. Sappiamo infatti che il senso di sé si costruisce proprio a partire dalla relazione con l'adulto di riferimento. Il bambino impara a riconoscersi negli occhi della madre (Fonagy-Target 2001) e pensa a se stesso nel modo in cui viene pensato – o meglio, nel modo in cui pensa di essere pensato – dalla figura di attaccamento.

In pratica se il bambino si sente accettato sentirà di essere accettabile, laddove se viene rifiutato sentirà di essere degno di rifiuto.

Grafologicamente sappiamo che i problemi di autostima (o di "sentimento di sé") sono caratteristici sia del Calibro grande che del Calibro piccolo. Il primo reagisce al senso di non valore "gonfiandosi" ed esaltandosi (una tipica dinamica narcisistica) mentre il secondo finisce per accettare e fare propria la concezione riduttiva che gli altri hanno di lui.

Ci si può chiedere, incidentalmente, perché di fronte alla stessa problematica di svalutazione e mancanza di considerazione qualcuno reagisca sviluppando un Calibro grande e qualcun altro un Calibro piccolo. Si può ipotizzare che chi è dotato di una maggiore energia di base (un aspetto di tipo temperamentale e quindi innato) utilizzi le proprie energie per cercare di compensare la ferita narcisistica subita e dare prova del proprio valore, mentre chi è dotato di una energia minore sarà più propenso, per necessità, a fare propria una concezione di sé in termini di persona dotata di minore valore (di norma infatti il Calibro alto si accompagna all'Intozzata I e il Calibro piccolo al Filiforme).

Dovremmo considerare infine il Calibro non omogeneo. Quando questo segno raggiunge i valori massimi (ad esempio in presenza di brusche escursioni tra Calibro alto e Calibro piccolo) entriamo nel concetto di Disordinata e valgono quindi le considerazioni che abbiamo proposto per il Non omogenea dell'inclinazione.

Laddove tuttavia il Non omogenea dell'inclinazione riguarda il rapporto con gli altri il Non omogenea nel calibro riguarda, per così dire, il rapporto con se stessi. Secondo la teoria di Bowlby è tuttavia il rapporto con gli altri (buono o cattivo), e in particolare con gli "altri significativi", che determina la concezione di sé (buona o cattiva) e non viceversa. Ed è anche per questo motivo che il calibro ha un ruolo solo secondario, e derivato, nella traduzione grafologica degli stili di attaccamento.

ASTE CONCAVE A DESTRA-ASTE CONCAVE A SINISTRA

Anche i gradi di Aste rette, Aste col concavo a sinistra e Aste col concavo a destra, come l'inclinazione grafica, possono avere qualche relazione con l'attaccamento soprattutto se raggiungono valori elevati. Tuttavia, rispetto all'inclinazione grafica abbiamo a che fare con atteggiamenti più superficiali, che non necessariamente rispondono alle dinamiche profonde dell'individuo. È del tutto possibile, ad esempio, che uno scrivente che ha un elevato grado di Rovesciata e di Stretto tra lettere si mostri compiacente nei confronti degli altri (Aste col concavo a destra). Ciò non toglie tuttavia che l'atteggiamento di fondo non sia quello della compiacenza ma di rifiuto, anche quando questo rifiuto è del tutto inconscio.

Potremmo dire, in altri termini, che le aste riguardano il modo in cui l'individuo si comporta coscientemente nei confronti degli altri e che è manifesto e visibile e accessibile all'individuo stesso, mentre l'inclinazione grafica riguarda l'atteggiamento inconscio che l'individuo ha nei confronti dell'Altro in quanto tale, e in particolare nei confronti degli "altri significativi".

Ricordiamo inoltre che lo stile di attaccamento manifesta la sua forza nei rapporti intimi, non in quelli sociali. Anche un individuo affetto da disturbo borderline di personalità (*cfr.* par. 7.3) con attaccamento insicuro ambivalente (C) non manifesterà necessariamente ansie abbandoniche nei confronti dei suoi colleghi di lavoro ma potrebbe vivere molto male il rifiuto da parte di una persona amata. Potremmo quindi pensare che laddove l'inclinazione grafica riguardi maggiormente i rapporti intimi – e in particolare quelli con il proprio "altro significativo" – le aste riguardino maggiormente i rapporti sociali e il comportamento manifesto.

Tornando all'esempio di cui sopra – il Rovesciata con Aste col concavo a destra – avremo a che fare con un soggetto che mentre è molto disponibile nella sfera sociale diventa improvvisamente scostante in quella intima, laddove si fa sentire maggiormente l'impatto dello stile di attaccamento e della primigenia relazione con il caregiver.

Parallelamente un soggetto con Pendente e Aste col concavo a sinistra, potrebbe avere un atteggiamento apparentemente scostante che però coesiste con un atteggiamento di fondo improntato alla ricerca affettiva dell'altro. Avremo magari una persona che sul posto di lavoro è un intrattabile misantropo mentre con la moglie (o il marito) si comporta in modo fin troppo compiacente e servizievole.

Per tornare al rapporto tra aste e attaccamento potremmo pensare a uno stile di attaccamento insicuro per valori eccessivi di Aste rette (ad esempio dai 7/10 in su) o di Aste col concavo a sinistra (dai 3-4/10 in su). In un contesto di rigidità e problematicità le Aste rette fanno pensare a un attaccamento di tipo insicuro evitante (A), anche perché un elevato grado di Aste rette si accompagna facilmente al Parallela (v. *infra*). Un'alternanza non metodica e non modulata tra Aste col concavo a sinistra (sui 5/10) e Aste col concavo a destra (sui 5/10) può invece far pensare a un attaccamento di tipo insicuro ambivalente (C) o riscontrarsi in contesti di disorganizzazione (D).

Si dovrà inoltre tener conto di come le aste si rapportino all'inclinazione, se vi sia o meno tra essi concordanza e armonia. È chiaro ad esempio che un Pendente con un grado elevato di Aste col concavo a sinistra indica una contraddizione interna tra una spinta alla cessione e una all'assalto, tra attrazione verso l'oggetto e repulsione, pur con tutti i limiti di cui abbiamo già detto (possibile disarmonia tra sfera intima e sfera sociale). Si vedrà dal contesto se queste spinte sono in qualche modo organizzate e armonizzate o, viceversa, se coesistono nello stesso individuo atteggiamenti contraddittori. In quest'ultimo caso potremmo essere quindi nel contesto di un attaccamento di tipo insicuro ambivalente (C). Questa dinamica è del tutto del tutto analoga a quella che abbiamo già visto in cui si ha compresenza non modulata di Aste col concavo a sinistra e Aste col concavo a destra (entrambe di grado medio).

La combinazione Rovesciata+Aste col concavo a destra rispetto a Pendente+Aste col concavo a sinistra sembra invece meno indicativa, perché più frequente.

Le Aste col concavo a destra di grado elevato, infine, non sembrano costituire un indice affidabile di attaccamento insicuro (ci dicono che l'individuo è compiacente ma non ci dicono il perché). Sarà quindi più utile, nel caso, considerare gli altri segni che un elevato grado di Aste col concavo a destra porta con sé.

CURVA-ANGOLOSA

Anche la categoria Curva-Angolosa può essere interessata dallo stile di attaccamento. È quasi scontato affermare che chi ha il segno Angolosa di alto grado, o peggio ancora Acuta, potrebbe avere uno stile di attaccamento di tipo insicuro-evitante (A). In particolare la "schizoti-mia" (Palaferri 1999a, p. 77) ovvero la sensazione di sentirsi profondamente separato rispetto agli altri è accompagnata da "freddo controllo delle emozioni e dei sentimenti" (Palaferri 2001, p. 39). Questo discorso varrà ovviamente, e a maggior ragione, per i peggiorativi di Acuta quali Irta e Secca.

Viceversa non è raro trovare scritture in cui gli Angoli A sono inconsistenti a fronte di un grado almeno discreto di Angoli B. In contesti del genere gli Angoli B hanno una funzione analoga a quella dello Stretto tra lettere a cui spesso si accompagnano e indicano, tra le altre cose, la smania di possesso (anche di quanto attiene alla sfera affettiva) dettata dalla sensazione di non avere mai abbastanza ("irrazionale atteggiamento di difesa del soggetto che teme sempre di essere attaccato dall'esterno e privato di qualcosa che fa parte dell'Io, più sul piano psichico che materiale", Palaferri 2001, p. 50). In contesti del genere sarà quindi più appropriato pensare ad un attaccamento di tipo insicuro-ambivalente (C)

Gli Angoli C, infine, costituiranno un buon indice di un attaccamento sicuro (B) perché presuppongono un buon controllo delle proprie azioni nonché la capacità di padroneggiare il risentimento (Angoli A smussati) e evitare atteggiamenti di difesa preventiva (Angoli B smussati).

Un grado medio di Curva in contesti positivi è un indice relativo di attaccamento sicuro. Gradi elevati di Curva, tuttavia, possono far pensare a problematiche di mancata individuazione dalle figure riferimento con conseguenti problematiche di attaccamento insicuro-ambivalente (C). Se un eccesso di angolosità porta l'individuo a un eccesso di individuazione e separazione (il bambino che non riconosce la dipendenza dalla madre) un eccesso di curvilineità sarà indice verosimilmente del problema opposto (il bambino troppo dipendente dalla madre, che vive con questa un sentimento di fusionalità e ha paura di esplorare l'ambiente autonomamente).

SINUOSA-CONTORTA

Per quanto riguarda l'inclinazione grafica dovremo infine considerare i segni Sinuosa (o Diseguale metodico dell'inclinazione), Contorta e Parallela.

Non c'è dubbio che il Parallela attenga maggiormente all'attaccamento di tipo evitante (A).

Caratteristiche del Parallela sono infatti "incapacità di comprensione attiva delle altrui condizioni", "fondamentale freddezza", "sentimento che non sente" (Palaferri 1999a, p. 236), caratteristiche che abbiamo imparato ad associare all'attaccamento di tipo A.

Lo stesso varrà ovviamente per i segni apparentati con il Parallela, come Pedante e Uguale. Diversi grafologi considerano la variabilità del calibro delle lettere della zona media come un indice di sensibilità. Se il soggetto si autoimpone l'eguaglianza del calibro possiamo pensare quindi a una repressione della propria sensibilità che viene vissuta come fonte di pericolo e frustrazione. Allo stesso modo possiamo pensare che nel Parallela il soggetto inibisca la naturale tendenza a comprendere la mente altrui (una tendenza innata e universale) poiché la lettura della mente dell'altro viene vissuta come fonte di potenziale angoscia. Il soggetto sarebbe infatti esposto a giudizi sulla sua persona che immagina negativi, come devono essere stati a suo tempo negativi i sentimenti che il caregiver provava verso di lui. La mancanza di abitudine a leggere la mente altrui può comportare anche un mancato esercizio della capacità di identificare correttamente i propri stati d'animo, e dar luogo ad alexitimia (letteralmente "l'incapacità di dare un nome ai propri sentimenti").

Nel Sinuosa invece il soggetto si sente relativamente sicuro nell'esplorare la mente altrui. Da un punto di vista psicodinamico questo si spiega con un sentimento interiorizzato di sicurezza. Il bambino non ha dovuto proteggersi da un genitore intrusivo o indifferente o peggio ancora, spaventato e spaventante, ma ha porto esercitare le sue capacità di introspezione ed empatia. È quindi evidente che con il Sinuosa entriamo nel campo dell'attaccamento sicuro.

Infine, per quanto concerne il Contorta (ovviamente in alto grado) dobbiamo pensare a un attaccamento di tipo insicuro-ambivalente, poiché è un segno che indica verifica preoccupata. Anche in questo caso sarà comunque opportuno considerare il contesto nel suo insieme.

Non dobbiamo inoltre dimenticare che ogni scrittura – o la maggior parte di esse – ha sia un certo grado di parallelismo, che di contorsione che di diseguaglianza metodica dell'inclinazione. Ciò che conta, quindi, non è la mera presenza del segno ma la deviazione di questo rispetto alla media. Percentuali di Contorta o Parallela del 30% possono essere molto più significative del 70% di Diseguale metodico dell'inclinazione, in quanto maggiormente distanti dai valori medi della popolazione generale.

Ciascun segno può quindi essere "pensato" in relazione alla teoria di Bowlby ma alcuni di questi si prestano indubbiamente meglio a costituire indizi significativi dello stile di attaccamento dell'individuo.

Nella tabella che segue li abbiamo divisi in primari, secondari e terziari a seconda della relazione più o meno stretta che intrattengono con gli stili di attaccamento.

È bene tuttavia sottolineare che in nessun caso dalla sola scrittura si può inferire con certezza lo stile di attaccamento di uno scrivente (che può essere rilevato con l'ausilio della *Adult Attachment Interview* solo da clinici esperti). Possiamo quindi soltanto limitarci a delle ipotesi, almeno in attesa di studi conclusivi che mostrino forti e inequivoche correlazioni tra segni grafologici e stili di attaccamento. Non solo quindi lo studioso di grafologia dovrebbe prendere *cum grano salis* queste speculazioni ma ricordare che in nessun caso una speculazione, per quanto persuasiva e ragionevole, può sostituire un'accorta sperimentazione.

	Attaccamento sicuro (B)	Attaccamento insicuro evitante (A)	Attaccamento insicuro ambivalente (C)	Attaccamento disorganizzato (D)
Segni primari	Attaccata, Fluida, Triplice larghezza equilibrata	Staccata, Largo tra parole > Largo di lettera	Stentata, Tentennante, Titubante, Rovesciata Pendente	Non omogenea dell'inclinazione, Disordinata, Confusa, Aggrovigliata
Segni secondari	Angoli C, Sinuosa, Largo tra lettere sui 5/10	Angoli A, Acuta, Angolosa Minuziosa, Dritta rigido, Parallela, Aste rette 7/10	Stretto tra lettere, Angoli B, Contorta, Aste col concavo a sinistra, Lettere addossate	Non omogenea del calibro
Segni terziari	Intozzata I di grado giusto, Chiara, Omogenea, Accurata spontanea	Calibro alto, Spavalda, Ampollosa, Solenne, Alta allungata, Accurata studio, Ricci soggettivismo, Parca	Ricci mitomania	Altre forme di non omogeneità

Tabella 7. Segni grafologici e stili di attaccamento. I segni indicati si intendono di alto grado. Cosa si intenda per "alto grado" dipende dalla natura del segno (ad esempio per Intozzata II 3-4/10, per Attaccata 8-9/10).

6.3 Stili di attaccamento ed esemplificazioni grafologiche

Le tre scritture che seguono sono di tre ragazze di circa 25 anni.

Tutte e tre sono le scritture sono caratterizzate da Calibro alto o medio-alto, prevalente Stretto tra lettere, Attaccata di alto grado, qualche grado di Flessuosa e Accorciata, Compita.

Ricordiamo che per Fonagy e Target la qualità dell'attaccamento con un genitore è indipendente dalla qualità dell'attaccamento con l'altro (Fonagy-Target 2001). Si può avere quindi, ad esempio, un attaccamento sicuro nei confronti della madre e un attaccamento insicuro nei confronti del padre.

Dal punto di vista grafologico potremmo ipotizzare che lo stile di attaccamento nei confronti della madre si palesi dal grado di Attaccata-Staccata (sentimento di essere connesso con gli altri a livello profondo) mentre lo stile di attaccamento nei confronti del padre si manifesti principalmente nell'inclinazione grafica e nei segni correlati (atteggiamento nei confronti degli altri).

Alla scrittura in figura 11, a pag. 137, si possono attribuire i seguenti segni: Calibro medio-alto (3 mm), Diseguale metodico del calibro 4, Largo di lettera 6 (4-7), Largo tra lettere 3 (1-5), Largo tra parole 2-3, Accartocciata 5 con Ricci accartocciamento, Dritta rigido, Curva 6, Intozzata I 5-6, Aste rette 5, Aste dx 5, Angoli A 3, Angoli B 4-5, Attaccata 8, Chiara 8, Mantiene il rigo 7-8, Discendente 2-3, Fluida 5, Flessuosa 5-6, Piantata sul rigo 5, Compita, Estesa, Convolvoli di I e II tipo, Diseguale metodico dell'inclinazione 60%, Parallela 30%, Contorta 10%, cenni di Ricci del soggettivismo.

Pur non essendo una scrittura del tutto esente da difficoltà (Accartocciata, Parallela 30%, etc.) non sembra che vi siano particolari problemi dal punto di vista dell'attaccamento. Il soggetto è un po' apprensivo nei confronti delle persone a cui si "attacca" (Stretto tra lettere 7) e tende a non comprendere con facilità il punto di vista altrui (Parallela 30%) pur dotata di una buona agilità mentale potenziale (Fluida 5).

Tuttavia essendo dotato di una buona capacità di sintesi affettiva ed è consequenziale negli affetti (Attaccata 8, Mantiene il rigo 7, Angoli B 4-5) tanto che, talvolta, la sua lealtà viene persino spinta all'eccesso (Piantata sul rigo 5).

La singolare combinazione di Flessuosa e Piantata sul rigo può spiegarsi con una buona identificazione con il padre (Piantata sul rigo) e un'altrettanta buona identificazione con la madre (Flessuosa) che fanno pensare a un attaccamento sicuro nei confronti di entrambi (se non c'è attaccamento sicuro l'identificazione con il genitore risulta più problematica).

Tuttavia le due istanze, maschile da una parte e femminile dall'altra, non risultano ben armonizzate. Il soggetto sembra a tratti *troppo* maschile (Piantata sul rigo) e a tratti *troppo* femminile (Flessuosa, Convolvoli).

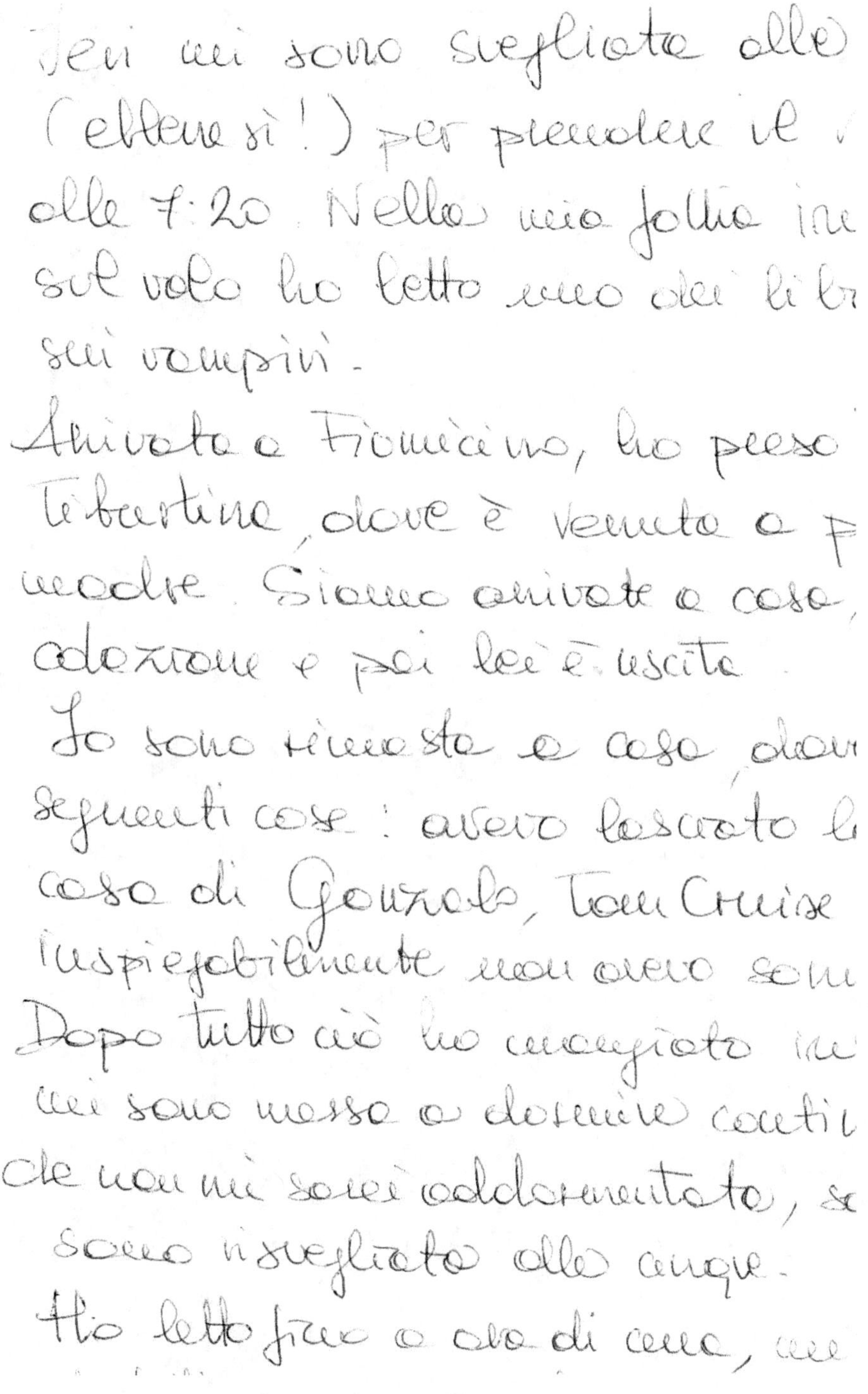

Ieri mi sono svegliata alle
(ebbene sì!) per prendere il
alle 7:20. Nella mia follia in
sul volo ho letto uno dei libri
sui vampiri.
Arrivata a Fiumicino, ho preso
Tiburtina, dove è venuta a p
modre. Siamo arrivate a casa,
colazione e poi lei è uscita.
Io sono rimasta a casa, dove
seguenti cose: avevo lasciato le
casa di Gonzalo, Tom Cruise
inspiegabilmente non avevo son
Dopo tutto ciò ho mangiato in
mi sono messa a dormire contin
che non mi sarei addormentata, se
sono risvegliata alle cinque.
Ho letto fino a ora di cena, mi

Figura 11.

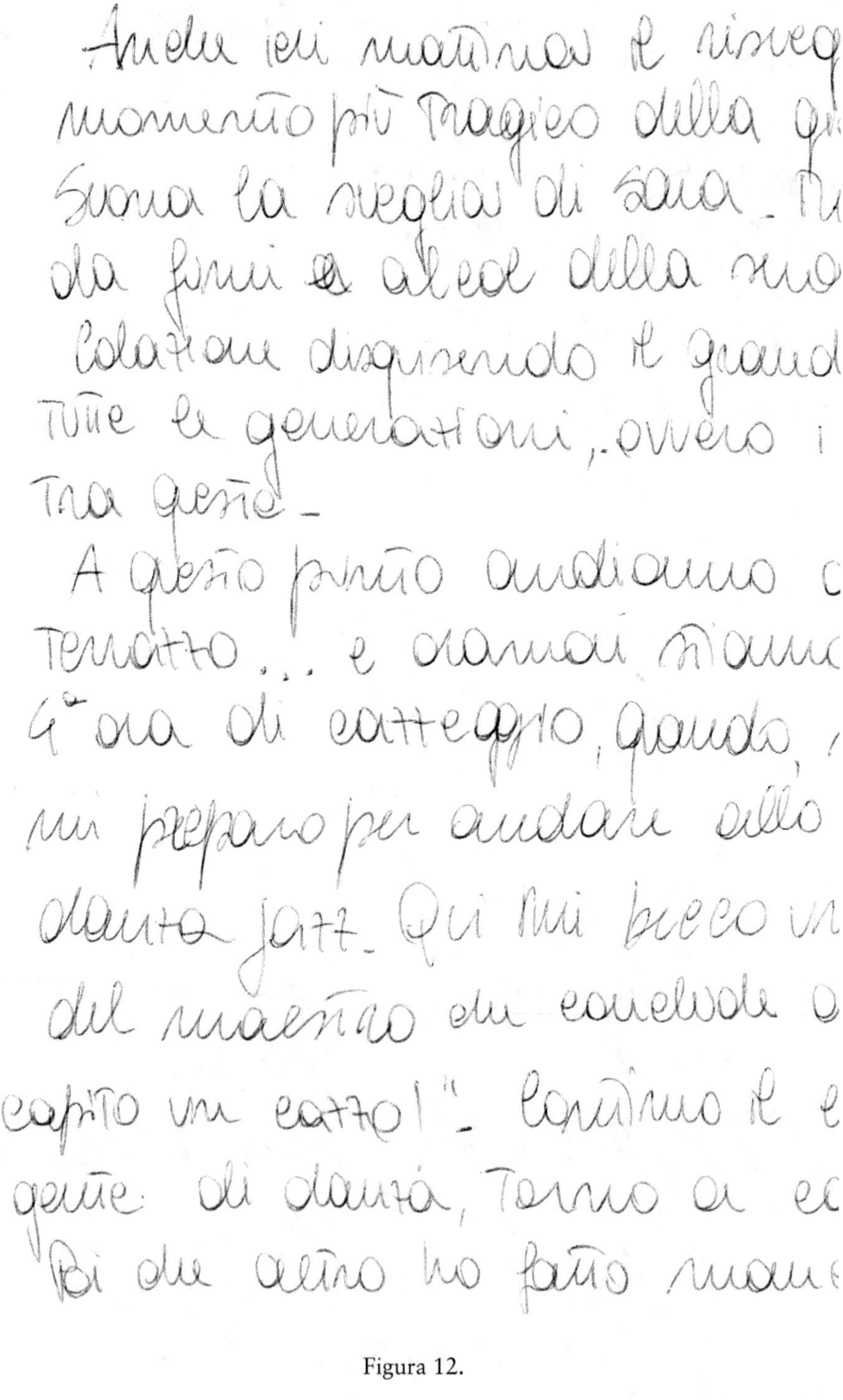

Anche ieri mattina e risveg
momento più tragico della gi
Suona la sveglia di sera. M
da fumi e alcol della mio
Colazione disquisendo il grand
tutte le generazioni, ovvero i
tra gente.

A questo punto andiamo c
teriotto... e ormai siamo
4° ora di carteggio, gaudo,
mi preparo per andare allo
danza jazz. Qui mi placo un
del maestro che conclude o
capito un cazzo!". Continuo e e
gente. di danza. Torno a ec
Pi che altro ho fatto mam

Figura 12.

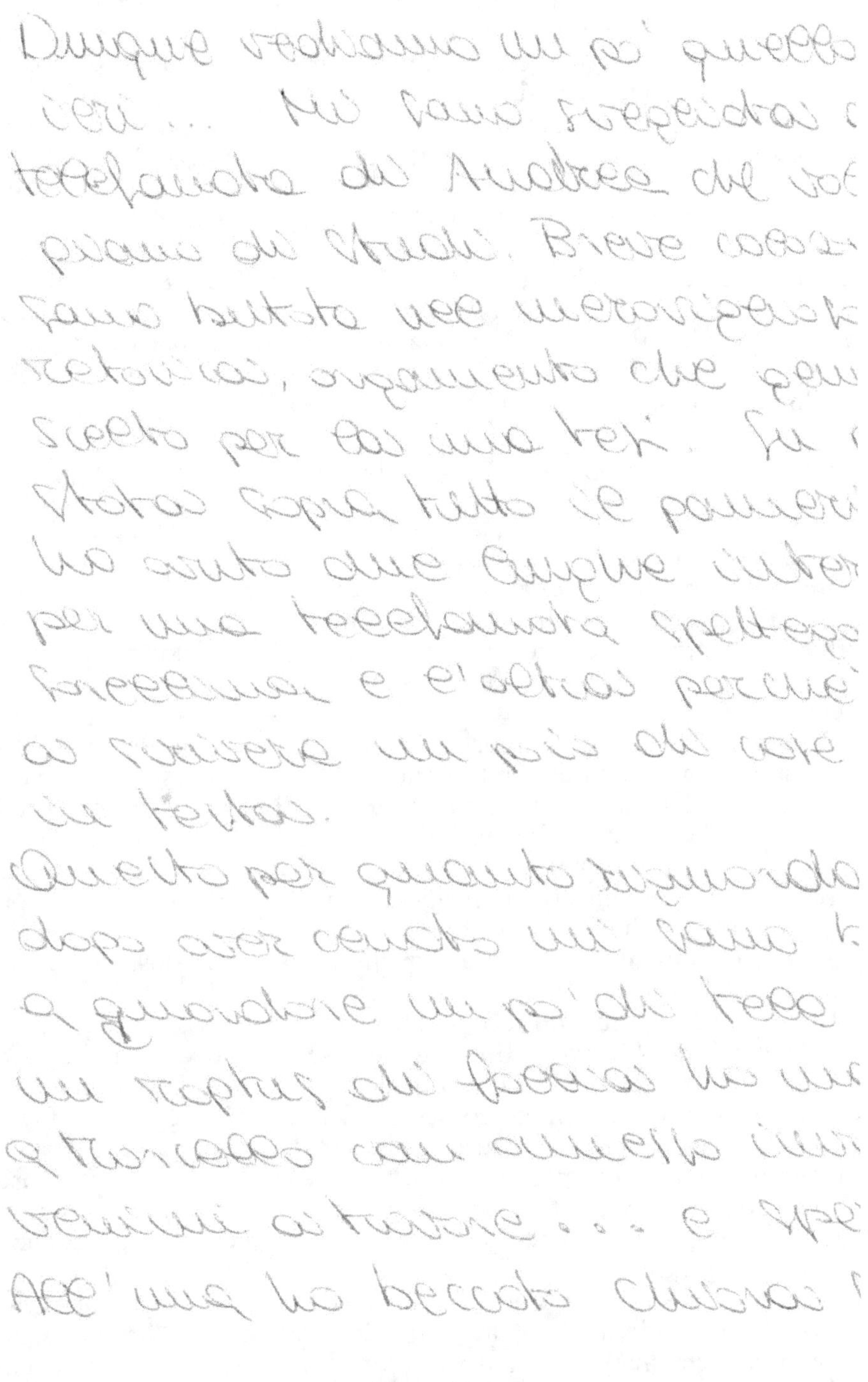
Dunque vediamo un po' quello
ieri... Mi sono svegliata c
telefonata di Andrea che vo
piani di studi. Breve conv
sono buttata nel meravigl
retorica, argomento che gen
scelto per la mia tesi. Su
stata sopra tutto il pomeri
ho avuto due cinque inter
per una telefonata spettego
Isabella e l'altra perché
a scrivere un po' di cose
in testa.
Questo per quanto riguarda
dopo aver cenato mi sono b
a guardare un po' di tele
un replay di bella ho un
a Marcello con quello in
venirmi a trovare... e spe
All'una ho beccato chiusa

Figura 13.

A livello speculativo si può immaginare che i genitori non andassero molto d'accordo tra di loro e che il soggetto si sia identificato *separatamente* con l'uno e con l'altro senza poter godere di una percezione dei genitori come coppia (e non come somma di individui distinti).

A volte quindi adotta modalità di tipo captativo, volte a piacere e compiacere (Flessuosa, Convolvoli, Compita) altre volte modalità improntate a un eccessiva rigidità (Piantata sul rigo, Aste rette, Parallela, Dritta rigido).

Alla scrittura riportata in figura 12, a pag. 137, si possono attribuire i seguenti segni: Calibro alto 6/10, Diseguale metodico del calibro 4/10, Largo di lettera 5/10 (4-7), Largo tra lettere 2-3/10, Largo tra parole 2-3/10, Attaccata 8, Chiara 7, Curva 7, Angoli A 2, Angoli B 3, Intozzata I 6, Mantiene il rigo 6-7, Aste dx 6, Aste rette 4, Diseguale metodico dell'inclinazione 60%, Parallela 30%, Contorta 10%, Dritta 35% 6/10, Pendente 35% 1-2/10, Rovesciata 20% 2-3/10, Non omogenea dell'inclinazione, Accartocciata 3-4, Alta 2-3, Fluida 5, Flessuosa 5, Compita.

Il segno che salta maggiormente all'occhio in questo contesto è senz'altro il Non omogenea dell'inclinazione, per la presenza simultanea di Dritta, Rovesciata e Pendente. Intere parole sono rovesciate (ad esempio "ora" e "conclude"), altre sono pendenti (ad esempio "preparo", "maestro", "entrare") altre ancora sostanzialmente dritte (ad esempio "stiamo"), mentre altre, infine, presentano un'inclinazione mista.

Il Non omogenea dell'inclinazione dà anche luogo a una relativa non omogeneità del calibro e a una discreta non omogeneità nella direzione del rigo.

Relativamente alla non omogeneità del calibro, comunque non elevata, si prenda ed esempio l'ultima riga. La parola "maestro" ha un calibro che oscilla tra i 4 e i 5 mm, la parole "che" ha un calibro sui 3 mm, la parola "conclude" ha un calibro che oscilla tra i 3 e i 4 mm.

Abbiamo a che fare con una diseguaglianza *non* metodica perché le diseguaglianze del calibro non si ripetono in maniera armonica. Si noti incidentalmente che le parole rovesciate hanno in questa scrittura un calibro generalmente più piccolo di quelle pendenti (si consideri ancora "maestro" e "conclude").

Un'ipotesi è che quando il soggetto ricerca l'altro (Pendente) la sua autovalutazione affettiva (calibro) aumenti laddove quando il soggetto si chiude in sé stesso (Rovesciata) questa diminuisca. È una dinamica del tutto comprensibile in un contesto del genere. Il soggetto gode infatti nello stare al centro dell'attenzione (Calibro alto, qualche decimo di Alta allungata). In un contesto di non sicurezza affettiva (Calibro alto, Pendente, Rovesciata, Non omogenea inclinazione) è quindi prevedibile che quando il soggetto trova l'attenzione che cerca la sua autostima (il "sentimento di sé") aumenti.

Relativamente alla non omogeneità nella direzione del rigo si noti che sono alcune parole discendenti ("quando", "andazzo", "lezione"), alcune parole che mantengono il rigo ("oramai", "stiamo") e alcune parole ascendenti ("conclude", "dicendo").

Nonostante queste non omogeneità è difficile pensare a un attaccamento di tipo disorganizzato (D). Notiamo infatti che la scrittura nel complesso ha un grado soddisfacente di Mantiene il rigo, un grado elevato di Chiara e Attaccata, una buona organizzazione nella pagina (non c'è il segno Confusa né simili) ed è presente un Accurata compita che esclude il segno Disordinata. Dobbiamo quindi escludere lo stile di attaccamento disorganizzato mentre potremmo iniziare a pensare a un attaccamento insicuro.

Rispetto alla scrittura precedente notiamo che il calibro è più alto. Si passa da una media di 3 mm della scrittura precedente ai 4 mm di questa scrittura che danno luogo a 6/10 di Calibro alto.

Mentre nel caso precedente non sarebbe stato del tutto corretto parlare di compensazione di un soggiacente complesso di inferiorità in questa scrittura questo concetto inizia a essere pertinente.

Notiamo inoltre che questa scrittura, rispetto alla precedente, è più morbida. Sebbene il grado di Parallela sia comunque elevato abbiamo un minore Mantiene il rigo, un maggiore grado di Curva, un maggiore grado di Aste col concavo a destra.

In particolare il grado di Curva sembra troppo elevato (7/10) e manca quasi del tutto l'angolo. Non sarà temerario inferire che questo soggetto ha forti problemi ad automotivarsi. Le sue energie non sono spese tanto nell'azione quanto nell'autocontemplazione.

Anche il grado di Stretto tra lettere è meno elevato. È da rilevare come nel campione da cui proviene la maggior parte delle scritture di questo libro (un campione di 24 soggetti; *cfr*. Rende 2006) la media del Largo tra lettere era di appena 3/10, un valore che era proprio del 50% delle scritture. La differenza quindi tra i 3/10 della scrittura precedente e i 2-3/10 di questa scrittura è molto significativa perché valori inferiori a 3/10 erano propri solo di un quinto del campione.

In questo caso abbiamo quindi una minore apertura nei confronti dell'Altro che fa il paio con un maggiore senso dell'Io. Non possiamo ancora parlare di introversione (Calibro alto, Stretto tra parole, Curva, Aste col concavo a destra) ma sicuramente sono presenti maggiori problematiche profonde nei confronti dell'altro in quanto tale e, in particolare, non tanto nella sfera sociale quanto in quella intima.

Sarebbe quindi possibile pensare a un attaccamento di tipo insicuro con una bambina divisa tra l'attaccamento al padre e quello alla madre (Non omogenea dell'inclinazione).

In questo caso tuttavia c'è una spiegazione più semplice. La ragazza infatti ha perso il padre da non molti anni e sembra non avere ancora risolto il lutto. Ricordiamo che nell'Adult Attachment Interview la non risoluzione del lutto viene categorizzata con U ("unresolved"), una categoria che corrisponde a quella dell'attaccamento disorganizzato nella Strange Situation.

È possibile quindi che la non omogeneità dell'inclinazione sia un'acquisizione recente e non risalga a problematiche infantili e che si risolva con la risoluzione del lutto stesso[6].

Alla scrittura presentata in figura 13, a pag. 139, si possono attribuire i seguenti segni: Calibro alto 5 (3,5 mm), Diseguale metodico del calibro 5, Largo di lettera 5-6 (4-7), Largo tra lettere 2-3, Largo tra parole 3, Curva 6, Angoli A 3, Angoli B 4-5, Mantiene il rigo 6-7, Diseguale metodico 50%, Parallela 35%, Contorta 15%, Attaccata 9, Chiara 8, Aste dx 7, Aste rette 3, Rovesciata 7 (5-9), Accartocciata 5, Ricci dell'accartocciamento, Flessuosa 4-5, Compita sostenuto.

Anche in questo caso abbiamo quindi un Largo tra lettere *decisamente* sotto media. Rispetto alla scrittura precedente e, nonostante il forte Rovesciata, abbiamo un grado maggiore di Aste con il concavo a destra ma anche una minore curvilineità, un maggior grado di Contorta, un maggior grado di Angoli B, un calibro minore, un maggiore grado di Accartocciata e ovviamente un grado molto maggiore di Rovesciata.

La scrivente della figura 13 è quindi molto più sulla difensiva di quella della figura 12, la quale, alla luce di questa scrittura, ci appare ora anche un po' ingenua. Qui i meccanismi di difesa ci sono tutti e alcuni sono anche un po' esasperati (Rovesciata di 7/10 è tutt'altro che comune).

In questo contesto come interpretare i 7/10 di Aste col concavo a destra? Per la tesi che abbiamo considerato prima si potrebbe ipotizzare che la ragazza non abbia problemi particolari nella sfera della socialità superficiale (ad esempio con i colleghi di lavoro), in cui prevale l'atteggiamento disponibile e talvolta compiacente, ma nella sfera dell'affettività intima e profonda in cui vengono fuori le dinamiche del Rovesciata.

Possiamo ipotizzare altresì che lo stile di attaccamento con la madre sia sicuro (Attaccata), mentre è possibile che vi sia qualche problema nell'attaccamento con il padre (Rovesciata, alla luce della simbologia pulveriana). In questo caso, per il contesto dei segni dovremmo pensare a un attaccamento insicuro-ambivalente.

Lo stile nei confronti del genitore del sesso opposto può venire riattualizzato nel rapporto con il partner, sollecitando dinamiche analoghe a quelle che hanno caratterizzato l'attaccamento nei confronti del genitore. In questo caso possiamo quindi rilevare come nei confronti di un eventuale partner prevarrebbe la riserva e la cautela, fino alla chiusura.

È quindi possibile che la ragazza si sia sentita poco considerata e ricambiata dal padre durante l'infanzia finendo per interiorizzare un'immagine di sé come "non attraente per il sesso opposto". Questa dinamica può portare, paradossalmente, a un atteggiamento *non* selettivo nei confronti dell'altro sesso ovvero a cercare continue conferme (ci si chiede più se si piace all'altro che se l'altro ci piaccia).

A titolo di curiosità e di parziale conferma di quanto detto, si noti come pure in un contesto di forte Attaccata, le *g* non sono *mai* collegate con la lettera seguente. Per un autore come Vels – e quindi non solo per la grafologia "da salotto" – "l'istinto sessuale come tendenza istintiva primaria, ha il suo punto di localizzazione grafica nella zona inferiore della scrittura. La lettera che meglio si presta e descrivere le tendenza sessuali è la *g*." (Vels 1981, p. 309).

Ovviamente per Vels la g in sé non ha niente di particolare, se non che per la sua conformazione letterale peculiare si trova a percorrere "le quattro direzioni possibili del sentimento" (sinistra, destra, alto, basso) permettendoci così di osservare le dinamiche del sentimento in rapporto ai quattro vettori pulveriani.

In particolare, per Vels, le aste della g con "asola slegata", in cui cioè è presente uno stacco tra la g e la lettera seguente, indicano "libido frenata per effetto della coscienza orientativa (arresto dell'impulso)" (Vels 1981, p. 312).

La spiegazione di Vels, che fa uso della simbologia pulveriana, è che se il tratto ascendente dell'asola della g si blocca alla soglia del rigo di base allora c'è stata un'inibizione da parte della coscienza di un impulso inconscio, poiché per Pulver il rigo di base rappresenta il limite tra conscio e inconscio.

Un'altra interpretazione, a questa complementare, è che l'individuo dopo essersi immerso nelle profondità dell'inconscio e degli istinti abbia un momento di sospensione dell'azione (lo Staccata della grafologia morettiana) dovuto all'ansia elicitata dal vettore basso e da ciò che questo rappresenta.

Mancando inoltre il collegamento con la lettera successiva manca il collegamento con l'altro. Si può quindi speculare sull'ipotesi che la sessualità venga vissuta, in questo caso, per lo più a livello introversivo con difficoltà a utilizzarla per creare "collegamenti" con gli altri. Quando la scrivente sta per entrare in relazione a livello sessuale-istintivo con un'altra persona si attiva l'analisi, dettata dalla preoccupazione. L'analisi, infatti, altro non è che un momento di estraniamento da ciò che sta accadendo per considerare la situazione, vissuta come pericolosa, da un punto di vista razionale.

Come abbiamo visto le ipotesi che legano lo stile di attaccamento a specifici segni grafologici sono tutte altamente speculative e in ultima analisi non ancora verificate. Data quindi l'estrema delicatezza dell'argomento sarà sempre bene procedere con estrema prudenza e parlare, nel caso, solo di "stili di relazione" piuttosto che di "stili di attaccamento" (una locuzione, quest'ultima, che fa esplicito riferimento a una dimensione profonda e relativamente stabile della personalità).

La ricerca sulle relazioni tra attaccamento e segni grafologici, di cui qui ci siamo limitati a delineare possibili linee di sviluppo, è tuttavia estremamente promettente. Da un punto di vista metodologico non pone inoltre problemi insormontabili poiché sarebbe sufficiente sottoporre un campione adeguato di soggetti alla Adult Attachment Interview e cercare correlazioni con i segni grafologici qui indicati. Segni come Attaccata-Staccata e Rovesciata-Dritta-Pendente sono inoltre facilmente rilevabili e obiettivabili e pertanto la concordanza tra grafologi sarebbe (presumibilmente) elevata.

7
La grafologia dei disturbi di personalità

7.1 I disturbi di personalità secondo il DSM-IV: considerazioni grafologiche.

Il DSM è il manuale diagnostico e statistico dei disturbi mentali a cura dell'American Psychiatric Association. È attualmente giunto alla IV edizione (è del 2000 il DSM-IV *Text Revision* attualmente in vigore) e si prevede per i prossimi anni una V edizione (Aragona 2006). È considerato la "Bibbia" della psichiatria americana ed il testo di riferimento per coloro che operano nell'ambito della salute mentale.

Il DSM presenta un sistema a cinque assi che consente la valutazione del paziente sotto diverse dimensioni.

Nel primo asse vengono codificati i disturbi clinici come quelli dell'umore, d'ansia, alimentari e dissociativi. Nel secondo asse vengono codificati i disturbi di personalità (e il ritardo mentale).

I primi due assi sono quindi quelli di interesse più prettamente psicopatologico laddove nel terzo asse vengono registrate le condizioni mediche generali del paziente, nel quarto i problemi psicosociali e ambientali e nel quinto viene posta una valutazione globale del funzionamento psicosociale e lavorativo (Lingiardi 2004, p. 372).

Vi è quindi nel DSM un'importante distinzione tra disturbi di asse I (depressione, schizofrenia, etc.), che sono in qualche modo estrinseci all'individuo e vengono generalmente vissuti come egodistonici, e i disturbi di asse II che sono invece intrinseci all'individuo – fino a coincidere con l'individuo stesso – e vengono generalmente vissuti come egosintonici.

Il DSM-IV considera dieci distinti disturbi di personalità che sono divisi in tre gruppi (o *cluster*).

Il cluster A è costituito da "individui che appaiono strani o eccentrici" e comprende i disturbi paranoide, schizoide e schizotipico.

Il cluster B è costituito da "individui che appaiono melodrammatici, emotivi e imprevedibili" e comprende i disturbi antisociale, borderline, istrionico e narcisistico.

Il cluster C, infine, è costituito da "individui che appaiono ansiosi e paurosi" e comprende i disturbi evitante, dipendente e ossessivo-compulsivo (Lingiardi 2004, p. 374).

Nel prossimo paragrafo, dopo aver riportato i criteri diagnostici di ciascuno di essi, cercheremo di darne una traduzione in termini grafologici.

Si deve tuttavia sottolineare fin d'ora come la grafologia non consenta una diagnosi di disturbo di personalità per una varietà di ovvie ragioni che sarà qui comunque opportuno esplicitare.

In primo luogo la grafologia non consente diagnosi *tout court* poiché l'atto diagnostico è prerogativa del medico (e in ambito psicopatologico dello psichiatra o dello psicologo). I disturbi di personalità sono problemi di ordine psichiatrico e pertanto utilizzare la grafologia come strumento diagnostico non solo è eticamente discutibile ma anche legalmente perseguibile.

In secondo luogo la grafologia non consente nemmeno di fondare un'*ipotesi* di disturbo di personalità perché può – al massimo – rilevare un disagio di varia natura che non permette sempre di per sé una declinazione in termini di precise etichette diagnostiche.

In terzo luogo va fatta una distinzione tra l'uso ordinario di termini quali 'ansia' e 'depressione' e specifici disturbi quali il Disturbo Depressivo Maggiore o il Disturbo d'Ansia Generalizzato che sono sindromi specifiche con criteri diagnostici peculiari. Il grafologo può certamente esprimersi utilizzando il linguaggio ordinario laddove il linguaggio medico specialistico è evidentemente al di fuori del suo legittimo campo d'azione.

In quarto luogo va posta una differenziazione tra l'uso di alcuni termini nel contesto di un'*analisi* di personalità e l'uso dei medesimi termini nel contesto di una *consulenza* di personalità. Nel primo caso il grafologo effettua privatamente, o a beneficio solo dei suoi allievi e colleghi, un'analisi di personalità sulla scrittura di una persona terza che presumibilmente non verrà mai a sapere quanto è stato detto. A parte le ovvie precauzioni per la tutela della privacy l'analisi in sé non solleva particolari problemi etici perché non ha un effetto diretto sulla persona analizzata. Ben diverso è il secondo caso, in cui a un grafologo viene chiesta una consulenza grafologica di personalità che, nel caso semplice, immaginiamo riguardi la persona stessa che richiede l'analisi (vi è una coincidenza tra committente e analizzando). In questo caso l'analisi grafologica di personalità diventa consulenza, poiché i suoi contenuti vengono comunicati alla persona interessata e hanno un effetto – quanto meno psicologico – sulla persona stessa. È ovvio quindi che in questo caso la comunicazione dovrà essere *modulata* in base alle esigenze, aspettative e competenze – anche emotive – del cliente.

Per esemplificare, se non è mai lecito in base alla sola analisi grafologica parlare di Disturbo narcisistico di personalità, in un contesto di analisi si potrebbe dire al limite che "l'individuo è un po' narcisista" – intendendo 'narcisista' nel senso ordinario del termine – mentre in un contesto di consulenza si dovrà ricorrere necessariamente a qualche perifrasi che sia più rispettosa degli eventuali (e legittimi) meccanismi di difesa dell'analizzando (ad esempio "in alcune situazioni potresti tendere a essere un po' egocentrico" piuttosto che "sei una persona fondamentalmente narcisista").

A questo punto, dovendo tener conto di tutte queste limitazioni, ci si potrebbe domandare quale sia il motivo per studiare i disturbi di personalità da un punto di vista grafologico.

La risposta principale è che in questo contesto mi propongo di utilizzare i disturbi di personalità non come una nosologia ma come una tassonomia, ovvero come una teoria dei tipi che divide gli esseri umani in categorie distinte. Questa strada è stata già percorsa, ad esempio, da Claudio Naranjo, uno psichiatra e antropologo cileno, che ha messo in relazione i disturbi di personalità con l'enneagramma, una tipologia di origine sufi (Naranjo 1996).

Per effettuare questa operazione dovremmo fare propri alcuni assunti che converrà qui esplicitare e che sono necessari per potersi approcciare ai disturbi di personalità in chiave grafologica.

1. Vi è un continuum tra personalità normale e personalità patologica. Per fare un esempio, tra il narcisismo sano (un sano investimento su di sé) e quello patologico (negazioni degli altri e complesso di superiorità) vi è una distinzione quantitativa piuttosto che qualitativa (dimensionale piuttosto che categoriale). Questa tesi è fatta propria da alcuni studiosi (come ad esempio Joel Paris) mentre è criticata, anche con buoni argomenti, da altri (*cfr.*, ad esempio, Dimaggio-Semerari 2003). Da un punto di vista grafologico potremmo affermare che alcuni segni indicano dinamiche di tipo narcisista (v. *infra*) ma non dovremo affermare con certezza su quale punto del continuum l'individuo si situi, se dalla parte della normalità o dalla parte della patologia. Quello che si propone è quindi un principio di "cautela metodologica" che porti eventualmente ad affermare di meno di quanto si potrebbe piuttosto che ad affermare il falso. Per questo motivo quando parlerò di disturbi di personalità in chiave grafologica userò espressioni come "tipo narcisista" o "stile narcisista" piuttosto che Disturbo Narcisistico di personalità, per evidenziare che non sappiamo effettivamente – né è di nostra competenza stabilirlo – se l'individuo abbia o meno il disturbo in questione.

2. Presupponiamo che il continuum che porti ciascun tipo di personalità dalla normalità alla patologia (disturbo di personalità) sia peculiare per ciascun disturbo di personalità. Ad esempio che il continuum che porti da una moderata tendenza introversiva al disturbo schizoide di personalità sia diverso da quello che porti da una tendenza all'instabilità emotiva al disturbo borderline di personalità. Questa distinzione è solo concettuale e non empirica. Nulla esclude quindi che un individuo percorra in senso patologico più continuum ovvero, in termini psichiatrici e come previsto dal DSM, che abbia in comorbilità più disturbi di personalità. Questo assunto è simile al presupposto che Moretti fa

proprio in *Scompensi e anomalie della psiche* (Moretti 2000b), dove mostra come ciascun segno si "scompensi" in modo peculiare rispetto agli altri. Dal momento tuttavia che ciascun individuo può avere uno o più segni patologici di alto grado nulla toglie che lo stesso individuo possa "scompensarsi" in più modi (magari contemporaneamente).

3. Il passaggio dalla normalità alla patologia può essere dettato da condizioni di stress soggettivo e oggettivo (teoria diatesi/stress). Per tornare al nostro esempio un individuo con una diatesi (vulnerabilità) di instabilità emotiva può, in seguito a un trauma, spostarsi nel continuum verso il versante della patologia di personalità borderline. Questo è un ulteriore motivo per cui non possiamo dire, da un punto di vista meramente grafologico, in quale punto del continuum normalità-patologia l'individuo si trovi. Un Intozzata II di 4/10 potrà, a seconda dell'ambiente di vita in cui si viene a trovare, mantenere un relativo equilibrio mentale o "scompensarsi" verso la patologia. L'analisi grafologica ci dice solo quale sia la costituzione di un individuo, e eventualmente quale sia stato il suo vissuto, ma non ci può dire quale *sarà* il suo vissuto perché questo dipenderà anche dalla situazione in cui verrà a trovarsi. Anche questo presupposto è implicito all'opera di Moretti (*cfr.* soprattutto Moretti 2002a e 2002b) e non è quindi un corpo estraneo rispetto alla grafologia.

Prima di procedere alla traduzione dei disturbi di personalità in termini grafologici sarà inoltre opportuno chiarire alcuni punti. In primo luogo per poter parlare di disturbo di personalità secondo il DSM devono essere *sempre* soddisfatte alcune condizioni, che qui riassumiamo (Lingiardi 2004, p. 373).

a) Un disturbo di personalità viene definito come modalità persistente di esperienza interna e di comportamento che si discosta in modo marcato dalle aspettative della cultura dell'individuo. Tale modalità persistente si deve manifestare in almeno due aree tra cognitività, affettività, funzionamento interpersonale e controllo degli impulsi.

b) Tale modalità deve essere rigida e invadere un'ampia gamma di situazioni sociali e personali, portare a un disagio di rilievo o a una compromissione del funzionamento sociale, lavorativo o di altre importanti aree.

c) Deve essere stabile e di lungo termine e il suo esordio deve poter essere fatto risalire almeno all'adolescenza o alla prima età adulta.

d) Non deve essere l'espressione o conseguenza di un altro disturbo mentale o dovuta agli affetti fisiologici diretti di una sostanza o a una condizione medica generale.

Queste condizioni sono necessarie per ogni disturbo di personalità e quindi non verranno ripetute in seguito quando tratteremo i singoli disturbi.

Un tipico problema del DSM è che basandosi su questo sistema diagnostico si ottiene una frequente occorrenza di comorbilità, intesa come coesistenza di due (o più) diagnosi diverse in uno stesso individuo. Questo problema riguarda anche e soprattutto l'asse II, ovvero quello dei disturbi di personalità. A questo proposito Lingiardi scrive che "dal punto di vista diagnostico la presenza di un solo disturbo è piuttosto rara. Esistono infatti costellazioni di disturbi di personalità frequentemente associati (per esempio la codiagnosi tra disturbi di personalità narcisistico, borderline e istrionico). Il numero di diagnosi di disturbi di personalità per singolo paziente può andare da due fino a sette" (Lingiardi 2004, p. 374).

Dal punto di vista grafologico cercheremo tuttavia di differenziare il più possibile ciascuna sindrome dall'altra non escludendo, tuttavia, che alcuni individui possano presentare segni grafologici che li facciano rientrare in più di un quadro. Per questo andremo alla ricerca di segni prototipici che incarnino meglio di altri lo "spirito" del disturbo differenziandolo dagli altri. Minore rilievo sarà invece dato a quei segni, pur problematici, che risultano non specifici e non discriminanti. Per fare un esempio, l'Intozzata II di grado elevato (almeno 4/10) può essere certamente presente in ciascun disturbo di personalità ma non è di per sé indice di nessuno di essi.

Nonostante questo sforzo di distinzione, alcuni segni, e in particolare quelli problematici, potrebbero finire per ricorrere in quadri distinti. Non sappiamo se questo sia un limite della grafologia, che non distinguerebbe sufficientemente quadri simili, o del DSM che considererebbe erroneamente diverso ciò che è simile.

Possiamo tuttavia ipotizzare che se segni simili ricorrono in quadri diversi questo potrebbe indicare un soggiacente nesso tra due (o più) disturbi. Per fare un esempio, Kernberg ritiene che non vi sia una distinzione fondamentale tra disturbo schizoide e schizotipico e che tra il disturbo narcisistico e quello antisociale vi sia un continuum. Se questo è vero dovremmo aspettarci di trovare della corrispondenze tra queste sindromi anche dal punto di vista grafologico.

Dobbiamo infine considerare che nonostante il DSM sia il testo di riferimento per quanto concerne i disturbi psichiatrici non è per questo immune da critiche. Lingiardi elenca ben dodici limiti di questo strumento diagnostico (Lingiardi 2004, pp. 384-391) e molti clinici si rifanno, nella pratica, a sistemi completamente diversi. In altri termini il DSM è il testo "ufficiale" mentre "ufficiosamente" la situazione è molto più varia.

Un ultimo problema che dovremo considerare è quello della soglia diagnostica. Come vedremo ciascun disturbo è definito da un certo numero di criteri. A seconda del disturbo devono essere soddisfatti alcuni di questi criteri, in numero variabile a seconda del disturbo.

Ad esempio per quanto concerne il disturbo borderline di personalità sono elencati 9 criteri diagnostici di cui almeno 5 devono essere soddisfatti per poter porre la diagnosi.

Questo meccanismo interno del DSM ha un'importante implicazione.

Due soggetti diagnosticati ad esempio come borderline possono condividere un solo sintomo (ad esempio se il primo incontra i criteri 1-5 e il secondo i criteri 5-9). Questo equivale a dire che per ogni disturbo esistono sottotipi diversi del disturbo a seconda di quali criteri siano soddisfatti.

Dal punto di vista grafologico quindi non dovremmo aspettarci che due persone che condividano la stessa diagnosi di asse II abbiano necessariamente gli stessi segni grafologici potendo afferire a sottotipi diversi dello stesso disturbo. Per fare un esempio, se un individuo paranoico *tipico* è caratterizzato dalla combinazione di segni Acuta + Parallela potremmo aspettarci che gli individui che abbiamo solo alcuni aspetti di questo stile di personalità abbiano il solo segno Acuta o il solo segno Parallela. È ovvio tuttavia che quanto più l'individuo reale si avvicina al prototipo ideale tanto più sicura sarà la caratterizzazione.

Idealmente quindi anche dal punto di vista grafologico, dati determinati segni si dovrebbe verificare quali criteri del disturbo siano soddisfati e quali non lo sono, e se la soglia minima è stata superata.

Per tornare al nostro esempio del disturbo paranoico di personalità, immaginiamo che l'analizzando abbia, tra i segni indicati come caratteristici del disturbo, il solo Accartocciata (in grado elevato), e che i significati psicologici di questo segno soddisfino solo due criteri su sette del disturbo (la soglia è quattro). In questo caso non potremmo parlare nemmeno di *stile* paranoico o di *tipo* paranoico. L'individuo si trova certamente su quel continuum ma la soglia minima non è stata superata. Anche in questo caso quindi proponiamo un principio di cautela che tenga conto del tipo dei segni (sono segni caratterizzanti di quello stile di personalità o solo fautori o accompagnatori?), del grado (abbiamo 5/10 di Acuta o 8/10?) e del numero (è presente solo un segno caratterizzante o ve n'è più d'uno? Ci segni accompagnatori e fautori che confermino il segno caratterizzante?).

Infine dobbiamo considerare che da un punto di vista statistico i disturbi di personalità hanno una prevalenza di circa il 10-15% nella popolazione generale.

Nella tabella che segue è indicata l'incidenza dei singoli disturbi di personalità così come viene riportata dal DSM-IV. L'incidenza di questi disturbi, qualora conoscessimo l'incidenza dei vari segni grafologici nella popolazione, ci permetterebbe, in parte, di verificare la validità delle nostre teorie. Se ad esempio ritenessimo Acuta + Parallela una buona traduzione grafologica del concetto di disturbo paranoide di personalità e se questo disturbo fosse presente nello 0,5-2,5% della popolazione dovremmo aspettarci similmente che anche la combinazione Acuta + Parallela sia presente nello 0,5-2,5% circa della popolazione.

	Prevalenza nella popolazione generale secondo il DSM-IV
Disturbo di personalità paranoico	0,5-2,5%
Disturbo di personalità schizoide	?
Disturbo di personalità schizotipico	3%
Disturbo di personalità narcisistico	meno dell'1%
Disturbo di personalità antisociale	3% nei maschi, 1% nelle femmine
Disturbo di personalità borderline	2%
Disturbo di personalità istrionico	2-3%
Disturbo di personalità dipendente	?
Disturbo di personalità evitante	0,5-1%
Disturbo di personalità ossessivo-compulsivo	1%

Tabella 8. Prevalenza nella popolazione generale dei disturbi di personalità secondo il DSM-IV

Se prendiamo per buone queste percentuali – alcune dati di prevalenza nel DSM sono assenti – otteniamo come media una percentuale di prevalenza che si assesta intorno all'1,63%. Il che equivale a dire che ciascun individuo ha una probabilità dell'1-2% di avere uno specifico disturbo di personalità (e una probabilità di circa il 15% di averne almeno uno).

Dovremo andare quindi in cerca di segni grafologici, o di combinazioni, che abbiano caratteristiche di relativa rarità. Per questo, per fare un esempio, un segno come Intozzata I di 5/10 – per definizione – non potrà mai essere un segno indice di uno stile di personalità problematico in quanto è troppo diffuso.

7.2 Disturbi di personalità del cluster A

DISTURBO PARANOIDE DI PERSONALITÀ

Il Disturbo paranoide di personalità è definito da sette criteri diagnostici di cui il paziente ne deve soddisfare almeno quattro:

1. Sospetta, senza una base sufficiente, di essere sfruttato, danneggiato o ingannato
2. Dubita senza giustificazione della lealtà o affidabilità di amici o colleghi
3. è riluttante a confidarsi con gli altri a causa di un timore ingiustificato che le informazioni possano essere usate contro di lui
4. Scorge significati nascosti umilianti o minacciosi in rimproveri o altri eventi benevoli
5. Porta costantemente rancore, cioè, non perdona gli insulti, le ingiurie o le offese
6. Percepisce attacchi al proprio ruolo o reputazione non evidenti agli altri, ed è pronto a reagire con rabbia o contrattaccare
7. Sospetta in modo ricorrente, senza giustificazione, della fedeltà del coniuge o del partner sessuale.

La prevalenza del disturbo nella popolazione generale è stimata tra lo 0,5 e il 2,5%. (APA 2009).

Il nucleo del disturbo è quindi quello della estrema diffidenza e sospettosità a cui possono essere ricondotti più o meno direttamente tutti gli altri criteri.

Dal punto di vista grafologico non possono non venire in mente il segno Acuta, e i suoi accrescitivi Irta e Secca.

Lo stesso Palaferri a proposito di Acuta parla di "tendenze a forme nevrotiche e maniache di persecuzione e di incomprensione da parte degli altri" (Palaferri 2001, p. 40).

È vero che grafologicamente siamo portati ad attribuire la diffidenza a segni quali Rovesciata, Stretto tra lettere e Accartocciata, ma questi non sono di per sé sufficienti a delineare il Tipo Paranoico che rientra evidentemente nel carattere morettiano dell'Assalto ("porta costantemente rancore", "è pronto a reagire con rabbia e contrattaccare", etc.).

Sono quindi necessari Angoli A sopra la media e gli altri costituenti del segno Acuta: angoli appuntiti ai vertici inferiori e superiori, Stretto di lettere (e tra lettere) e Largo tra parole.

Gli Angoli A e B sopra media sollecitano infatti il soggetto a portare costantemente rancore (criterio 5.), il Largo tra parole maggiore del Largo di lettera a scorgere significati nascosti umilianti e minacciosi in

rimproveri o altri eventi benevoli (criterio 4.), lo Stretto di lettera a sospettare senza una base sufficiente di essere sfruttato, danneggiato o ingannato (criterio 1.), lo Stretto tra lettere alla riluttanza a confidarsi
con gli altri a causa di timore ingiustificato che le informazioni possano
essere usate contro di lui (criterio 3). Anche la gelosia (criterio 7.) è
menzionata esplicitamente da Moretti come uno dei significati precipui
del segno ("può avere delle gelosie di testa, arrivismi, adulazioni for-
mate in modo tecnico", Moretti 2002a, p. 120) così come trova riscontro la tendenza a reagire con rabbia e contrattaccare (criterio 6).
Palaferri parla a questo proposito di "gusto sadico di colpire ridicoliz-
zando gli aspetti difettosi o lacunosi dell'avversario come per distrug-
gerlo", Moretti afferma che Acuta "ha manifestazioni di vendetta sotto
aspetto di giustizia, di regolamento, di assestamento" (Moretti 2002a,
p. 120) e vi vede uno dei segni che indicano tendenza all'ira, se il grado
è di almeno 7/10 (Moretti 2002a, p. 527).

Gabbard scrive che lo stile cognitivo paranoide è caratterizzato da
"una costante ricerca di significati oscuri, di tracce rivelatrici della 've-
rità' nascosta dietro il significato apparente di una situazione" (Gabbard
2005, p. 412). A sua volta questo stile cognitivo improntato alla diffidenza sistematica comporta una "iperattivazione dell'attenzione [...]
uno stile di pensiero molto oneroso in termini di tensione fisica ed emozionale. Il paziente paranoide è in pratica incapace di rilassarsi" (Gabbard 2005, p. 412).

Similmente Palaferri nota che "l'angolo – qualsiasi angolo – registra
un determinato grado di tensione dei sistemi di vigilanza e di controllo
della personalità" (Palaferri 1999a, p. 90). Attribuisce pertanto al segno
Acuta "elevate capacità di attenzione, di concentrazione, di discrimina-
zione, di analisi settorializzata e acutizzata" (Palaferri 1999a, p. 93) ma
con tendenza a leggere "tutto e sempre in chiave ostile, anche di fronte
a stimoli non aggressivi" (Palaferri 1999a, p. 87). Le conseguenze sono
l'ipertensione, la schizotimia, lo stress predisponente a malattie (ibid.).

Anche il Parallela, che spesso accompagna Acuta, non può che peg-
giorarne le indicazioni: "hanno il gusto della giustizia punitiva [...]
Sono freddi, rigorosi e sospettosi, ma tutto con gli altri. Sono gelosi e
per la gelosia tendono a tenere in prigione la donna che amano" (Moretti 2002a, p. 244).

La rigidità del Parallela è caratteristica anche del Disturbo paranoide
di personalità. Gabbard scrive a proposito del pensiero paranoide che
è "caratterizzato da una mancanza di flessibilità. Gli argomenti più con-
vincenti non hanno alcun impatto sulle convinzioni rigide e salde del-
l'individuo paranoide" (Gabbard 2005, p. 413). Per Palaferri il Parallela
è caratterizzato da "fissità delle categorie mentali (schematismo mentale, stereotipia, idee standard)" con "rigidità di vedute, di modi, di usi
e di atteggiamenti" (Palaferri 1999a, p. 236).

Interessante la notazione di Gabbard secondo il quale "il pensiero del
paranoide differisce da quello dello schizofrenico paranoide per il fatto
di non essere delirante. Al contrario i pazienti paranoidi tendono ad

avere percezioni molto precise del loro ambiente; a essere generalmente compromessa è però la capacità di giudizio su tali percezioni. La realtà in sé non è distorta; lo è invece il *significato* della realtà come essa appare" (Gabbard 2005, p. 413). Il Parallela dà in effetti "attenzione meticolosa, memoria di assoluta fedeltà, come fotografica" (Palaferri 1999a, p. 236).

Lo stile di pensiero del paranoico è quindi dato da un errore nel *giudizio* non nella percezione.

Per questo necessita di una scrittura sufficientemente organizzata in quanto una scrittura Sciatta o Trasandata non avrebbe l'attenzione e la tensione sufficienti per accedere a una modalità cognitiva di tipo paranoide. Dovremo quindi riscontrare questo stile in scritture caratterizzate non solo dall'assalto dell'Acuta ma anche da elevati gradi di Resistenza (eccessi di Mantiene il Rigo, Angoli B e Aste rette) ovvero da quella che Palaferri chiama Resistenza disintegrata.

Per quanto riguarda i segni accessori un peggiorativo della sindrome è il Riccio della mitomania perché "coloro che hanno tali ricci sono portati a fissarsi su certi giudizi formati dalla loro fantasia come constatazione della realtà, mentre non è che una composizione del loro lavoro fantastico [...] sono esseri strani sospettosi, unilaterali, credono di essere presi di mira" (Moretti 2002a, p. 289)

Non migliora il quadro Accartocciata per "tendenze regressive che degenerano in diffidenza e spirito di opposizione", "riserva e ingiustificati timori dell'altrui invadenza", "propensione all'asocialità e alla scontrosità", "prevenzione e sospetto", "risentimenti, rancore" (Palaferri 2001, p. 34).

Sarebbe peggiorativo anche Rovesciata ma è più facile che Acuta e Parallela si avverino con Pendente. Se a questa sindrome si aggiunge Intozzata I si possono avere tendenze sadiche (Palaferri 1999a, p. 40).

Relativamente al Calibro dobbiamo notare che "profondamente il paziente paranoide si sente inferiore, debole e incapace. La grandiosità o il senso di 'particolarità' spesso presenti in questi pazienti possono pertanto essere compresi come una difesa compensatoria che risolleva da sentimenti di inferiorità" (Gabbard 2005, p. 414). Ne consegue che lo stile paranoide può trovare riscontro sia in un Calibro grande, quando il senso di inferiorità viene compensato nella grandiosità, sia in un Calibro piccolo, quando queste difese falliscono e il paranoide si scompensa.

Un'altra notazione utile di Gabbard a proposito dei paranoici è che "la bassa autostima, nucleo basilare del disturbo di personalità paranoide, induce questi individui a sviluppare uno spiccato senso di adattamento rispetto alle tematiche del tipo sociale e del potere. Sono terribilmente preoccupati dal fatto che le persone che rappresentano l'autorità possano umiliarli o si aspettino di vederli sottomessi" (Gabbard 2005, p. 414).

Questa caratterizzazione di dice che lo stile paranoide si sposa bene con una grafia Accurata (timore del giudizio dell'ambiente) e Intozzata I di grado elevato (sensibilità al tema del potere e rifiuto di ogni forma di dipendenza). L'Accuratezza non deve essere tuttavia di tipo compito perché non c'è desiderio, o capacità, di farsi benvolere dall'ambiente. Per la coartazione dell'affettività che è propria di questo segno vedremo quindi bene con lo stile paranoide l'Accurata studio (o quelle forme di Accuratezza che tendono verso questo segno) o al limite il Compita sostenuto.

In sintesi abbiamo il tipo paranoico per la presenza di Acuta (di almeno 7/10), Secca o Irta con forte presenza di parallelismo che possono essere o meno accompagnati da altri segni fautori quali Accartocciata e Riccio Mitomania in un probabile contesto di rigidità grafica (eccessi nella Triplice Fermezza), Accuratezza studiata e Intozzata I.

È ovvio che anche in assenza di uno di questi segni si possono avere tematiche di tipo paranoide. Sia l'Acuta che il Parallela, anche presi indipendentemente, portano a un pensiero caratterizzata da rigidità e sospettosità.

È degno di nota che delle 22 scritture di gerarchi nazisti riportate ne *Il carattere distruttivo* (Manichedda 1985) ben 12, ovvero più della metà, risultino avere in alto grado la combinazione Acuta + Parallela in aggiunta ai segni Intozzata I + Pendente. Moretti considera questa sindrome la scrittura del sadismo. Nelle scritture presentate il solo segno Acuta era chiaramente presente in 17 casi su 24. In entrambi i casi le stime sono state effettuate al ribasso, non tenendo conto di quelle scritture che rientravano solo *in parte* nella definizione (e che non avevano quindi tutti e quattro i segni chiaramente presenti e in grado elevato).

È evidente peraltro come l'ideologia nazista, in quanto delirio organizzato incentrato sulla tematica di un presunto complotto giudaico, ha molto a che spartire con l'organizzazione di personalità di tipo paranoideo.

DISTURBO SCHIZOIDE DI PERSONALITÀ

Il secondo disturbo di personalità del cluster A è il disturbo di personalità schizoide.

Per il DSM IV il disturbo schizoide è caratterizzato da quattro o più dei seguenti sintomi:

1. Non desidera né prova piacere nelle relazioni strette, incluso il far parte di una famiglia
2. Quasi sempre sceglie attività solitarie
3. Dimostra poco o nessun interesse per le esperienze sessuali con un'altra persona
4. Prova piacere in poche o nessuna attività
5. Non ha amici scelti o confidenti eccetto i parenti di primo grado
6. Sembra indifferente alle lodi o alle critiche degli altri
7. Mostra freddezza emotiva, distacco o affettività appiattita.

Il nucleo del disturbo è "una modalità pervasiva di distacco delle relazioni sociali e una gamma ristretta di espressioni emotive" (Lingiardi 2004, p. 404).

Questa descrizione può far pensare ad elevati gradi di Staccata, o peggio ancora Frammentata, per la "stranezza" e la "sensazione di isolamento dalla vita" (Palaferri 2001, p. 268). Il senso di isolamento sarebbe accentuato da elevati grado di Largo tra parole per "senso di distanza dall'ambiente con facile menomazione della funzione sentimento" (Palaferri 1999a, p. 115).

Il calibro deve necessariamente essere piccolo per prevalenza della vita introversiva (Palaferri 2001, p. 75) il che ci fa entrare necessariamente nel concetto di Minuziosa. Oltre a Staccata infatti "anche un elevato grado di Largo tra parole tende a trasformare Minuta in Minuziosa" (Palaferri 2001, p. 184). Lo stesso Palaferri scrive di Minuziosa che è proprio dei "tipi schizotimici tendenti allo scrupolo, alla sfiducia, al pessimismo e all'isolamento" (Palaferri 2001, p. 186).

Non guasta nemmeno il Rovesciata per "inibizione di istinti e tendenze", "stravaganza derivante da immaginazione che fantastica su cose prive di fondamento" e "carattere difficile e strano" (Palaferri 2001, p. 233).

Affinché si abbia il tipo Schizoide questi segni dovrebbero avverarsi prevalentemente in un contesto di Diseguaglianza non metodica che renda conto del carattere di bizzarria propria della sindrome.

D'altro canto in un contesto di Accuratezza avremmo un eccessiva dipendenza dal giudizio dell'ambiente che pare antitetico al concetto di Disturbo di personalità schizoide *puro*. Se il Minuziosa si avvera quindi in una scrittura Accurata entriamo maggiormente nell'orbita del Disturbo di personalità ossessivo-compulsivo (v. *infra*).

Dobbiamo comunque tener presente che tra i disturbi di personalità esiste una elevata comorbilità tale che la presenza di uno non esclude gli altri ma, anzi, aumenta la probabilità della loro occorrenza. Per tornare al nostro esempio quindi i disturbi di personalità schizoide e ossessivo-compulsivo possono coesistere anche se per esigenze espositive e di chiarezza concettuale tratteremo in questa sede tutti i disturbi separatamente e cercheremo di dare una caratterizzazione di ciascuno di essi nel modo più possibile esclusivo.

Per Palaferri la schizotimia – che in parte coincide con il concetto di Disturbo di personalità schizoide – è "caratterizzata da accentuata introversione, da ipersensibilità, da atteggiamenti distaccati e freddi, da un Io chiuso in se stesso, da difficoltà di contatti e da facili traumi per la sensibilità, da difficoltà d'integrazione con l'ambiente introiettato come distante e ostile"(Palaferri 2001a, p. 518).

Può sembrare una contraddizione che lo schizotimico sia per Palaferri al tempo stesso ipersensibile e caratterizzato da atteggiamenti distaccati e freddi ma Akhtar ci dà una spiegazione in termini dinamici di questa apparente contraddizione: "L'individuo schizoide è 'manifestamente' distaccato, autosufficiente, distratto, disinteressato, asessuato e radicalmente morale mentre 'segretamente' è estremamente sensibile, molto attento, creativo, spesso perverso e corruttibile" (Gabbard 2005, p. 425).

È bene tuttavia precisare che Palaferri assume il termine schizotimia in un'accezione più ampia di quella qui considerata (Disturbo schizoide di personalità) che include, grosso modo, tutti i tre i disturbi del cluster A. Non a caso indica quali segni di schizotimia anche segni quali Acuta, Irta e Secca che qui abbiamo considerato come caratteristici del paranoico. Ovviamente il tipo paranoico può avere anche dinamiche schizoidi e viceversa: in questo caso avremo una scrittura molto Minuziosa, Acuta e tendenzialmente Parallela.

Per il DSM-IV la caratteristica distintiva tra disturbo paranoide e schizoide è che "gli individui con comportamenti che soddisfano i criteri per il Disturbo Schizoide di personalità vengono spesso percepiti come strani, eccentrici, freddi e distaccati, ma di solito non hanno una evidente ideazione paranoide" (APA 2009). Possiamo avere quindi il tipo schizoide anche in assenza di Acuta e Parallela.

Il tipo schizoide sta meglio con il Filiforme mentre il tipo paranoide sta meglio con l'Intozzata I poiché l'uno è introversivo l'altro è estroversivo. Mentre il primo tende al carattere dell'Attesa il secondo è una commistione di Assalto e Resistenza, con quasi nessuna traccia di Cessione.

Un altri segno che può accompagnare il tipo schizoide è il Parca, che ben si sposa con il Minuziosa.

L'Austera invece non rientra nel concetto in quanto vuole tra l'altro Recisa, Aste rette e un elevato grado di omogeneità che indicano caratteristiche contrarie a quelle del tipo schizoide. L'autocontrollo dello schizoide non è frutto di forza di volontà ma di povertà emotiva e immaginativa causata da meccanismi di difesa quali scissione e identificazione proiettiva (v. capitolo 8 per una trattazione dei meccanismi di difesa in chiave grafologica).

DISTURBO SCHIZOTIPICO DI PERSONALITÀ

L'ultimo disturbo che viene preso in considerazione nel cluster A è quello schizotipico che è abbastanza simile allo schizoide. Quelli che seguono sono i criteri diagnostici per il DSM-IV:

1. Idee di riferimento (escludendo i deliri di riferimento)
2. Credenze strane o pensiero magico, che influenzano il comportamento, e sono in contrasto con le norme subculturali (per esempio, superstizione, credere nella chiaroveggenza, nella telepatia o nel "sesto senso"; nei bambini e adolescenti fantasie e pensieri bizzarri)
3. Esperienze percettive insolite, incluse illusioni corporee
4. Pensiero e linguaggio strani (per esempio, vago, circostanziato, metaforico, iperelaborato o stereotipato)

5. Sospettosità o ideazione paranoide
6. Affettività inappropriata o coartata
7. Comportamento o aspetto strani, eccentrici, o peculiari
8. Nessun amico stretto o confidente, eccetto i parenti di primo grado
9. Eccessiva ansia sociale, che non diminuisce con l'aumento della familiarità, e tende ad essere associata con preoccupazioni paranoidi piuttosto che con un giudizio negativo di sé.

Come si vede sono presenti sia criteri diagnostici propri del disturbo paranoide (criterio 5.) che del disturbo schizoide (criterio 8.) in aggiunta a sintomi di tipo pseudo-schizofrenico (criterio 1-4 e 7).

Il DSM distingue così il disturbo schizotipico da quello paranoide e schizoide: "sebbene anche i disturbi paranoide e schizoide di personalità possano essere caratterizzati da distacco sociale e coartazione dell'affettività il disturbo schizotipico può essere distinto da queste due diagnosi per la presenza di distorsioni cognitive e percettive e di eccentricità o stranezze marcate" (APA 2009).

Siamo quindi in un contesto di forte Non omogeneità grafica (in tutte o nella maggior parte delle categorie) con segni fautori quali Confusa e Aggrovigliata. Per il Riccio della confusione Palaferri parla esplicitamente di illusioni (criterio 3.) e stravaganza (criterio 7.) Per Moretti i Ricci della confusione sono indice di "illusioni e allucinazioni e minacce e accuse contro esseri che non esistono" (Moretti 2002a, p. 293). Per Aggrovigliata Palaferri parla di "pensiero magico mai eliminato" (criterio 2.) (Palaferri 1999, p. 41).

Possono essere presenti anche i segni che abbiamo indicato come caratteristici del tipo schizoide poiché il tipo schizotipico é strettamente imparentato con quello schizotipico (Kernberg 2000, p. 221).

È difficile invece che vi sia in questo contesto il Parallela del paranoico perché i nessi associativi dello schizotipico sono tipicamente allentati e siamo molto distanti quindi dal concetto di ipervigilanza e tensione. Inoltre, grafologicamente, in un contesto di elevata Non omogeneità grafica (che quindi può comprendere anche il Non omogenea dell'inclinazione) non può darsi per definizione parallelismo degli assi letterali.

La sospettosità o l'ideazione paranoide (criterio 5.) sono quindi da attribuirsi a meccanismi diversi come a quelli propri del Minuziosa. Già questo segno di per sé dà atteggiamenti improntati al sospetto. Per Palaferri infatti il segno Minuziosa indica "mancanza di flessibilità mentale, affettiva e operativa dei tipi schizotimici tendenti allo scrupolo, alla sfiducia, al pessimismo e all'isolamento" nonché "ansia che amplifica la portata di ogni piccolo ostacolo e contrarietà" e "ipersensibilità del diffidente che dà corpo alle ombre" (criteri 5. 8. e 9.).

L'affettività inappropriata e coartata (criterio 6.) può riferirsi sia al Non omogenea dell'inclinazione, della pressione e del calibro (affettività inappropriata) sia a gradi elevati di Staccata (affettività coartata) che rientrano nel concetto di Minuziosa.

Non si deve comunque confondere l'affettività coartata con l'assenza di sensibilità e emotività perché, come abbiamo visto per il tipo schizoide, possiamo avere a che fare con persone molto sensibili ed emotive che pure manifestano distacco e disinteresse. Non è quindi incompatibile un elevato grado di Intozzata II, anche in forme esasperate quali Artritica a cui Palaferri attribuisce "allucinazioni e forme deliranti" (Palaferri 2001, p. 61). Dobbiamo tuttavia considerare che le allucinazioni franche sono caratteristiche dei disturbi psicotici piuttosto che di quelli di personalità e che Intozzata II di alto grado è un segno a-specifico che può certamente accompagnarsi a disturbi psicopatologici di qualsiasi genere ma di per sé non caratterizza nessun disturbo in particolare.

Ne consegue che l'ordine e l'armonia del grafismo schizotipico devono necessariamente essere molto carenti, il che è peraltro implicito nel concetto di elevata Non omogeneità.

Rispetto al disturbo schizoide l'individuo schizotipico è quindi più compromesso dal punto di vista cognitivo. Nel disturbo schizoide, infatti, a differenza del disturbo schizotipico, le capacità cognitive possono rimanere (relativamente) intatte: ad essere carente è soprattutto il piano affettivo e sociale, ma non necessariamente quello intellettivo. È quindi facile che nella sindrome schizotipica si ritrovi non solo l'elevato Staccata ma anche il Frammentata con dissoluzione delle forme letterali.

Grafologicamente la distinzione tra schizoide e schizotipico è relativamente semplice. Se abbiamo solo elevato Minuziosa con forte Largo tra parole e forte Staccata ma la scrittura risulta nel complesso leggibile e sufficientemente organizzata siamo nell'area del disturbo schizoide. Se a questi segni si aggiungono forti non omogeneità e segni che minano gravemente la chiarezza grafica – e la lucidità mentale – come l'Aggrovigliata e il Confusa, oltre a bizzarrie grafiche di vario genere, siamo nell'area del disturbo schizotipico.

L'ansia sociale (criterio 9.) per le sue modalità peculiari ci induce a pensare a un Minuziosa con forte Angolosa piuttosto che a un mero Lettere addossate o Stretto tra lettere ("tende ad essere associata con preoccupazioni paranoidi piuttosto che con un giudizio negativo di sé").

Il segno Accurata nelle sue varie forme può essere indice di ansia sociale ma qui siamo in un contesto di forte Non omogeneità, che mal si sposerebbe con l'Accurata. Il tipo di ansia sociale dello schizotipico è quindi del tutto distinto da quello delle varie forme di Accuratezza – è un'ansia di tipo psicotico – e lo schizotipico certamente non si cura del giudizio dell'ambiente (e non se ne potrebbe curare neanche se volesse) perché il suo esame di realtà è deficitario.

I Ricci della mitomania possono essere presenti ma non sono specifici di questa sindrome.

Un segno complesso che si avvicina sia al disturbo schizoide che a quello schizotipico è Mitomania introversa (Palaferri 2001, p. 190). La mitomania introversa si distingue da quella estroversa, propria dei Ricci della mitomania, proprio per il suo carattere introversivo e pertanto ben si sposa con sindromi a prevalente carattere introversivo come quella schizoide e schizotipica.

Infine nella scrittura dello schizotipico possono essere presenti elementi di bizzarria che non trovano una codifica esplicita nei segni della grafologia morettiana e per i quali si potrebbe guardare alle grafologie estere (Crépieux-Jamin 1985 e 2001).

Per uno schema riassuntivo dei segni relativi ai singoli disturbi di personalità si veda la tabella riportata alla fine del capitolo.

7.3 Disturbi di personalità del cluster B

DISTURBO NARCISISTICO DI PERSONALITÀ

Il disturbo narcisistico di personalità per il DSM-IV è caratterizzato da un "quadro pervasivo di grandiosità (nella fantasia o nel comportamento), necessità di ammirazione e mancanza di empatia" (APA 2009).

Per porre diagnosi di disturbo narcisistico di personalità devono essere soddisfatti almeno cinque dei seguenti nove criteri:

1. Ha un senso grandioso di importanza (per esempio, esagera risultati e talenti, si aspetta di essere notato come superiore senza una adeguata motivazione)
2. È assorbito da fantasie di illimitato successo, potere, fascino, bellezza, e di amore ideale
3. Crede di essere "speciale" e unico, e di dover frequentare e poter essere capito solo da altre persone (o istituzioni) speciali o di classe elevata
4. Richiede eccessiva ammirazione
5. Ha la sensazione che tutto gli sia dovuto, cioè, la irragionevole aspettativa di trattamenti di favore o di soddisfazione immediata delle proprie aspettative
6. Sfruttamento interpersonale, cioè, si approfitta degli altri per i propri scopi
7. Manca di empatia: è incapace di riconoscere o di identificarsi con i sentimenti e le necessità degli altri
8. È spesso invidioso degli altri, o crede che gli altri lo invidino
9. Mostra comportamenti o atteggiamenti arroganti e presuntuosi.

Il disturbo narcisistico di personalità ci richiama immediatamente a segni grafologici quali Calibro alto (almeno 7/10), Solenne, Ampollosa, Spavalda, Alta allungata ovvero quelli che per Palaferri indicano un complesso di superiorità, a sua volta compensazione di un soggiacente complesso di inferiorità.

Questa ipotesi dinamica trova peraltro riscontro nella psicologia empirica. Diversi studi dimostrerebbero che il narcisista ben lungi dall'avere un'elevata autostima ha in realtà un autostima inferiore alla media (Dimaggio-Semerari 2003).

La sindrome che comprende Calibro Alto (7/10 o più) e segni quali Solenne, Spavalda, Ampollosa, Alta allungata è di per sé sufficiente a render conto della maggior parte dei criteri. Possiamo aggiungere lo Stretto tra lettere per il criterio 7. che esclude parimenti che la grafia sia Fluida poiché il Fluida, come sappiamo, indica simpatia ed empatia. Il criterio 8. ci indica che la grafia deve essere prevalentemente Angolosa o con Curva rigido. In ogni caso è importante che la grafia non sia spiccatamente Curva perché con Curva + Calibro alto + Stretto tra lettere avremo un narcisismo di tipo infantile che esula dal concetto di narcisismo – più grave – che qui stiamo esaminando (caratterizzato da invidia, arroganza, sfruttamento interpersonale, etc.). Tuttavia anche lo Stretto tra lettere di per sé porta a invidia (per Stretto tra lettere intendiamo in questo contesto un Largo tra lettere non superiore ai 2-3/10).

La tendenza allo sfruttamento interpersonale (criterio 6.) ci dice che la scrittura deve avere quanto meno un buon Intozzata I (dai 7/10 in su) che è comunque implicito nei segni sin qui considerati. L'Intozzata I di grado elevato rende conto anche del criterio 9: "mostra comportamenti arroganti e presuntuosi".

Non è necessario invece che il tipo narcisista abbia capacità manipolative particolarmente sofisticate o efficaci (Angoli C, Sinuosa), sia perché la tendenza allo sfruttamento è diversa dalla manipolazione sia perché il narcisista manca, per definizione, di empatia e di una buona capacità di «leggere la mente altrui». È inoltre improbabile che segni quali Ampollosa, Spavalda e Solenne abbiano Angoli C o segni correlati. Abbiamo già detto inoltre che deve mancare il Fluida che è una condizione necessaria di Angoli C.

Potrebbero invece essere presenti modalità di manipolazione più grezze, magari dettate da qualche Riccio dell'ammanieramento, che sono inoltre indice di vanità ("crede che gli altri lo invidino", criterio 8). Per lo stesso motivo starebbero bene nella scrittura di un narcisista i Ricci del soggettivismo.

Quando si dice inoltre che il narcisista "è spesso invidioso degli altri o crede che gli altri lo invidino" si sta descrivendo alla perfezione il meccanismo di difesa della proiezione: il narcisista in primo luogo invidia gli altri, ma siccome questa invidia gli è intollerabile – l'invidia denuncia sempre una debolezza da parte dell'invidioso – l'attribuisce agli altri ("sono gli altri che mi invidiano").

Un segno grafologico che si può accostare al concetto di proiezione è il Parallela (Crotti-Magni 2004, p. 114). Un buon grado di parallelismo (almeno il 30%) è quindi un segno complementare utile per caratterizzare il quadro e rende conto anche del criterio 7 (mancanza di empatia, incapacità di riconoscersi o di identificarsi con i sentimenti e le necessità degli altri).

Gli altri criteri sono tutti spiegati dai segni fin qui considerati.

In letteratura viene spesso discussa anche un'altra variante del disturbo narcisistico di personalità non considerata del DSM. Si tratta del narcisismo cosiddetto *covert* (sommerso) che viene contrapposto al narcisismo *overt* (manifesto):

> Il tipo sommerso, covert, [...] ha sentimenti di inferiorità, dubbi pervasivi su di sé, è prono alla vergogna, fragile, cerca incessantemente gloria e potere, è sensibilissimo alle critiche e agli insuccessi, incapace di dipendere e di fidarsi, invidioso, disinteressato ai confini generazionali, bighellona senza scopi, ha poco entusiasmo per il lavoro, ha molti interessi superficiali, si annoia, cambia opinione per avere favori, mente, ha uno stile di vita materialistico, irriverente verso l'autorità, non rimane innamorato, non vede il partner come una persona separata, può avere perversioni sessuali, la sua intelligenza si ferma ai «titoli degli articoli», è disattento ai dettagli, impara nuove abilità con difficoltà, cambia il significato di ciò che dice quando l'autostima è minacciata (Dimaggio-Semerari 2003, p. 165).

Questo quadro, diametralmente opposto a quello del disturbo narcisistico *overt*, ci fa pensare a un Calibro non grande, con segni di "insicurezza soggettiva" quali Tentennante e Stentata, un discreto grado di Contorta e Largo tra parole, in un contesto di disordine grafico e diseguaglianza non metodica. Per quanto riguarda la pressione avremo una base di Filiforme astenico, con Diseguaglianza non metodica della pressione e momenti di pressione invertita. La soggiacente dinamica narcisista potrebbe essere espressa dai tagli delle *t* sopraelevati (*cfr.* il segno Sopraelevata in Crépieux-Jamin 2001, p. 527).

Dovremo andare in cerca quindi di segni di "ambizione occulta" più che di ambizione manifesta, che invece appartengono alla variante *overt* del disturbo narcisistico. Ad esempio i tagli delle *t* sopraelevati in un Calibro piccolo, direbbero di una persona che si comporta in maniera apparentemente umile e modesta ma che nutre nel profondo "sogni di gloria" (una dinamica simile sarebbe espressa da un calibro piccolo con un forte Ascendente). Ci sarebbe quindi una dissonanza tra il comportamento manifesto e quello che si esprime a livello immaginativo. Per parafrasare una famosa battuta possiamo dire che se è vero che "in ogni Calibro grande c'è un Calibro piccolo che lotta per emergere" (il senso di inferiorità da cui il soggetto si protegge) è anche vero il contrario, ovvero che "in ogni Calibro piccolo c'è un Calibro grande". Si potrebbe argomentare che come Pendente e Rovesciata sono essenzialmente la stessa cosa in quanto esprimono lo stesso bisogno di base (Moretti 2002a, p. 321) lo stesso valga per Calibro alto e Calibro piccolo. La tematica del senso di inferiorità – così come la ferita narcisistica subita – è la stessa, solo che in un caso viene resa manifesta, nell'altro viene negata e super-compensata (per formazione reattiva). Ciò che uno vive a livello conscio (senso di inferiorità nel Calibro piccolo, senso di superiorità nel Calibro grande) l'altro lo vive a livello inconscio (senso di superiorità nel Calibro piccolo, senso di inferiorità nel Calibro grande).

Dimaggio e Semerari notano come narcisismo overt e covert siano in definitiva due facce della stessa medaglia: "quale che sia la facciata presentata l'altra è pronta ad apparire" (Dimaggio-Semerari 2002, p. 165).

> È del tutto probabile che il narcisista sperimenti nel suo complesso gli stati mentali descritti in letteratura [covert e overt] e che il sottotipo diagnosticato sia caratterizzato dal più rilevante e manifesto degli stati mentali. [...] Il narcisista inconsapevole [overt], quindi, sperimenterà, più facilmente lo stato grandioso ma, durante la terapia, mostrerà lo stato depresso/terrifico. Il sottotipo ipervigile [covert] accederà più rapidamente alle esperienze di vergogna e di rabbia per il giudizio negativo ricevuto o atteso, ma scivolerà, mentre racconta, negli stati di distacco gelido o di grandiosità altezzosa. (Dimaggio-Semerari 2002, p. 166).

In altri termini le dinamiche del narcisismo covert e overt sono essenzialmente le stesse ma mentre uno mostra più facilmente un lato l'altro mostra più facilmente l'altro.

DISTURBO ISTRIONICO DI PERSONALITÀ

Il disturbo istrionico di personalità è caratterizzato "da un'emotività pervasiva ed eccessiva e un comportamento di ricerca di attenzione"(APA 2009). Per il DSM si ha disturbo istrionico di personalità quando il paziente manifesta cinque o più dei seguenti sintomi:

1. È a disagio in situazioni nelle quali non è al centro dell'attenzione
2. L'interazione con gli altri è spesso caratterizzata da comportamento sessualmente seducente o provocante
3. Manifesta un'espressione delle emozioni rapidamente mutevole e superficiale
4. Costantemente utilizza l'aspetto fisico per attirare l'attenzione su di sé
5. Lo stile dell'eloquio è eccessivamente impressionistico e privo di dettagli
6. Mostra autodrammatizzazione, teatralità, ed espressione esagerata delle emozioni
7. È suggestionabile, cioè, facilmente influenzato dagli altri e dalle circostanze
8. Considera le relazioni più intime di quanto non siano realmente.

Il segno grafologico che meglio si avvicina a questo quadro è il Vezzosa civetteria. Per Moretti la civetteria significa "adescare per mezzo di una falsa ripulsa" (Moretti 2002a, p. 245) e si ha quando "la donna o l'uomo effeminato usano ogni sorta di moine per adescare. In particolare la donna si profonde in sorrisi, grazie e scalda il fervore del cuore a cui aspira e lo respinge quando questi va alla conclusione definitiva" (Moretti 2002a, p. 245).

È lo stesso Moretti a parlare di isteria: "chi ha la questo segno ha la disposizione all'isterismo di inganno, alle scene violente o commoventi secondo che il soggetto vuole" (criterio 6: "mostra autodrammatizzazione, teatralità ed espressione esagerata delle emozioni" e criterio 3: "manifesta un'espressione delle emozioni rapidamente mutevole e superficiale").

Il criterio 1. e 5. possono far pensare al Calibro alto ma a rigore questi significati sono già impliciti nel concetto di Vezzosa civetteria. Qualora ci fosse anche Calibro decisamente alto e magari segni quali Ampollosa, Solenne, Alta allungata entreremo anche nel concetto di disturbo narcisistico di personalità (v. *supra*, pp. 160-163).

Per Palaferri questo segno indica "smania di piacere, di cattivare e sorprendere, di stare al centro delle altrui attenzioni" (criterio 1.); "modi civettuoli orientati a piacere, attrarre e conquistare", "smania dell'altrui corteggiamento"; (criterio 2.); "strumentalizzazione di qualità psicofisiche", "complesso di inferiorità che reagisce facendo leva sui valori più marginali della personalità (il fisico, il vezzo, la grazia che adesca, l'avvenenza, la flessuosità fisica)" (criterio 4.) "ricercatezze e manierismi" (criterio 6.), etc.

In questo caso la corrispondenza tra grafologia e DSM è così perfetta che non vale la pena indagare oltre.

Un altro segno che rientra certamente nell'orbita del carattere istrionico è il Flessuosa di alto grado.

Non a caso Moretti scrive che Flessuosa partecipa di Vezzosa Civetteria (Moretti 2002a, p. 175).

Per Palaferri Flessuosa indica "civetteria", "psichismo orientato alla seduzione attiva", "modi captativi per avere vantaggi e corteggiamento" (Palaferri 2001, p. 134). Dal momento che Flessuosa è comunque "meno grave" di Vezzosa Civetteria possiamo vedervi un'espressione del cosiddetto "disturbo di personalità isterico" che pur non trattato dal DSM-IV è considerato da autori come Kernberg (Kernberg 2000, pp. 83-103). Per Kernberg mentre il disturbo di personalità istrionico rientra nelle organizzazioni di personalità di tipo borderline il disturbo di personalità isterico rientra nelle organizzazioni di tipo nevrotico, caratterizzate da meccanismi di difesa più evoluti. Il disturbo isterico è quindi una modalità attenuata del disturbo istrionico.

Tra i segni fautori vi sono quei segni che rientrano nell'orbita di Vezzosa Civetteria e Flessuosa. In primo luogo i Ricci Ammanieramento in alto grado che indicano "vanità e vuoto interiore" e "amabilità insincera, viscida e stucchevole" (Palaferri 2001, p. 43) e sono tra i costituenti del segno Vezzosa civetteria (Palaferri 2001, p. 295). Vanno considerati fautori anche quei segni che indicano atteggiamenti accoglienti non necessariamente sinceri quali i Convolvoli del I e del II tipo, che per Moretti sono un Flessuosa all'interno delle lettere (Palaferri 2001, p. 133), e soprattutto i convolvoli del III tipo per che per Palaferri rientrano nel concetto di Compita insincera (Palaferri 1979, p. 12). Anche Estesa, in contesti negativi, può indicare "ostentazione, scena" e "estroversione incontrollata per cui perdendosi nel collettivo il soggetto deve poi rifare la propria immagine agli occhi dell'ambiente in modo isterico" (Palaferri 2001, p. 123)

Non tutti i segni di menzogna rientrano tuttavia nell'orbita del tipo istrionico che viene meglio definito da "un'emotività pervasiva ed eccessiva e un comportamento di ricerca di attenzione". La menzogna quindi non sarebbe di tipo subdolo ma piuttosto palese. Il soggetto istrionico non mente tanto per ottenere vantaggi (come potrebbe essere per il tipo antisociale) quanto per ottenere attenzione.

Non è necessario nemmeno che l'emotività sia elevata (criterio 6: "espressione esagerata delle emozioni") ovvero che vi sia un alto grado di Intozzata II. Ciò che conta non è tanto che l'emotività di fondo sia intensa ma che il soggetto ne accentui l'espressione per far colpo sugli altri.

Dobbiamo quindi distinguere il grado di emotività di un soggetto dal suo grado di espressività. Un Parca può anche essere molto emotivo ma non manifestarlo all'esterno, mentre un Calibro alto può avere un grado molto basso di Intozzata II e pur tuttavia tendere alla "esaltazione dei sentimenti" (Palaferri 2001, p. 73).

Damasio, a questo proposito, distingue opportunamente tra sentimenti ed emozioni. I sentimenti sono il lato soggettivo delle emozioni, le emozioni il lato manifesto dei sentimenti. Nella terminologia di Damasio, e col riferimento al carattere istrionico, potremmo dire che per esprimere delle emozioni non è necessario provare dei sentimenti corrispondenti. Oppure, più opportunamente, che si possono manifestare emozioni intense anche in presenza di sentimenti lievi (il carattere istrionico) o emozioni lievi anche in presenza di sentimenti intensi (il Parca morettiano).

Possiamo quindi riassumere dicendo che tutto quanto è direttamente contrario al Parca rientra nel concetto di carattere istrionico (o isterico). Il Parca in Moretti è infatti costituito da grafismo semplice nelle forme, tratti iniziali e finali essenziali, Calibro piccolo (Palaferri 2001, p. 203). Il Parca vuole quindi assenza di ricci laddove il Vezzosa Civetteria "abbondanza di ricci e di contorni (abbellimenti)" (Palaferri 2001, p. 295). Non a caso il Parca è caratterizzato da forte attenzione per i dettagli e laconicità mentre lo stile dell'eloquio del carattere istrionico è all'opposto "eccessivamente impressionistico e privo di dettagli" (criterio 5.). Il Parca tende a non parlare molto di sé, nemmeno con i conoscenti intimi, il carattere istrionico, all'opposto, "considera le persone più intime di quanto non siano realmente (criterio 8.). Possiamo dire quindi che l'istrionico è precisamente all'opposto del carattere schizoide.

Il disturbo borderline di personalità ha come caratteristica essenziale "una modalità pervasiva di instabilità delle relazioni interpersonali, dell'autostima e dell'umore, e una marcata impulsività" (APA 2009).

Si ha Disturbo borderline di personalità quando sono presenti cinque o più dei seguenti elementi.

1. Sforzi disperati di evitare un reale o immaginario abbandono.
2. Un quadro di relazioni interpersonali instabili e intense, caratterizzate dall'alternanza tra gli estremi di iperidealizzazione e svalutazione.
3. Alterazione dell'identità: immagine di sé e percezione di sé marcatamente e persistentemente instabili
4. Impulsività in almeno due aree che sono potenzialmente dannose per il soggetto, quali spendere, sesso, abuso di sostanze, guida spericolata, abbuffate).
5. Ricorrenti minacce, gesti, comportamenti suicidari, o comportamento automutilante.
6. Instabilità affettiva dovuta a una marcata reattività dell'umore (per esempio, episodica intensa disforia, irritabilità o ansia, che di solito durano poche ore, e soltanto raramente più di pochi giorni)
7. Sentimenti cronici di vuoto
8. Rabbia immotivata e intensa o difficoltà a controllare la rabbia (per esempio, frequenti accessi di ira o rabbia costante, ricorrenti scontri fisici)
9. Ideazione paranoide, o gravi sintomi dissociativi transitori, legati allo stress.

Il segno grafologico che meglio rappresenta questa sindrome è il Disordinata, ovviamente di grado elevato, in un quadro di prevalente Pendente (anch'esso di grado elevato, e comunque, ove presente, non inferiore ai 5/10).

Gli sforzi disperati di evitare un abbandono reale o immaginario (criterio 1.) ci fanno subito pensare al Pendente di grado elevato in quanto "l'affettività languida è un'affettività d'abbandono" (Moretti, cit. in Palaferri 2001, p. 210). Proprio del Pendente, nei gradi alti del segno, sono anche "gli atteggiamenti queruli atti a commuovere e suscitare sensi di colpa onde ottenere maggiore corrispondenza" e il "gusto di creare atteggiamenti di vittimismo, di contraddire, lamentarsi, o anche accusare per subire delle reazioni aggressive e attaccarsi di più all'oggetto che aggredisce" (Palaferri 2001, p. 210). Palaferri parla anche di "possessività e costante rischio di gelosie e di sensazioni di incorrispondenza (impressione di ricevere sempre meno di quanto dovuto sul piano affettivo)" ovvero "sado-masochismo" (Palaferri 2001, p. 209).

L'alternanza tra gli estremi di idealizzazione e svalutazione (criterio 2.) rimanda al Disordinata soprattutto per quanto riguarda la Non Omogeneità dell'inclinazione, il calibro e la distanza inter-letterale. Tuttavia anche il Pendente di alto grado di per sé porta a "improvvise insorgenze di simpatie e antipatie, con facile instabilità nei rapporti (instabilità affettiva)" (Palaferri 2001, p. 210). Il Non omogenea del calibro rende conto anche del criterio 3. ("immagine di sé e percezione di sé marcatamente e persistentemente instabili").

L'impulsività (criterio 4.) è propria sia degli alti gradi di Pendente che del Disordinata, e viene accentuata dallo Stretto tra parole.

Per quanto riguarda il criterio 5. ("ricorrenti minacce, gesti, comportamenti suicidari, o comportamento automutilante") si deve precisare che i tentativi di suicidio del borderline hanno sempre carattere manipolatorio (Gabbard 2005, p. 438). Possono quindi rientrare nel concetto di Pendente di alto grado, sostenuti dallo Stretto tra parole e dal Disordinata per quanto riguarda l'impulsività e la mancanza di considerazione per le conseguenze delle proprie azioni.

La rabbia immotivata e intensa (criterio 8) – rabbia che nel soggetto borderline di solito segue l'abbandono "reale o immaginario" – trova una spiegazione sufficiente nella combinazione Pendente + Disordinata. Il Disordinata infatti dà la mancanza di autocontrollo e l'impulsività, il Pendente la motivazione e l'innesco del comportamento impulsivo (l'abbandono).

L'ideazione paranoide in condizioni di stress (criterio 9.) può trovare spiegazione anche nel solo Pendente di grado elevato: "Tendono a pensar male degli altri, a prenderli in agguato se li sospettano di qualche cosa" (Moretti, cit. in Palaferri 2001, p. 209).

I sentimenti cronici di vuoto (criterio 7.) sono una caratteristica del Disordinata ("vuoto interiore ed esistenziale per incapacità di ideali elevati di vita e di azione", Palaferri 2001, p. 107).

L' instabilità affettiva dovuta a una marcata reattività dell'umore (criterio 6.) è anch'esso implicito nel Non omogenea del Calibro ("variabilità del senso soggettivo di potere e di benessere, per cui il soggetto viaggia sulle onde dell'umore", Palaferri 2001, p. 198)

L'ideazione paranoide, o i gravi sintomi dissociativi transitori, legati allo stress (criterio 9.), fanno pensare che a gradi elevati di Disordinata possano accompagnarsi anche segni quali Confusa, Aggrovigliata, Riccio confusione, Riccio Mitomania.

In sintesi, il tipo borderline di personalità è caratterizzato grafologicamente dalla combinazione dei segni Pendente e Disordinata (entrambi di grado elevato) con segni fautori quali Stretto tra parole, Aggrovigliata, Confusa, Riccio confusione, Riccio mitomania. Possono essere presenti anche altri segni di cessione come Aperture a capo e Discendente (meglio ancora se Non omogenea nella direzione del rigo).

La diagnosi di disturbo borderline di personalità è posta "con frequenza di gran lunga maggiore nelle donne in quasi tutti i gruppi campione, molti dei quali risultano formati per il 71-73% da pazienti di sesso femminile (Gabbard 2005, p. 442). Per Moretti "la pendenza della scrittura è propria della grafia femminile. Quando la si trovasse in scrittura maschile abbastanza accentuata, allora sarebbe uno dei segni della tendenza all'ermafroditismo psichico" (Moretti 2002a, p. 316).

Per Gabbard gli uomini con diagnosi di disturbo borderline di personalità tendono a corrispondere anche ai criteri del disturbo antisociale di personalità (v. *infra*) e a presentare un disturbo da abuso di sostanze. Per Moretti il disordinato "tende ad amare eccessivamente l'alcool, a gettarsi nelle gozzoviglie, a non avere una regola circa il lavoro e il riposo" (Moretti 2002a, p. 165).

Nelle donne diagnosticate con disturbo borderline di personalità sono invece più frequenti i disturbi dell'alimentazione (Gabbard 2005, p. 442) e in particolare la bulimia. Per Moretti la donna che ha il segno Disordinata "tende bere e a mangiare disordinatamente" (Moretti 2002, p. 166). Da un punto di vista psicodinamico le abbuffate (criterio 4.), così come gli altri comportamenti impulsivi e autolesivi, vengono messi in relazione con il tentativo di colmare i sentimenti cronici di vuoto (criterio 7.).

Da un punto di vista neurofisiologico, il disturbo borderline di personalità è stato messo in relazione con "un indebolimento dei circuiti di controllo inibitori a livello della corteccia prefrontale" (Gabbard 2005, p. 439).

Palaferri mette esplicitamente in relazione il Largo tra parole con "una funzione della neocorteccia – soprattutto dei lobi frontali – " (Palaferri 2001, p. 169) e si è visto come lo Stretto tra parole (che qui intendiamo come Largo tra parole non superiore ai 2-3/10) sia un segno fautore della sindrome borderline. Il Disordinata sopra i 5/10 ha verosimilmente una genesi simile in quanto va "a menomare tutte le qualità, soprattutto quelle che hanno bisogno di critica per essere equamente impostate" (Moretti 2002a).

A sua volta l'indebolimento della corteccia prefrontale può spiegare l'iper-reattività dell'amigdala (Gabbard 2005, p. 450) rilevata in soggetti borderline. L'amigdala infatti è coinvolta sia in reazioni di paura che di rabbia. È quindi probabile che nella scrittura dei soggetti borderline vi sia una forte emotività (Intozzata II). Anche l'Intozzata II, come il Disordinata, può essere messa al servizio di temperamenti diversi.

In soggetti borderline è stata riscontrata anche "un livello di attività serotoninergica significativamente ridotto" (Gabbard 2005, p. 454). Abbiamo visto nel capitolo 4. come il livello di attività serotoninergica possa essere in relazione con il temperamento morettiano dell'Attesa. Se questa ipotesi è corretta allora dovremmo aspettarci un livello inferiore alla norma di Attesa nei soggetti borderline che renderebbe conto della dimensione di impulsività.

Per il resto, nel soggetto borderline possono essere presenti tutti i temperamenti morettiani (anche una buona quota di Resistenza disintegrata può avere la sua parte, con segni quali Lettere Addossate e Aggrovigliata). È infatti implicito nel concetto di disordine che l'individuo sia mosso dalle tendenze più disparate senza che tra queste vi sia una opportuna armonizzazione e, non a caso, il segno Disordinata partecipa di tre temperamenti diversi.

La maggior parte delle scritture ha come temperamenti dominanti quello dell'Attesa e della Resistenza, che sono temperamenti "secondari" (nel senso di La Senne) ovvero socializzati. Dobbiamo quindi considerare questo quadro (prevalenza di Attesa e Resistenza con modesta presenza di Assalto e Cessione) come la "norma", sia in senso statistico sia in relazione alla psicopatologia. Come si è visto nel par 7.1. infatti i disturbi di personalità sono definiti come deviazioni rispetto alle attese della cultura di appartenenza dell'individuo.

I temperamenti della Cessione e dell'Assalto d'altro canto sono temperamenti "primari" in quanto istintivi e non socializzati (Freud parla, in modo per certi versi analogo, di processo primario e secondario).

Un'abnorme presenza di temperamenti di Assalto e Cessione può essere quindi indice di un individuo impulsivo che manca cioè della capacità di posticipare il soddisfacimento degli impulsi. Quanto più saranno carenti Attesa e Resistenza, tanto più l'individuo sarà impulsivo e in balia del processo primario che prevede l'immediata scarica dell'impulso e il soddisfacimento del principio di piacere senza tener conto del principio di realtà. Questa è una caratteristica che riguarda, a vario titolo, tutti i disturbi del cluster B (Gabbard 2005, p. 439).

DISTURBO ANTISOCIALE DI PERSONALITÀ

L'ultimo disturbo di personalità del Cluster B è il disturbo antisociale di personalità che è caratterizzato "da un quadro pervasivo di inosservanza e di violazione dei diritti degli altri" (APA 2009).

Devono essere soddisfatti tre o più dei seguenti criteri:

1. Incapacità di conformarsi alle norme sociali per ciò che concerne il comportamento legale, come indicato dal ripetersi di condotte suscettibili di arresto
2. Disonestà, come indicato dal mentire, usare falsi nomi, o truffare gli altri ripetutamente, per profitto o per piacere personale
3. Impulsività o incapacità di pianificare
4. Irritabilità e aggressività, come indicato da scontri o assalti fisici ripetuti
5. Inosservanza spericolata della sicurezza propria e degli altri
6. Irresponsabilità abituale, come indicato dalla ripetuta incapacità di sostenere una attività lavorativa continuativa, o di far fronte ad obblighi finanziari
7. Mancanza di rimorso, come indicato dall'essere indifferenti o dal razionalizzare dopo avere danneggiato, maltrattato o derubato un altro.

Deve essere inoltre presente in anamnesi un disturbo della condotta con esordio prima dei 15 anni di età. I criteri diagnostici del disturbo della condotta sono essenzialmente gli stessi del disturbo antisociale di personalità adattati alla più giovane età a cui si manifesta (Cerutti-Manca 2008).

Può apparire difficile orientarsi tra questi criteri senza poter distinguere tra ciò che è caratteristico del disturbo antisociale e ciò che è comune altri disturbi. Per capirci qualcosa di più possiamo rivolgerci alla neurofisiologia.

Secondo alcune ricerche il disturbo di personalità sarebbe in relazione con una bassa attività serotoninergica (Gabbard 2005, p. 529) che renderebbe conto del tratto "impulsività, incapacità di pianificare". Questo tratto, pur con modalità differenti, è tuttavia comune al disturbo borderline di personalità e quindi non può essere dirimente.

Secondo altre ricerche il disturbo antisociale di personalità sarebbe caratterizzato anche da una "ridotta responsività del sistema nervoso autonomo" (Gabbard 2005, p. 529) Abbiamo a che fare quindi con individui che hanno un livello di sensibilità *estremamente* basso.

Questo discorso, nel complesso, ci fa pensare ai segni Grossa e Sciatta che si trovano uniti nel Grossolana, in un calibro tendenzialmente medio-alto.

In particolare il concetto di "alta soglia di ricettività nervosa che non consente calore emotivo, delicatezza e soddisfacente sensibilità d'animo" (Palaferri 2001, p. 142) è molto vicino a quello di "ridotta responsabilità del sistema nervoso autonomo".

La "scarsa organizzazione dell'attività (incapacità di organizzare l'attività a lunga prospettiva" (Palaferri 1999a, p. 371) nonché la "mancanza di vero senso pratico del soggetto che vive alla giornata, incapace di intelligente gestione degli affari" (Palaferri 2001, p. 237) rendono conto dell'"incapacità di pianificare" (criterio 3.). I "pochi scrupoli di coscienza" (Palaferri 2001, p. 142) possono render conto della mancanza di rimorso (criterio 7.). L'"irascibilità ritardata [...] ma all'occasione rude, irrazionale e violenta" (Palaferri 2001, p. 142) può render conto dell'aggressività (criterio 4.). A questo proposito Moretti, ancora più esplicitamente, scrive a proposito di Grossolana che "nell'ira possono avere sentimenti di crudeltà e adoperarne i mezzi" (Moretti 2002a, p. 337). Grossolana d'altronde implica Stentata che è il segno principe della tendenza all'ira (Moretti 2002a, p. 527). Ma se l'ira di Stentata si unisce alla mancanza di sensibilità del Grossa viene meno anche quel freno dettato dalla considerazione delle conseguenze sugli altri che potrebbe avere un individuo dotato di maggiore sensibilità. È per questo che l'ira del Grossolana può trascendere nella brutalità.

Si consideri inoltre che Stentata è il contrario di Fluida e che pertanto se Fluida è il segno dell'empatia e della simpatia Stentata non potrà che essere segno di *non* empatia e *non* simpatia.

Al Grossa di 7/10 Moretti attribuisce anche la "tendenza a non avere un vero sentimento sociale" (Moretti 2002a, p. 545) che rende conto del criterio 1.

Se Accurata d'altronde indica rispetto, anche ossequioso, per le convenzioni sociali, il suo opposto Sciatta non può che indicare una assenza di considerazione per le stesse. Sciatta infatti indica tra l'altro "amoralità disposta a recitare ogni parte nella vita (facilità a dire e a disdire)" e "facile ricorso ad espedienti" (Palaferri 2001, p. 238) che rendono conto del criterio 2. L'irresponsabilità abituale (criterio 6.) è poi implicita in tutto il concetto di Sciatta ("insensibilità ai richiami del dovere", "tendenza a non scomodarsi", etc., Palaferri 2001, p. 238).

Non è quindi il mero Grossa a rappresentare il tipo antisociale perché questo in sé indica solo una relativa mancanza di sensibilità. È quando si combina con Stentata (tendenza all'ira) e Sciatta (incuranza per le convenzioni sociali) che dà luogo a un quadro che assomiglia molto a quello del disturbo antisociale. Si deve inoltre considerare che Sciatta tende al Discendente che indica, in un contesto del genere, quella che Moretti chiama "debolezza morale" e "disposizione all'amoralità" (Moretti 2002a, p. 102). In particolare Moretti parla di amoralità per le scritture che presentano sia disordine che "capricciosità della discendenza e dell'ascendenza [del rigo]": "per amorale voglio intendere colui che non sente la spinta dell'amoralità. Quindi non è antimorale (immorale), ma resta in certo modo indifferente alla moralità o all'immoralità." (Moretti 2002a, p. 105). Anche Sciatta per Moretti è segno specifico di mancanza di moralità: "indica tendenza a fralezza di costumi, a cessione davanti alle richieste e insinuazioni disoneste e immorali altrui e alle tentazioni proprie" (Moretti 2002a, p. 108). L'assenza di moralità rende conto da sola dei criteri 1., 2., 5. e 6. Se vi è infatti un disturbo di personalità che è fortemente connotato in senso morale (e non solo psicopatologico) è proprio quello antisociale.

Gabbard riporta inoltre che "i bambini con disturbo da deficit dell'attenzione/iperattività presentano un rischio superiore alla norma di sviluppare successivamente un disturbo antisociale" (Gabbard 2005, p. 529) e che il disturbo antisociale è associato a vari deficit neuropsicologici.

Senza entrare nello specifico del disturbo da deficit d'attenzione, che richiederebbe una trattazione a parte, possiamo notare come uno dei suoi sintomi tipici sia, appunto, la difficoltà di attenzione e concentrazione. Sappiamo d'altronde che se il segno Accurata indica buone capacità attentive il segno Sciatta, che è il suo opposto, indica "disattenzione e svagatezza" (Palaferri 2001, p. 238).

Per Moretti Artritica partecipa del segno Grossolana (Moretti 2002a, p. 339). Questo segno non è specifico del disturbo di personalità antisociale (per il DSM rientrerebbe invece tra i disturbi somatoformi) ma ci dà un quadro efficace di alcuni tratti che abbiamo visti associati al segno Grossolana:

> Sono distratti nel mangiare, nel ragionare, nel fare un'azione e perciò hanno una memoria defettibile non già per deficienza mnemonica, ma perché non fissano in mente quello di cui dovrebbero ricordarsi. Non

badano troppo al mio e al tuo e, se hanno bisogno o credono di aver bisogno di una cosa, la prendono dove la trovano, senza pensare di domandarla o di acquistarla dal padrone di essa. Sembrano assai egoisti, e per lo più sembrano tali per mancanza di quelle convenienze che sono volute dalla società e che indicano proprietà di procedere (Moretti 2002a, p. 340)

Per definire meglio il quadro sarebbe opportuno inoltre che al segno Grossolana si associassero delle angolosità o dei segni a contenuto angoloso. Per quanto riguarda l'aspetto temperamentale infatti sono presenti sia aspetti di Attesa (Grossa) che di Cessione (Sciatta). Per quanto Stentata faccia parte, a rigore, del temperamento dell'Attesa, è innegabile che abbia anche una componente di Assalto. Affinché quindi il soggetto antisociale sia portato a passare all'atto è necessario che vi sia anche l'innesco di segni di Assalto.

Può sembrare una contraddizione che segni del genere si diano in una scrittura come quella che abbiamo descritto ma Moretti non ha problemi nell'attribuire segni di Assalto anche a scritture sciatte (ad esempio Moretti 2000a, pp. 103-105). In *Grafologia pedagogica* considera compatibili con Grossa e Grossolana segni quali Angoli A (Moretti 2002b, p. 158), Intozzata I (*ibid.*, p. 162), Solenne, Aste col concavo a sinistra, Impaziente, Ardita, Slanciata (*ibid.*, p. 172).

Come si è visto a proposito del tipo borderline la presenza sopra media dei temperamenti di Assalto e Cessione è caratteristico delle personalità al di fuori della norma e specificamente di quelle del cluster B. Che Assalto e Cessione, anche in grado elevato, possano coesistere in uno stesso individuo è peraltro testimoniato dal fatto che Acuta (Assalto) si accompagni frequentemente a Pendente (Cessione). Ad esempio la scrittura di Sigmund Freud (Moretti 2002a, pp. 622-623) ha ben 9/10 di Intozzata I, 9/10 di Acuta, 8/10 di Angoli A, 6 e 6/10 di Slanciata (segni di Assalto) accanto a 8/10 di Pendente, 7/10 di Attaccata, 6/10 di Fluida, 5/10 di Aste col concavo a destra 4/10 di Apertura a capo (segni di Cessione).

Ciò che è carente nell'antisociale – così come nel borderline – è invece l'attesa (bassa attività serotoninergica) che modulerebbe sia l'Assalto che la Cessione.

Il concetto di disturbo antisociale di personalità è in parte, ma non del tutto, sovrapponibile a quello di psicopatia elaborato da Hare (Hare 2009).

Per Hare gli psicopatici sono caratterizzati dai seguenti tratti:

a. Loquace e superficiale
b. Egocentrico e grandioso
c. Assenza di rimorso e di senso di colpa (criterio 7. del DSM-IV)
d. Mancanza di empatia (in parte criterio 7. del DSM-IV)
e. Falso e manipolativo (in parte criterio 2. del DSM-IV)

f. Affettività superficiale
g. Impulsività (criterio 3. del DSM-IV)
h. Deficit del controllo comportamentale (criteri 3., 5. e 6. del DSM-IV)
i. bisogno di eccitazione
l. Mancanza di responsabilità (criterio 6. del DSM-IV)
m. Problematiche comportamentali precoci (disturbo della condotta nel DSM-IV)
n. Comportamenti antisociali in età adulta (criteri 1. e 2. del DSM -IV).

Come si vede i costrutti di disturbo antisociale e psicopatia di Hare sono almeno in parte sovrapponibili. Hare aggiunge al quadro del disturbo antisociale anche i tratti loquace e superficiale, manipolativo, mancanza di empatia, egocentrico e grandioso, affettività superficiale e bisogno di eccitazione.

Questi ulteriori tratti, a loro volta, rientrano in parte nel quadro del disturbo narcisistico di personalità (in particolare "egocentrico e grandioso", ma anche "manipolativo", "loquace e superficiale", etc.).

Il criterio i. (bisogno di eccitazione) ci fa pensare alla dimensione *novelty-seeking* di Cloninger (*cfr.* cap. 4) che abbiamo imparato ad associare al temperamento dell'Assalto.

Le differenze tra disturbo antisociale del DSM e la psicopatia di Hare sono quindi quantitativamente esigue ma in realtà qualitativamente molto importanti. In questo caso infatti la dimensione di Assalto non è sullo sfondo ma in primo piano.

Per questo non possiamo non pensare a quei segni di Assalto che hanno natura temperamentale. Scattante + Slanciata rende conto dei criteri g., h., i., l., Angoli A dei criteri c. e d., Intozzata I dei criteri b., f., g. Ovviamente è necessario che questi segni abbiano un grado elevato (dai 7/10 in su) o francamente eccessivo (8/10).

Il criterio a. "loquace e superficiale" ci rimanda al segno Profusa, che ben si abbina a Slanciata (per Moretti si ha Slanciata 10/10 solo se la scrittura è Profusa, Moretti 2002a, p. 304).

Il Calibro alto del Profusa rende conto anche del criterio b. "egocentrico e grandioso" così come dell'"affettività superficiale" di cui al criterio f. Qualsiasi segno di narcisismo (v. *supra*). e in particolare Spavalda, può render conto di queste dimensioni.

In sintesi, abbiamo il temperamento dell'Assalto per impulsività e impetuosità in aggiunta a segni indici di narcisismo. Possono coesistere, e sono anzi in qualche misura necessari, anche gli altri temperamenti dell'Assalto (Angoli A e Intozzata I di grado eccessivo). Gli Angoli A indicano il risentimento illegittimo (il soggetto risponde in modo violento e impulsivo a qualsiasi minima provocazione) mentre l'Intozzata I denota una forte irritabilità di base. Possono essere presenti anche altri accompagnatori quali Impaziente, Ardita, Spavalda e Profusa.

Questi segni sono condizione necessaria ma non sufficiente per poter entrare nel concetto di psicopatia. È necessario che vi siano segni di aggressività manifesta e di mancanza di empatia.

La mancanza di empatia, in un contesto del genere può esser dato da una base di Grossa o da un Intozzata I di grado molto elevato. Per i segni di aggressività manifesta possiamo guardare alle grafologie non morettiane con segni quali il Colpo di sciabola, il Colpo di frusta, la scrittura a Mazza (Vels-Crépieux Jamin) e il Riccio della brutalità (Marchesan).

Una base di Disordine grafico può completare il quadro.

Nel *Trattato* (Moretti 2002a, p. 312) Moretti propone una scrittura che ha sia i segni Scattante che Disordinata. Per quanto non riporti gli altri segni si possono evincere tra gli altri i segni Sciatta, Grossolana, Profusa (Dilatata), Stentata, Artritica, il Colpo di frusta della grafologia francese, *t* orientate verso alto destra. Sono presenti anche occasionali forti angolosità nei collegamenti. Per quanto detto questa scrittura rientra appieno nel concetto di disturbo antisociale di personalità.

Sempre nel *Trattato* (Moretti 2002a, p. 324) abbiamo una scrittura Slanciata con evidenti segni di Disordine grafico, Calibro alto, Profusa, Aperture a capo, Ascendente. Il Mantiene il rigo però è buono, così come l'organizzazione nello spazio grafico. Questa scrittura non rientra quindi nel concetto di disturbo antisociale ma solo in quello narcisistico.

Abbiamo considerato principalmente due vie che portano a problematiche di tipo antisociale: una che passa primariamente per la cessione (Sciatta) e l'altra che passa primariamente per l'assalto (Scattante + Slanciata). Questo ci dice che il disturbo di personalità antisociale (e quello correlato di psicopatia) non è unidimensionale ma copre probabilmente tipi diversi di antisocialità con caratteristiche diverse.

Per il disturbo antisociale vale quindi a maggior ragione un discorso che si può fare per tutti i disturbi che trattiamo in questo capitolo. Il risultato – in termini di diagnosi del DSM – può essere lo stesso ma le cause che lo determinano possono essere varie.

Si deve tener conto inoltre che ciascun disturbo di personalità è distinto a seconda degli autori in sottotipi diversi che, in grado elevato, possono avere dinamiche peculiari.

Inoltre il disturbo antisociale in misura maggiore degli altri disturbi è definito dal DSM in termini comportamentali espliciti richiedendo non solo un certo tipo di dinamiche ma anche il passaggio all'atto. È noto tuttavia che la grafologia può al massimo rilevare *tendenze* che con le azioni manifeste intrattengono solo un rapporto di tipo probabilistico e non deterministico. Le cautele che valgono per tutti i disturbi di personalità sono quindi a maggior ragione necessarie nel caso del disturbo antisociale che tra l'altro si pone a metà tra la sfera psicopatologica e quella criminale.

Per quanto riguarda la diagnosi differenziale il DSM pone un'utile distinzione tra disturbo antisociale e narcisistico:

> Gli individui con Disturbo Antisociale di Personalità e con Disturbo Narcisistico di Personalità condividono la tendenza ad essere brutali, disinvolti, superficiali, sfruttatori e non empatici. Comunque, il Disturbo

Narcisistico di Personalità non include caratteristiche di impulsività, aggressività e disonestà. Inoltre, gli individui con Disturbo Antisociale di Personalità possono non essere così bisognosi dell'ammirazione e dell'invidia degli altri, e le persone con Disturbo Narcisistico di Personalità di solito non hanno una anamnesi di Disturbo della Condotta nella fanciullezza o di comportamento criminale nell'età adulta (APA 2009).

Per quanto riguarda la differenza specifica con gli altri disturbi del cluster B gli individui con "Disturbo Istrionico e Borderline di Personalità sono manipolativi per ottenere considerazione, mentre quelli con Disturbo Antisociale di Personalità sono manipolativi per ottenere profitto, potere, o altre gratificazioni materiali" (APA 2009).

7.4 Disturbi di personalità del cluster C

DISTURBO EVITANTE DI PERSONALITÀ

Il disturbo di personalità evitante è caratterizzato da "una modalità pervasiva di inibizione sociale, sentimenti di inadeguatezza e ipersensibilità alla valutazione negativa, che inizia entro la prima età adulta ed è presente in una varietà di contesti" (APA 2009).
I criteri diagnostici, dei quali almeno quattro devono essere soddisfatti, sono:

1. Evita attività lavorative che implicano un significativo contatto interpersonale, poiché teme di essere criticato, disapprovato, o rifiutato
2. È riluttante nell'entrare in relazione con persone, a meno che non sia certo di piacere
3. È inibito nelle relazioni intime per il timore di essere umiliato o ridicolizzato
4. Si preoccupa di essere criticato o rifiutato in situazioni sociali
5. È inibito in situazioni interpersonali nuove per sentimenti di inadeguatezza
6. Si vede come socialmente inetto, personalmente non attraente, o inferiore agli altri
7. È insolitamente riluttante ad assumere rischi personali o ad ingaggiarsi in qualsiasi nuova attività, poiché questo può rivelarsi imbarazzante.

Una combinazione che potrebbe render conto di questo quadro è quella di Titubante + Accurata, su una base di Filiforme. Anche altre combinazioni possono accedere al carattere evitante (ad esempio Calibro piccolo + Stretto tra lettere + Staccata + Filiforme).
Come si vede dai criteri nel carattere evitante c'è principalmente una dimensione di timidezza che si esprime prevalentemente, e conseguen-

temente, in ambito sociale. Nei criteri compare tre volte la parola "ri-luttante", e due volte la parola "inibito".

Non è quindi sufficiente il solo Calibro piccolo perché questo dice che il soggetto si autosvaluta ma non in che ambito si versa l'autosva-lutazione. Affinché vi sia il carattere evitante è necessario che l'inibi-zione si versi nella sfera sociale. Non a caso, per il DSM, la distinzione tra Disturbo di personalità evitante e Fobia sociale (una sindrome di asse I) è problematica e i due costrutti tendono a sovrapporsi.

Il Titubante di per sé sarebbe sufficiente a render conto della maggior parte dei criteri ivi inclusa l'ansia sociale: "introversione e difficile in-serimento in gruppi non noti" (Palaferri 2001, p. 285).

L'Accurata intensifica la preoccupazione per il giudizio dell'ambiente. È comunque frequente che le scritture titubanti siano vicine al modello scolastico e di conseguenza tendenzialmente accurate.

Come segni accompagnatori possiamo aggiungere la triade Accartoc-ciata, Rovesciata e Stretto tra lettere e in genere tutti i segni a carattere regressivo che indicano difficoltà nel rapporto con gli altri.

Un segno complesso quale Minuziosa potrebbe render conto di alcuni di questi criteri. In presenza di Minuziosa entreremmo tuttavia mag-giormente nell'orbita del carattere schizoide (*v. supra*). Si noti che per Palaferri Minuziosa può stare con Titubante (*cfr.* Palaferri 2001, p. 184). In questo caso avremo un carattere sia schizoide che evitante.

Per il DSM-IV "il Disturbo Evitante di Personalità, il Disturbo Schizo-tipico di Personalità e il Disturbo Schizoide di Personalità sono carat-terizzati da isolamento sociale. Comunque, gli individui con Disturbo Evitante di Personalità desiderano avere relazioni con altri, e sentono profondamente la propria solitudine, mentre quelli con Disturbo Schi-zoide o Schizotipico di Personalità possono accontentarsi e anche pre-ferire il proprio isolamento sociale" (APA 2009).

Non siamo quindi in un contesto di Angolosità, eccessivo Staccata o eccessivo Largo tra parole che sarebbero indici di "schizotimia". Al con-trario l'evitante vuole e desidera le relazioni sociali ma si sente non ade-guato e inetto. Con il segno Acuta d'altro canto siamo già fuori dal carattere evitante perché manca – oramai – il desiderio di instaurare relazioni con il prossimo. L'Acuta è isolato ma è ben felice di esserlo e anzi ricerca attivamente la solitudine.

Gli individui con disturbo evitante "possono agire con inibizione, avere difficoltà a parlare di sé, e trattenere sentimenti intimi per timore di esporsi, di essere ridicolizzati o umiliati [...] Poiché gli individui con questo disturbo sono preoccupati di essere criticati o rifiutati in situa-zioni sociali, possono essere dotati di una soglia molto bassa per avver-tire tali reazioni" (*ibid.*).

La sensibilità alla vergogna e all'imbarazzo rientra appieno nel Titu-bante mentre la soglia molto bassa di sensibilità ci rimanda inevitabil-mente al Filiforme. I due segni coesistono con una certa frequenza. Per Palaferri uno degli elementi costitutivi del segno Titubante è il "ritmo grafico insicuro e un po' contratto" che indica "scarsa energia vitale" (Palaferri 2001, p. 283).

Anche il Titubante di per sé tuttavia porta alla sensibilità: "tendono più a rigorosità che a rilassatezza e facilmente entrano in uno stato di coscienza esagerata" (Moretti 2002a, p. 180). Palaferri parla di "delicatezza di coscienza" e di "impressionabilità e facili condizioni di turbamento" (Palaferri 2001, p. 285)

Per il DSM-IV gli evitanti "tendono ad essere timidi, quieti, inibiti e 'invisibili', per timore che qualsiasi attenzione sia umiliante o rifiutante. Si aspettano che indipendentemente da quello che dicono gli altri lo riterrebbero sbagliato, e quindi possono non dire assolutamente niente" (APA 2009). Per Moretti coloro che hanno Titubante "compaiono sempre poco", "sono tipi riservati", "hanno apparenza di timidezza" (Moretti 2002a, p. 180).

L'evitante si vede come "socialmente inetto, personalmente non attraente, o inferiore agli altri", il Titubante ha la "sensazione di non essere all'altezza delle situazioni", ha "mancanza di fiducia e di identità personale" e "dannosa ipercritica che [...] rivolge verso se stesso" (Palaferri 2001, p. 285). Per Moretti coloro che hanno il segno Titubante "sono molto larghi verso gli altri, ma rigorosi con se stessi" (Moretti 2002a, p. 180).

L'evitante "è insolitamente riluttante ad assumere rischi personali o ad ingaggiarsi in qualsiasi nuova attività", il Titubante ha "timore delle responsabilità" (Palaferri 2001, p. 285).

Come vedremo anche il disturbo dipendente di personalità può essere caratterizzato dal segno Titubante, in aggiunta ad altri segni.

È quindi particolarmente importante prestare attenzione alla diagnosi differenziale tra questi due disturbi. Per il DSM infatti "il Disturbo Evitante di Personalità e il Disturbo Dipendente di Personalità hanno particolare probabilità di concomitare" (APA 2009).

Ma "mentre il principale motivo di preoccupazione nel Disturbo Evitante di Personalità è l'evitamento dell'umiliazione e del rifiuto, nel Disturbo Dipendente di Personalità il motivo è quello di essere accuditi" (*ibid.*)

Ne consegue che l'evitante attiene maggiormente al temperamento dell'Attesa, il dipendente al temperamento della Cessione. È vero che il Titubante è posto da Moretti tra i segni di cessione ma non può che partecipare dell'attesa, dal momento che lo pone sul continuum che porta a Tentennante e Stentata. L'Accurata e il Filiforme non possono che intensificare questa tendenza, essendo entrambi segni di Attesa. Nel Titubante può anche essere presente il temperamento della Resistenza (Accartocciata, Stretto tra lettere, Rovesciata). È quindi presente sia un evitamento attivo (Resistenza) che un evitamento passivo (Attesa). Mentre l'evitante diffida degli altri (ha paura di essere ferito) il dipendente si fida a tal punto che mette la sua salvezza nelle loro mani (è costretto a fidarsi).

Come regola empirica, quindi, se abbiamo un Titubante di grado elevato con una prevalenza dei temperamenti di Attesa e Resistenza siamo nell'orbita del tipo evitante. Se invece il Titubante di grado elevato si accompagna a segni di prevalente Cessione siamo nell'orbita del dipendente. Ovviamente sarà come al solito il contesto a determinare se queste caratterizzazioni possano o meno essere esatte.

Sempre il DSM ci dice che "il comportamento evitante spesso inizia nell'infanzia o nella fanciullezza con timidezza, isolamento, e timore degli estranei e delle situazioni nuove" (APA 2009). Questo da una parte ci dice che il disturbo evitante potrebbe avere una base temperamentale, dall'altro che l'Evitamento del danno in questi soggetti è elevato, così come è basso il livello di Ricerca della novità (cfr. cap. 4). In termini neurofisiologici, secondo il modello di Cloninger, questo equivarrebbe a dire che sono soggetti caratterizzati da un alto livello di serotonina e da un basso livello di dopamina. Secondo la teoria della corrispondenza che abbiamo sviluppato nel cap. 4 avremmo quindi soggetti con un deficit di Assalto e con un surplus di Attesa, il che corrisponde perfettamente al tipo evitante che abbiamo sin qui delineato.

Per Palaferri il Titubante "accentua ansie e somatizzazioni" (Palaferri 2001, p. 284) ma può portare anche a "congestioni emotive facilmente associate a pessimismo e depressione" (ibid., p. 285). Non è forse un caso quindi che "gli altri disturbi che vengono comunemente diagnosticati insieme con il Disturbo Evitante di Personalità includono i Disturbi dell'Umore e d'Ansia" (APA 2009).

DISTURBO DIPENDENTE DI PERSONALITÀ

Il disturbo di personalità dipendente è caratterizzato da "una necessità pervasiva ed eccessiva di essere accuditi, che determina comportamento sottomesso e dipendente e timore della separazione" (APA 2009). Affinché si possa porre diagnosi devono essere presenti cinque o più dei seguenti elementi:

1. Ha difficoltà a prendere le decisioni quotidiane senza richiedere una eccessiva quantità di consigli e rassicurazioni
2. Ha bisogno che altri si assumano le responsabilità per la maggior parte dei settori della sua vita
3. Ha difficoltà ad esprimere disaccordo verso gli altri per il timore di perdere supporto o approvazione.
4. Ha difficoltà ad iniziare progetti o a fare cose autonomamente (per una mancanza di fiducia nel proprio giudizio o nelle proprie capacità piuttosto che per mancanza di motivazione o di energia)
5. Può giungere a qualsiasi cosa pur di ottenere accudimento e supporto da altri, fino al punto di offrirsi per compiti spiacevoli
6. Si sente a disagio o indifeso quando è solo per timori esagerati di essere incapace di provvedere a se stesso
7. Quando termina una relazione stretta, ricerca urgentemente un'altra relazione come fonte di accudimento e di supporto
8. Si preoccupa in modo non realistico di essere lasciato a provvedere a se stesso.

Grafologicamente dobbiamo pensare a un quadro caratterizzato da Titubante e Pendente, con segni accessori quali prevalenti Aste col concavo a destra e Curva di grado elevato.

Il criterio 1. ("ha difficoltà a prendere le decisioni quotidiane senza richiedere un'eccessiva quantità di consigli e rassicurazioni") trova riscontro nel Titubante: "insicurezza nelle scelte che ritarda le decisioni per coazione a troppo rivedere" (Palaferri 2001, p. 285). Con Pendente il soggetto risolve questa difficoltà decisionale chiedendo aiuto all'altro.

Anche il criterio 4. ("ha difficoltà ad iniziare progetti o a fare cose autonomamente") ha un preciso riscontro grafologico: "mancanza di autonomia, di iniziativa, di libertà di pensiero e di azione" (Palaferri 2001, p. 285).

Il criterio 3. "ha difficoltà ad esprimere disaccordo verso gli altri" è già implicito nel segno Titubante: "incapacità di reagire nelle contrarietà e di fronte alle violenze altrui" (Palaferri 2001, p. 285). È rafforzato dalla concomitante prevalenza di Aste col concavo a destra.

Il criterio 2. "ha bisogno che altri si assumano le responsabilità per la maggior parte dei settori della sua vita" è sia conseguenza della dubbiosità del Titubante che della mancanza di autonomia del Pendente.

I criteri 5. 6. e 7. e 8. rientrano invece maggiormente nell'orbita del Pendente.

Abbiamo già visto nel paragrafo dedicato al disturbo evitante quali siano i criteri dirimenti rispetto al disturbo dipendente: "sia il Disturbo Dipendente di Personalità che il Disturbo Evitante di Personalità sono caratterizzati da sentimenti di inadeguatezza, ipersensibilità alla critica, e necessità di rassicurazione; comunque, gli individui con Disturbo Evitante di Personalità hanno un timore talmente intenso di essere umiliati e rifiutati, che si ritirano a meno che non siano certi di essere accettati. Al contrario, gli individui con Disturbo Dipendente di Personalità hanno un comportamento di ricerca e di mantenimento dei legami con le persone importanti, piuttosto che evitare e ritirarsi dalle relazioni" (APA 2009).

Rispetto al disturbo evitante il dipendente ha quindi una maggiore capacità di relazioni sociali. L'urgenza affettiva è la stessa ma il dipendente prova a soddisfarla (Pendente) mentre l'evitante non vi riesce (Rovesciata).

DISTURBO OSSESSIVO-COMPULSIVO DI PERSONALITÀ

Il disturbo ossessivo compulsivo di personalità è caratterizzato da "preoccupazione per l'ordine, il perfezionismo e il controllo mentale e interpersonale, a spese di flessibilità, apertura ed efficienza". I criteri diagnostici sono i seguenti:

1. Attenzione per i dettagli, le regole, le liste, l'ordine, l'organizzazione o gli schemi, al punto che va perduto lo scopo principale dell'attività
2. Mostra un perfezionismo che interferisce con il completamento dei compiti (per esempio, è incapace di completare un progetto perché non risultano soddisfatti i suoi standard oltremodo rigidi)
3. Eccessiva dedizione al lavoro e alla produttività, fino all'esclusione delle attività di svago e delle amicizie
4. Esageratamente coscienzioso, scrupoloso, inflessibile in tema di moralità, etica o valori (non giustificato dall'appartenenza culturale o religiosa)
5. È incapace di gettare via oggetti consumati o di nessun valore, anche quando non hanno alcun significato affettivo
6. È riluttante a delegare compiti o a lavorare con altri, a meno che non si sottomettano esattamente al suo modo di fare le cose
7. Adotta una modalità di spesa improntata all'avarizia, sia per sé che per gli altri; il denaro è visto come qualcosa da accumulare in vista di catastrofi future
8. Manifesta rigidità e testardaggine.

Grafologicamente possiamo pensare al segno Minuziosa con Accurata di grado elevato[7]. L'eccessiva attenzione ai dettagli in modo tale che vada perduto lo scopo principale dell'attività (criterio 1.) rientra alla perfezione nella definizione di Minuziosa. Palaferri scrive che "il minuzioso vede il pelo nell'uovo ma non l'uovo intero" (Palaferri 2001, p. 185) e gli attribuisce i significati di "precisione meticolosa che va a scapito della scioltezza, dell'essenzialità e dell'immediatezza (perdita di tempo)" e "bisogno di accertamenti a non finire di cose che a mente normale sono per se stesse evidenti" (*ibid.*). Anche l'attenzione eccessiva alle norme trova riscontro in un significato preciso: "impegno, attenzione e precisione in ogni tipo di attività, osservando scrupolosamente norme e metodi di procedimento" (*ibid.*). È poi lo stesso Palaferri a mettere in relazione il carattere ossessivo con il Minuziosa: "Ne derivano comportamenti mentali inibiti e stereotipati, con un pensiero insistente e tendenzialmente *ossessivo*" (Palaferri 2001, p. 184, corsivo mio). L'Accurata di grado elevato ha, relativamente a questo criterio, le stesse indicazioni del Minuziosa poiché è portato a scambiare ciò che è accidentale con ciò che è sostanziale. Palaferri attribuisce all'Accurata Studio "minuziosa esattezza di metodo e di esecuzione", "attaccamento fedele alle norme, alle direttive, alle convenzioni e agli usi", "ricerca di assoluta precisione in tutto che inibisce ogni intuizione", etc. (Palaferri 2001, p. 36). Anche a proposito di questo segno Palaferri parla esplicitamente di 'ossessività': "l'impressione che suscitano queste scritture è quella di ricerca ossessiva di ordine che congela il ritmo" (Palaferri 2001, p. 35).

Il perfezionismo di cui al criterio 2. è già presente come tendenza nel Minuziosa ma viene senz'altro accentuato dall'Accurata. Per Minuziosa Palaferri parla di "timori e apprensione inficiati di perfezionismo" (Palaferri 2001, p. 185) e per Accurata Studio di "aspetti positivi di precisione, di capacità di copiare, ma sempre inficiati di perfezionismo". Chi ha questo segno "cura sempre la facciata reputando perfezione il perfezionismo" (Palaferri 2001, p. 36).

Il criterio 4. parla di "eccessiva coscienziosità" che abbiamo imparato ad associare al segno Accurata (*cfr.* cap. 2). L'"inflessibilità in tema di moralità, etica o valori" e fa quindi riferimento al concetto di Accurata.

I criteri 7. e 8. suggeriscono che la grafia può essere anche Angolosa, Acuta, Stretta di lettere e tra lettere e eventualmente Secca. Si può tuttavia sostenere che almeno la rigidità e la testardaggine siano una diretta conseguenza della sindrome Minuziosa + Accurata e che quindi non necessitino di segni ulteriori. Lo stesso vale per il criterio 3. ("eccessiva dedizione al lavoro") che è una diretta conseguenza degli eccessi di accuratezza.

In questo caso la corrispondenza tra segni grafologici e criteri del DSM è talmente buona che non vale la pena insistere ulteriormente.

Si è visto come traducendo i criteri del DSM in termini grafologici alcuni segni siano particolarmente ricorrenti e tendano a presentarsi in più disturbi. Considerando i soli segni caratterizzanti (necessari e sufficienti affinché si abbia il tipo in questione) notiamo che segni quali Minuziosa, Accurata (Studio) e Titubante compaiono in disturbi diversi.

Ciò non deve sorprendere perché il concetto generale di disturbo di personalità, come abbiamo visto, è definito da una modalità persistente, rigida, generalizzata, stabile e di lungo termine che si discosta in modo marcato dalle aspettative della cultura dell'individuo.

È quindi centrale nel disturbo di personalità la deviazione dalle aspettative della cultura dell'individuo, vale a dire la deviazione dalla media.

Ne consegue, da un punto di vista grafologico, che qualsiasi scrittura che devi *marcatamente* dai requisiti di normalità grafica può rientrare nell'orbita del concetto di disturbo di personalità (si pensi ad esempio alla scrittura Artificiale di Moretti).

	Segni caratterizzanti	Segni fautori e accompagnatori
Paranoide	Acuta, Secca, Irta con prevalente Parallela	Accartocciata, eccessi nella Triplice Fermezza, Ricci Mitomania, Accurata studio
Schizoide	Minuziosa con forte Staccata e elevato Largo tra parole	Parca, Filiforme, Mitomania introversa
Schizotipico	Aggrovigliata e Confusa con elevata Non omogeneità grafica	Minuziosa con forte Staccata e elevato Largo tra parole, Frammentata, Riccio mitomania, Mitomania introversa
Dipendente	Titubante + Pendente	Filiforme, Curva di grado elevato
Evitante	Titubante + Accurata	Filiforme, Calibro piccolo, Stretto tra lettere, Staccata
Ossessivo-Compulsivo	Accurata + Minuziosa	Angolosa Acuta, Secca, Stretto di lettere e tra lettere
Narcisistico	Calibro alto 7/10, Ampollosa, Solenne, Spavalda, Allungata	Ricci soggettivismo
Istrionico	Vezzosa civetteria, Flessuosa di alto grado	Ricci ammanieramento, Convolvoli, Estesa
Borderline	Disordinata + Pendente	
Antisociale	Grossolana (Sciatta, Stentata, Grossa) + segni di Assalto	Disordine grafico Calibro alto Segni di Assalto disintegrato
Psicopatia	Scattante + Slanciata, Angoli A, Intozzata I + segni di narcisismo + segni di aggressività manifesta	Stretto tra parole Mazza, Colpo di frusta, Colpo di sciabola (Vels-Crépieux Jamin), Riccio della brutalità (Marchesan)

Tabella 9. Disturbi di personalità secondo il DSM
e segni grafologici corrispondenti

8
La grafologia dei meccanismi di difesa

8.1 Meccanismi di difesa e personalità

Per meccanismi di difesa Freud intende quelle funzioni dell'Io attraverso le quali ci si protegge da impulsi aggressivi e sessuali proibiti provenienti dall'Es.

Sullivan ha esteso il concetto di meccanismo di difesa fino a includervi qualsiasi strategia conscia o inconscia utilizzata per padroneggiare l'ansia.

Attualmente i meccanismi di difesa sono definiti come "processi psichici, spesso seguiti da una risposta comportamentale, che ogni individuo mette in atto più o meno automaticamente per affrontare le situazioni stressanti e mediare i conflitti che generano dallo scontro tra bisogni, impulsi, desideri e affetti da una parte e proibizioni interne e/o condizioni della realtà esterna dall'altra" (Lingiardi 2004, p. 145).

I meccanismi di difesa sono quindi appresi e reversibili, relativamente involontari e generalmente – ma non necessariamente – automatici. Possono essere rivolti sia contro la realtà esterna che interna e lo scopo a cui tendono è "mantenere un'omeostasi psichica che consenta all'individuo di continuare a funzionare in modo stabile" (Lingiardi 2004, p. 145).

Ogni individuo si specializza in alcuni meccanismi di difesa a scapito di altri e questi vanno a formare la sua "corazza caratteriale". Differenti tipi di personalità sono caratterizzati dall'uso preferenziale di meccanismi di difesa diversi ed è probabile che vi sia relazione, per quanto non univoca, tra disturbi di personalità (*cfr.* cap. 7) e specifici meccanismi di difesa (Lingiardi 2004, p. 158). Ad esempio, il tipo narcisista tenderebbe ad utilizzare prevalentemente idealizzazione, svalutazione e onnipotenza.

I meccanismi di difesa possono essere più o meno adattivi in base a diversi criteri. In particolare il soggetto che utilizza un solo meccanismo di difesa è, a parità di condizioni, meno adattato di chi ne utilizza un gamma più ampia. La sclerotizzazione su un unico meccanismo comporta infatti una maggiore perdita di informazione poiché la realtà interna ed esterna viene deformata in modo selettivo e gli errori si accumulano in un'unica direzione. È quindi rilevante la *flessibilità* con cui l'individuo riesce a passare da un meccanismo di difesa all'altro.

Anche l'intensità con cui un individuo utilizza un meccanismo di difesa può renderlo più o meno adattivo. Ad esempio un uso massiccio della rimozione provoca verosimilmente più danni all'esame di realtà di un uso più circostanziato.

Infine si devono considerare anche l'età del soggetto e il contesto di azione. Alcune difese che sono adeguate nell'infanzia non lo sono in età adulta e meccanismi di difesa che sono appropriati in alcuni contesti non lo sono in altri.

Vaillant e Perry classificano i meccanismi di difesa in vari livelli a seconda del loro grado di adattività. I meccanismi di difesa più adattivi sono quelli che comportano un costo minimo in termini di deformazione della realtà e un vantaggio massimo in termini di sollievo dall'angoscia. Viceversa i meccanismi di difesa meno adattivi sono quelli che comportano una grave deformazione della realtà al prezzo di un minimo vantaggio in termini di riduzione dell'ansia.

Nel prossimo paragrafo esamineremo i meccanismi di difesa partendo dal livello 7 (livello altamente adattivo) e proseguiremo nei paragrafi successivi fino al livello 0 (livello di mancata regolazione difensiva) cercando di riportarli ai diversi segni grafologici.

8.2 Difese mature

Le difese mature sono caratteristiche degli individui ben adattati e rientrano quindi pienamente nell'ambito della normalità. Non dovremo quindi sorprenderci di trovare tra i segni grafologici che indicano questi meccanismi di difesa segni che indicano un buon equilibrio psichico.

Tra le difese mature si collocano affiliazione, altruismo, anticipazione, autoaffermazione, autosservazione, repressione, sublimazione e humour (Lingiardi 2004, pp. 146-147).

Per ogni difesa mi limiterò a fornire alcune osservazioni sui segni grafologici corrispondenti senza la pretesa di esaurire l'argomento. Dal momento che potenzialmente di qualsiasi difesa si può abusare cercherò anche di delineare quelli ne costituiscono i possibili eccessi. Le definizioni, ove non diversamente indicato, sono tratte da Lingiardi 2004, pp. 148-149; 156-157.

AFFILIAZIONE: *essere in grado di rivolgersi ad altri per ricevere aiuto o supporto.*

L'individuo ben adattato non è colui che non chiede mai aiuto (il narcisista) né colui che lo chiede anche quando potrebbe farcela da solo (il dipendente) ma colui che è in grado di chiederlo quando ne ha effettivamente bisogno.

La scrittura tipica dell'affiliazione deve quindi avere un grado sufficiente di Curva, Largo tra lettere, giusto grado di Aste col concavo a destra, Dritta modulato o leggero Pendente.

Sono contrari a questa difesa segni quali Aste rette sopra la media, Dritta rigido, Rovesciata, Intozzata I di grado elevato, Calibro alto, Angolosa e tutti quei segni in genere che indicano una difficoltà nel progresso verso il vettore destra.

Stentata, Tentennante e Titubante potrebbero aver bisogno di aiuto ma non è detto che lo chiedano. Titubante potrebbe avere difficoltà a decidere se chiedere aiuto o meno, Tentennante potrebbe oscillare tra la voglia di essere aiutato e quella di fare da sé, Stentata potrebbe segnalare di averne bisogno in modo passivo-aggressivo (e quindi non appropriato).

Da questo discorso si evince che la capacità di chiedere aiuto richiede anche una certa dose di Fluidità. Per chiedere aiuto l'individuo deve avere fiducia nel fatto che l'aiuto gli sarà offerto e quindi deve avere un'immagine dell'altro come disponibile e capace.

Se la concezione degli altri è negativa, come ad esempio nel segno Acuta, è improbabile che l'altro chieda aiuto e ancor più che si senta in grado di farlo. Un discorso simile vale per segni quali Stretto tra lettere, Accartocciata, Rovesciata, Aste col concavo a sinistra, Minuziosa.

Anche l'affiliazione se portata all'estremo può diventare disadattiva. Si pensi a quegli individui che non riescono a stare da soli o che "sentono se stessi" solo se hanno un pubblico, come ad esempio nella combinazione Curva + Calibro alto + Attaccata. In ultima analisi gli individui che tendono ad abusare dell'affiliazione sono quelli che non hanno una vera e propria individualità, che non si percepiscono distinti, che si perdono nella folla. Sono gli individui che, nella teoria del Big Five, sono caratterizzati da un eccesso di Estroversione (*cfr.* cap. 2). Si consideri infine che l'eccesso di affiliazione si oppone a un uso positivo dell'autoaffermazione (v. *infra*).

ALTRUISMO: *occuparsi dei bisogni degli altri al fine, in parte, di venire incontro anche ai propri.*

Affinché si abbia il meccanismo di difesa dell'altruismo non è necessario che l'individuo sia *cosciente* che il suo comportamento altruistico sia motivato da altri scopi (Flessuosa potrebbe esserne cosciente mentre altri segni potrebbero non esserlo). Non è neanche necessario postulare che ogni forma di altruismo sia riducibile all'altruismo inteso come meccanismo di difesa.

Per comprendere la dinamica di questa difesa si può notare come concentrarsi sui problemi degli altri sia un buon modo per non pensare ai propri. In questa chiave si possono leggere anche la scelta di professioni di aiuto quali l'assistente sociale, lo psicoterapeuta, lo psichiatra.

L'altruismo fa parte dei meccanismi di difesa di alto livello perché il perseguimento degli scopi dell'individuo (la difesa dall'angoscia) viene ottenuto in armonia e tramite il perseguimento degli scopi altrui (la soddisfazione dei bisogni degli altri).

I segni indice di altruismo, inteso come meccanismo di difesa, sono pressappoco gli stessi dell'affiliazione.

La scrittura in questione deve essere Curva, Pendente (ma non troppo), Larga tra lettere e di lettere, tendenzialmente Fluida, con un grado non elevato di Aste rette e un grado di Angoli C di almeno 4-5/10.

Con Intozzata I sopra i 6-7/10 l'individuo è sia incapace di affiliazione (pensa solo a sé stesso, non riesce a far parte di un gruppo senza prevaricare) sia di altruismo, per quanto interessato (è troppo preso dall'ambizione e dalla smania di indipendenza).

Con un Filiforme eccessivo (specie se astenico) l'individuo non ha sufficienti energie per occuparsi degli altri. Lo stesso vale per il segno Titubante, che è altruista solo in potenza. Anche Pendente di grado elevato per quanto sia spinto verso gli altri può non riuscire a occuparsene in modo adeguato, perché eccessivamente concentrato sulle proprie istanze. Un discorso analogo vale per Calibro alto. In Minuta ci può essere altruismo mentre in Minuziosa tendenzialmente non c'è. Affinché l'individuo possa occuparsi dei bisogni degli altri deve avere chiaro quali siano questi bisogni. Per questo l'altruismo non può stare con Parallela, che è la negazione della comprensione psicologica. Chiara può essere fautore, ma in assenza di Chiara si può arrivare a comprendere i bisogni altrui anche per altre vie (Diseguale metodico del calibro e dell'inclinazione).

Anche l'altruismo, come gli altri meccanismi di difesa, è passibile di abuso. Si pensi ad esempio al Curva di grado elevato e in genere a quei segni che rientrano nell'orbita del disturbo dipendente di personalità (v. cap. 5). Anche i segni che parlano di un altruismo che "dice troppo per poter essere vero" costituiscono un abuso di questo meccanismo: Angoli C e Sinuosa di grado elevato o in contesti negativi, Estesa, Convolvoli.

ANTICIPAZIONE: *Prendere in considerazione soluzioni alternative realistiche e prevedere le reazioni emotive a problemi futuri, ma anche saper sperimentare l'angoscia futura attraverso la rappresentazione mentale sia delle idee sia degli affetti angoscianti.*

In questo meccanismo di difesa è centrale il concetto di previsione. L'individuo cerca di fronteggiare l'angoscia immaginando cosa proverà in una determinata circostanza e come prevenire futuri sentimenti negativi.

Sono quindi importanti i segni Diseguale metodico dell'inclinazione e dello scattante, perché è necessaria sia una buona dose di capacità introspettive (assente in Parallela e nei segni correlati) sia una buona capacità di anticipazione (che può essere vicariata anche dal Largo tra parole). Con il Largo tra parole eccessivo l'individuo immagina non solo lo scenario più probabile ma cerca di esaminare tutti i possibili scenari con grave perdita di tempo e ritardo nell'azione. Si può dire quindi che questo segno (come lo Staccata di grado elevato e il Minuziosa) faccia abuso del meccanismo di difesa dell'anticipazione che risulta perciò disadattivo.

AUTOAFFERMAZIONE: *In una situazione conflittuale o stressante sapere esprimere sentimenti e pensieri direttamente e in modo non manipolatorio.*

Questa definizione fa riferimento al concetto di assertività. L'individuo non nasconde i propri sentimenti o le proprie opinioni per paura di dispiacere agli altri o perdere il loro sostegno, ma nemmeno attacca in maniera preventiva esprimendo disaccordo a priori (Acuta, Stentata).
È chiaro che questo segno implica oltre a un giusto grado di Intozzata I, un giusto grado di Largo tra lettere e un positivo equilibrio tra Aste col concavo a destra e Aste rette. Segni quali Angoli C, Flessuosa, Convolvoli, Sinuosa esulano invece dal meccanismo di difesa dell'autoaffermazione perché possono tendere alla manipolazione. Le idee sono espresse sempre tenendo conto dell'effetto che potrebbero avere sull'interlocutore e del vantaggio che potrebbe derivarne. È essenziale dalla definizione che i pensieri siano espressi in modo diretto senza "giri e rigiri inutili". Per lo stesso motivo va escluso il Pendente, ma anche tutti i segni che indicano eccessiva cessione e quindi eccessiva considerazione (o timore) dell'altro.
Possono abusare del meccanismo di difesa dell'autoaffermazione tutti quei segni che indicano un eccesso di rigidità ("io la penso così e basta", "chi mi ama mi segua"). Tra questi il Piantata sul rigo, Intozzata I di grado elevato, il Recisa, eccessi di Aste rette, Angoli B e Mantiene il rigo.

AUTOSSERVAZIONE: *in una situazione conflittuale o stressante saper riflettere sui propri sentimenti, pensieri, motivazioni e comportamenti in modo appropriato.*

Questa difesa richiede di riuscire a mantenere la calma anche in situazioni stressanti e saper riconoscere i propri sentimenti anche sotto pressione invece di agirli (come nell'acting out).
È un segno che si oppone quindi all'impulsività, ma oltre all'autocontrollo richiede anche capacità di "guardarsi dentro". Il segno principe è quindi il Sinuosa ma partecipano di questo meccanismo di difesa anche Angoli C, Fluida, Accurata spontanea. Il Calibro alto non ha sufficienti capacità introspettive, Calibro piccolo è molto auto-introspettivo ma le

conclusioni a cui giunge sono spesso viziate in senso negativo (si stima meno di quanto non valga). Si può dire che laddove il Calibro alto fatica a riconoscere i propri sentimenti negativi, il Calibro piccolo ce li abbia invece fin troppo presenti (si pensi al Parca). Il Compita in parte si autocensura precludendosi così la percezione di alcuni sentimenti non socialmente accettabili, il Gettata via si tuffa nell'azione senza aver riflettuto abbastanza. Il Contorta riflette sui propri sentimenti in modo convulso, il Parallela non vi riflette affatto. Tutti i segni che vietano la serenità d'animo nuociono all'autosservazione che richiede una relativa tranquillità d'animo (sono quindi contrari Stentata, Tentennante, Titubante, Impaziente). Ovviamente una buona ed equilibrata Triplice larghezza sarà un indice fautore di buone capacità di autosservazione.

Anche di questo meccanismo si può abusare, il che andrebbe a scapito della tempestività e conclusività dell'azione (Calibro piccolo, Minuziosa, eccessi di Largo tra parole, Staccata, etc.).

REPRESSIONE: *evitare intenzionalmente di pensare a problemi, desideri, sentimenti o esperienze in quel momento troppo disturbanti.*

La repressione si distingue dalla rimozione perché è un meccanismo di difesa conscio. Utilizziamo la repressione quando diciamo a noi stessi: "non posso pensarci ora, ci penserò più tardi".

Implica una buona capacità di padroneggiare i propri stati d'animo e quindi una buona fluidità mentale. Il segno base è quindi il Fluida. Segni come Stentata non riescono a non pensare a quello che li affligge ma continuano a rimuginarci su (come Largo tra parole, Contorta, Minuziosa e tutti segni che si oppongono al Fluida).

Un eccesso di repressione porta alla tendenza a procrastinare. L'individuo che abusa della repressione evita qualsiasi pensiero minimamente disturbante, qualsiasi piccola incombenza che dovrebbe svolgere ma non vuole.

Un uso sano della repressione è invece quello di scegliere di non pensare a problemi che non hanno alcuna soluzione (ad esempio il problema, per definizione insolubile, della propria morte).

SUBLIMAZIONE: *saper canalizzare sentimenti e situazioni potenzialmente disadattivi in modo socialmente accettabile.*

Lingiardi per illustrare questo meccanismo di difesa fa l'esempio di un ragazzo che viene lasciato dalla fidanzata, prova rabbia e tristezza e inizia a scrivere poesie d'amore (Lingiardi 2004, p. 157).

Per Freud la civiltà è resa possibile dalla sublimazione, che consente di convogliare l'energia sessuale e aggressiva in attività che siano utili alla società (o quantomeno non dannose).

I segni principali di questo meccanismo di difesa sono l'Accurata spontanea e il Compita, mentre le forme eccessive di Accuratezza – così come Pedante, Parallela e Uguale – parlano di un eccesso di sublimazione che sa di rimozione (v. *infra*). Sia Angoli C che Flessuosa possono partecipare della sublimazione, purché non siano di grado eccessivo e siano in contesti positivi.

Angoli C infatti smussa gli Angoli A e B, vale a dire che "sublima" l'aggressività insita nel risentimento e nella testardaggine. Il Flessuosa evita l'angolo con un accentuata curvilineità socializzando i contrasti e attenuando le asperità. Entrambi i segni esprimono quindi le proprie istanze "in modo socialmente accettabile". Questi segni possono partecipare anche di altri meccanismi di difesa come la formazione reattiva (v. *infra*). È favorevole anche l'Ascendente che rende l'insieme fattivo e propositivo.

In Austera, Parca e Minuziosa non c'è tanto sublimazione quanto rimozione e isolamento (v. *infra*). Gli impulsi vengono negati ma non necessariamente canalizzati in attività utili al soggetto o ad altri. Con segni quali Fine e Levigata la sublimazione può tendere all'eccesso. Il soggetto abusa della sublimazione e perde contatto con il lato materiale dell'esistenza.

Sono contrari invece alla sublimazione tutti quei segni in cui l'aggressività (o la sensualità) è manifesta e in cui quindi la sublimazione non ha avuto luogo: Aperture a capo, Pendente, Sciatta, Grossa (per la sensualità) Stentata, Contorta, Intozzata I di grado elevato (per l'aggressività).

UMORISMO: *saper cogliere gli aspetti divertenti delle situazioni conflittuali o stressanti.*

Questo meccanismo di difesa è chiaramente adattivo in quanto reca piacere sia a sé che agli altri permettendo a chi lo usa di sdrammatizzare una situazione conflittuale e di esprimere aggressività in forma mascherata ma socialmente accettabile.

Si deve tuttavia distinguere l'umorismo dall'ironia pungente, dal sarcasmo, dalla satira, in cui l'aggressività è più manifesta e gli effetti non sono sempre piacevoli (né ci si aspetta che lo siano).

Gabbard scrive che l'umorismo "permette di mantenere una certa distanza o obiettività rispetto agli eventi, e quindi di riflettere su quanto stia succedendo" (Gabbard 2005, p. 36).

Per poter essere ironici è quindi necessario che il soggetto si *distacchi* dalla situazione in corso e la osservi da un punto di vista esterno. Questa è una prerogativa dello Staccata e dei segni affini, ovviamente in contesti di vivacità, ritmo e Diseguale metodico del calibro e dell'inclinazione.

L'umorismo vuole anche creatività e la creatività è data sia dal Diseguale metodico del calibro che da quello non metodico (è difficile che Pedante, Parallela e Uguale facciano ridere qualcuno o che ne sentano il bisogno). Nessuno dei due deve essere presente in grado *troppo* elevato. Con Diseguale metodico del calibro eccessivo (sopra i 6-7/10) avremo un umorismo troppo raffinato e cerebrale. Con Diseguale non metodico sopra i 3-4/10 l'umorismo rischierebbe invece di diventare sconclusionato. In entrambi i casi il soggetto finirebbe per ridere da solo.

È necessario inoltre affinché l'umorismo sia riuscito che il soggetto indovini i tempi dell'intervento. È quindi fautore Scattante mentre è contrario Lenta.

L'umorismo può essere rivolto anche verso se stessi in forma di autoironia. Per poter ridere di sé è necessario che il soggetto non si sopravvaluti e quindi non può coesistere con segni quali Calibro alto, Spavalda, Ampollosa, Intozzata I di grado elevato, eccessi di Triplice Fermezza. In questi casi infatti il soggetto tenderebbe a prendersi molto sul serio.

Con Calibro piccolo, specie se in Minuziosa e Angolosa, il soggetto può tendere all'autosarcasmo ovvero a rivolgere la propria aggressività verso se stesso, autodenigrandosi.

Anche dell'umorismo si può abusare, fino a non prendere più nulla sul serio. Esemplificativo di questo meccanismo è il Disordinata – in grafie vivaci – che tende a "fare il buffone".

Questa dinamica può essere spiegata come segue. Nel momento in cui l'individuo ride di qualcosa sta implicando – e invitando gli altri a convenirne – che la cosa di cui si ride non ha tanto valore quanto gliene si attribuisce, e questo può contribuire a distendere situazioni in cui la tensione è causata da un eccessivo investimento emotivo.

Ma l'abuso di questo meccanismo porta il soggetto a non dare più valore a nulla, con tutto quel che ne consegue in termini di operatività ed efficacia (si pensi ancora al Disordinata).

8.3 Difese di alto livello (nevrotiche)

Al livello 6 troviamo le difese ossessive. Sono difese caratterizzate da un "livello di funzionamento difensivo che lascia intatta l'idea e incide sull'affetto a essa associato. L'affetto viene neutralizzato o minimizzato senza distorsione della realtà esterna" (Lingiardi 2004, p. 146).

È evidente che in questo caso il prezzo pagato in termini di distorsione della realtà è minimo e per questo le difese di alto livello sono considerate relativamente adattive. Sono difese ossessive in quanto caratteristiche del disturbo ossessivo-compulsivo (nevrosi ossessiva in Freud).

ANNULLAMENTO RETROATTIVO: *attuare comportamenti finalizzati a riparare simbolicamente o a negare precedenti pensieri, sentimenti o azioni inaccettabili.*

Il segno grafologico più rappresentativo di questo meccanismo di difesa è il Ritoccata: "lo scritto presenta lettere prima fatte male e poi corrette con tratti aggiunti" (Palaferri 2001, p. 230).

Altri segni indicativi di annullamento retroattivo sono lo Stentata e il Tentennante che se uniti con il Ritoccata indicano "tendenza al dubbio" (Palaferri 2001, p. 230).

Nello Stentata il soggetto prepara a livello di pianificazione un certo gesto scrittorio ma al momento di passare all'esecuzione un contro-impulso lo spinge in una direzione contraria. Il gesto che ne risulta è una media, non molto armonica, delle tue tendenze di segno contrario.

Nel Tentennante il soggetto può passare dal Pendente al Rovesciata nell'arco di una stessa parola. Prima si lascia andare (Pendente), poi si "pente" di averlo fatto ("lasciarsi andare è pericoloso") e attiva il Rovesciata.

Anche alcune diseguaglianze non metodiche del calibro e dell'inclinazione possono avere una spiegazione analoga, così come il segno Contorta.

Stentata e Tentennante sono segni che indicano dubbiosità e non è un caso che il disturbo ossessivo-compulsivo sia caratterizzato dal dubbio iperbolico.

Anche Accartocciata con la sua esitazione tra vettore destro e vettore sinistro può essere letta in termini di annullamento retroattivo. Il soggetto va verso il vettore destra, fa per uscire dalla lettera, ma avverte il vettore destra come pericoloso e torna a sinistra (e così *ad libitum*).

Si pensi inoltre a una lettera con un'apertura a capo che viene seguita da una lettera accartocciata o da una contorsione. Il soggetto prima prova un impulso sessuale (o comunque di apertura) poi si cautela da esso con un eccesso di chiusura (lettera accartocciata) come a negare l'impulso che ha appena provato. In altri casi è possibile anche che il ritocco (segno Ritoccata) vada a chiudere le aperture a capo inavvertitamente prodotte.

Qualsiasi segno grafologico che indica un tornare indietro per rifare ciò che è già stato fatto partecipa del meccanismo dell'annullamento retroattivo così come qualsiasi segno che manifesti una tendenza che viene contraddetta subito dopo da un segno che manifesta una tendenza contraria.

In questo secondo caso, tuttavia, possiamo avere a che fare anche con la difesa della formazione reattiva (v. *infra*).

INTELLETTUALIZZAZIONE: *Orientarsi verso un pensiero eccessivamente astratto per evitare di provare sentimenti disturbanti.*

Sono rappresentativi di questo meccanismo il Calibro piccolo e in particolare il Parca che è caratterizzato sia da "passione mentale per la teoria" sia da "ridotte capacità di emozioni e sentimenti" (Palaferri 2001, p. 205).

Anche lo Staccata e il Largo tra parole eccessivo possono essere letti in questa chiave.

Questi segni ci dicono se il soggetto tende a intellettualizzare ma non se l'intellettualizzazione è efficace nell'evitare i sentimenti disturbanti.

Se abbiamo un Calibro piccolo con forte Intozzata II e la presenza del segno Disordinata (come nella scrittura n. 1 a pag. 52), oltre ad altri segni di accentuata emotività, possiamo supporre che l'intellettualizzazione non sia efficace nel contenere le contrastanti spinte emotive da cui il soggetto è sollecitato.

Un altro segno – non morettiano – che è indice di intellettualizzazione è l'accentuata prevalenza delle aste superiori (anch'esso presente nella scrittura n. 1).

ISOLAMENTO AFFETTIVO: *incapacità di sperimentare contemporaneamente le componenti cognitiva e affettiva di un'esperienza e quindi sottrarre alla coscienza la tonalità affettiva.*

Questo meccanismo di difesa è per molti versi analogo all'intellettualizzazione ed è quindi rappresentato grafologicamente dagli stessi segni. Un rilievo particolare tuttavia assume in questo caso lo Staccata (di alto grado). Il soggetto si vieta di vivere affettivamente una situazione (Attaccata) e interpone l'analisi intellettiva lì dove dovrebbe aver luogo l'affetto. Segni con dinamiche simili sono il Minuziosa, il Parca e l'eccessivo Largo tra parole.

Tutti i segni che abbiamo visto come tipici del livello 6 (difese ossessive) indicano eccessi di analisi (Calibro piccolo, Minuziosa, Stentata, Tentennante), riflessione (Largo tra parole) o controllo (Contorta, Ritoccata). I meccanismi di tipo ossessivo si caratterizzano quindi per la tendenza a abusare delle facoltà intellettive utilizzandole surrettiziamente in campi che dovrebbero essere dominio dell'affettività.

Le difese del livello 5 (altre difese nevrotiche) comprendono dissociazione, formazione reattiva, rimozione e spostamento.

DISSOCIAZIONE (minore): *alterazione temporanea delle funzioni integrative della coscienza, della memoria della percezione di sé o dell'ambiente, del comportamento senso-motorio.*

Questo meccanismo di difesa varia dalla semplice disattenzione selettiva fino ai casi più gravi di disgregazione della coscienza. In questo paragrafo parliamo di dissociazione *minore* per indicare che si tratta di un meccanismo nevrotico in cui l'esame di realtà rimane relativamente intatto.

Per Gabbard la dissociazione comporta una "distruzione del proprio senso di continuità nelle aree dell'identità, della memoria, della coscienza o della percezione al fine di mantenere un controllo psicologico di fronte a un senso di impotenza o perdita del controllo" (Gabbard 2005, p. 35).

La dissociazione minore può presentarsi con momenti di improvvisa oscurità (Confusa, Aggrovigliata) in una scrittura tendenzialmente chiara, di stentatezza in una scrittura tendenzialmente fluida o scorrevole, e di un improvviso Staccata (Frammentata) in una scrittura tendenzialmente attaccata. Relativamente a quest'ultimo caso si pensi a una scrittura con 8/10 di Attaccata che presenta improvvisamente una parola di cinque lettere tutte staccate tra di loro (10/10 di Staccata). Rientra in questo meccanismo anche il *lapsus de cohesion* che "consiste in una distanza esagerata tra il punto finale di una interruzione e il punto da cui inizia di nuovo il movimento. Si ha come conseguenza che lo spazio bianco tra una lettera e l'altra, all'interno di una parola, è uguale e a volte superiore allo spazio che separa una parola dall'altra" (Vels 1981, pp. 265-266). In pratica si ha uno stacco improvviso preceduto e seguito da un abnorme Largo tra lettere.

FORMAZIONE REATTIVA: *percepire come inaccettabili i propri comportamenti, pensieri o sentimenti, e sostituirli con equivalenti diametralmente opposti.*

È lo stesso Moretti a tratteggiare il meccanismo di difesa della formazione reattiva quando ci parla delle scritture rovesciate: "Quanto più sono piegate a sinistra tanto più sarebbero piegate a destra se il soggetto desse loro tale piega" (Moretti 2002a, p. 321). In questo caso il sentimento inaccettabile è quello di abbandono affettivo da cui il soggetto si cautela con la chiusura e la riserva ostentando il sentimento *contrario*. È attratto dall'oggetto ("ti amo") ma mostra repulsione ("ti odio").

Anche le scritture eccessivamente arrotondate che sostituiscono tratti curvi agli angoli previsti dal modello calligrafico sono indice di formazione reattiva. In queste scritture il soggetto inserisce il tratto curvo lì dove dovrebbe aver luogo l'angolo (ad esempio in un brusco cambiamento di direzione), vale a dire che sostituisce il normale e legittimo risentimento con una ostentata bonarietà. È qualcosa quindi che va al di là di Angoli C, che si limita a *smussare* gli angoli e non a sostituirli con Curva. In questo senso la formazione reattiva è alla base di segni morettiani quali Flessuosa e Convolvoli (soprattutto di I tipo). Il meccanismo è opposto a quello di Rovesciata. Il soggetto sostituisce il "ti odio" con il "ti amo". Ad essere inibita è quindi la normale aggressività.

RIMOZIONE: *incapacità di ricordare o essere cognitivamente consapevoli di desideri, sentimenti, pensieri o esperienze disturbanti*

Per Freud la rimozione riguarda essenzialmente gli impulsi sessuali e aggressivi.

Se intendiamo la rimozione in questa accezione ristretta possiamo pensare a una scrittura con allunghi inferiori poco sviluppati e rattrappiti. Marchesan parla a questo proposito di scrittura Accorciata inferiormente che si avvera quando "l'allungo inferiore non raggiunge un'estensione pari a due volte e mezza l'altezza media del corpo" (Massei 1997, p. 117). La scrittura Svettante è invece quella sbilanciata nella zona superiore, ovvero quella in cui "l'allungo superiore oltrepassa un'estensione pari a due volte l'altezza media delle lettere del corpo" (Massei 1997, p. 114). Se alla scrittura oltre ad essere Accartocciata inferiormente è anche Svettante oltre alla rimozione dell'aggressività e della sessualità abbiamo anche una sublimazione verso la sfera dell'idealità.

Si può intendere tuttavia la rimozione in un'accezione più ampia che comprende non solo gli impulsi sessuali e aggressivi ma anche qualsiasi impulso o rappresentazione che sia ritenuta inaccettabile, per qualsivoglia motivo, dalla coscienza di uno specifico soggetto.

Si è visto, ad esempio, parlando del narcisismo come il narcisista abbia difficoltà ad accedere ai propri sentimenti negativi.

Per Kohut "la mancata capacità di genitori di rispecchiare la grandiosità del bambino porta alla scissione o alla rimozione dei bisogni di grandiosità o di esibizionismo [...] A seconda che prevalga la scissione o la rimozione, l'incremento del narcisismo infantile ha due possibili esiti" (Fonagy-Target 2005, p. 215).

Il primo esito è la rimozione del Sé grandioso (il bisogno di esibirsi del soggetto e di essere ammirato) che porta a "un impoverimento generale, contrassegnato da bassa autostima, una vaga depressione e mancanza di iniziativa" (Fonagy-Target 2005, p. 216).

Il secondo esito, in cui il Sé grandioso viene scisso ma non rimosso, porta a "vanagloria, orgoglio, arroganza e atteggiamenti altezzosi" (Fonagy-Target 2005, p. 216).

Il lettore non avrà difficoltà a rinvenire nei due atteggiamenti le caratteristiche psicologiche degli eccessi di Calibro piccolo e Calibro alto.

Laddove il Calibro piccolo rimuove il suo desiderio di protagonismo o, come direbbe Kohut, il suo Sé grandioso, il Calibro alto rimuove i suo sentimenti di inferiorità che sovracompensa con atteggiamenti altezzosi e svalutanti nei confronti degli altri.

Un altro segno che indica rimozione è il Rovesciata, dove ad essere rimossa è l'esigenza e il desiderio di dipendere dagli altri. Gli eccessi di Curva parlano invece di rimozione nei confronti dell'aggressività e degli impulsi ostili così come il Flessuosa e i Convolvoli (specie del I tipo).

Tra i segni che indicano rimozione in senso lato non possiamo non citare anche l'Accurata (e in particolare l'Accurata studio). In questo segno è vi infatti un indebito predominio della coscienza a danno dell'inconscio e delle sue istanze. Parallelamente alla rimozione degli impulsi aggressivi e sessuali si ha anche un processo di formazione reattiva. Il soggetto cercando di essere inappuntabile nega a se stesso e agli altri la consistenza di questi impulsi.

Infine, i segni che indicano insicurezza soggettiva quali il Titubante, il Tentennante e lo Stentata, parlano di una rimozione mal riuscita. Nel Titubante vi è rimozione dell'aggressività che si traduce in una parallela rimozione dell'assertività, ma vi è anche ambivalenza tra il vettore alto e il vettore basso (Titubante di II specie) e tra il procedere o meno (Titubante di I e di III specie).

Nel Tentennante la rimozione riguarda gli impulsi progressivi verso il vettore destra che vengono negati da impulsi opposti, e regressivi, verso il vettore sinistra. Nello Stentata la contemporanea attrazione verso due vettori opposti dà luogo a una formazione di compromesso che viene a costituire una sorta di 'media' tra le due opposte istanze (ad esempio fare e non fare, dire e non dire). Il meccanismo è analogo a quella della formazione dei lapsus linguae e delle paraprassie in genere. Che sia presente in tutti e tre i casi rimozione dell'aggressività è testimoniato dagli scoppi di collera per frustrazione di tendenze. La rimozione non è riuscita del tutto perché in caso contrario il soggetto avrebbe sublimato l'aggressività in assertività.

Anche il Riccio del nascondimento può indicare rimozione per quanto il soggetto con questo riccio può anche essere consapevole di ciò che viene "tacitato". In quest'ultimo caso non avremo rimozione ma piuttosto repressione (v. *supra*).

Infine, qualsiasi "sottrazione" rispetto al modello scolastico può essere vista come una forma di rimozione. Ad essere interessata alla rimozione sarà quell'area della personalità che è simboleggiata dalla zona della scrittura che è oggetto di "sottrazione".

SPOSTAMENTO: *generalizzare o dirottare un sentimento per un oggetto, verso un altro oggetto solitamente meno temuto.*

Lo spostamento è il meccanismo di difesa che contribuisce alla formazione delle fobie e dei pensieri ossessivi. Il soggetto per proteggersi dalla consapevolezza di ciò che è fonte di angoscia dirotta l'ansia su un oggetto neutro che si trova con la causa di angoscia in rapporto di associazione o similarità.

Per Marchesan il segno che indica fobie è Apici ritorti ovvero "violente distorsioni delle cime delle aste delle *d* e delle *t*" (Marchesan 1993, p, 361).

I pensieri ossessivi, nella grafologia morettiana, sono prerogativa degli alti gradi di Staccata in scritture altrimenti sofferenti. La tendenza viene rafforzata dalla presenza del Calibro piccolo, ovvero del segno Minuziosa. Tanto più il ritmo tende verso la lentezza tanto più il soggetto ha difficoltà a liberarsi dei pensieri intrusivi, e tanto più questi tendono a essere persistenti e ripetitivi.

Anche Ricci della mitomania è indice di spostamento, oltre che di proiezione. Il soggetto si libera dai propri conflitti interni attribuendoli agli altri: "se vedono due di diverso sesso parlare insieme, credono che combinino qualcosa di lubrico [...] siccome essi, in quelle date circostanze, si troverebbero in quella data situazione psichica, ritengono che così siano tutti gli altri" (Moretti 2002a). Non a caso Marchesan li chiama "Ricci della fissazione" (Marchesan 1993, p. 414).

Un altro segno indice di spostamento è la pressione invertita, o spostata, con "i tratti ascendenti forti e marcati e sottili quelli discendenti" (Palaferri 2001, p. 220). Per Marianna Leibl si ha pressione spostata anche quando la pressione è marcata maggiormente nei tratti orizzontali: "è sempre indice di uno spostamento della 'libido' dalla sfera istintiva alla sfera volitiva" (Leibl 1989, p. 55).

In linea generale come ogni sottrazione rispetto al modello scolastico può essere indice di rimozione, così ogni aggiunta (purché ripetuta) può essere indice di spostamento e di "fissazione".

8.4 Difese primitive

Con le difese primitive entriamo nell'ambito delle difese caratteristiche dei disturbi di personalità (*cfr.* cap. 7). Difese del genere vanno quindi ipotizzate solo in contesti estremamente negativi perché sono utilizzate regolarmente solo da una minoranza di individui.

Il livello 4 comprende le difese che comportano un "livello di distorsione minore dell'immagine" e sono caratteristiche del disturbo di personalità narcisistico (*cfr.* cap. 7.3). Questo livello è caratterizzato da "distorsioni dell'immagine di Sé, del proprio corpo e degli altri finalizzate alla regolazione dell'autostima" (Lingiardi 2004, p. 147).

Abbiamo già visto come i segni caratteristici del "tipo narcisistico" siano il Calibro *molto* alto (almeno 7/10) accompagnato da segni quali Spavalda, Ampollosa, Allungata, Solenne, Ricci soggettivismo. Il narcisista è anche poco empatico, e quindi la scrittura deve tendere al Parallela, ed egocentrico, e quindi deve avere preferibilmente un pronunciato Stretto tra lettere.

Abbiamo altresì considerato come accanto al disturbo narcisistico di tipo *overt* considerato dal DSM vi sia anche un narcisismo di tipo *covert* in cui le dinamiche narcisistiche vengono vissute soprattutto a livello fantastico e in cui il complesso di inferiorità è più evidente e in primo piano. In questo caso andremo avremo verosimilmente a che fare con scritture che presentino sia Calibro piccolo che segni di compensazione. Si pensi ad esempio a un Calibro piccolo con Spavalda (esagerata estensione delle maiuscole maggiori), con Ampollosità esagerate (asole gonfiate a forma di ampolla), con *t* sopraelevate (orgoglio e ambizione), o in genere con segni di sopraelevazione (Crépiux-Jamin 2001).

IDEALIZZAZIONE: *attribuire a sé o ad altri caratteristiche esageratamente positive.*

L'idealizzazione di Sé è ovviamente caratteristica dei segni che abbiamo già visto come peculiari del narcisismo. In tutti questi segni vi è anche idealizzazione degli altri, per quanto sia rilevabile, spesso, solo a livello inconscio. Una delle caratteristiche del narcisista, infatti, è l'invidia, così importante da assurgere persino a criterio diagnostico ("è spesso invidioso degli altri, o crede che gli altri lo invidino"). Il narcisista quindi idealizza gli altri ma allo stesso tempo non è consapevole e nega di idealizzarli. Se ne fosse consapevole, infatti dovrebbe ammettere che gli altri gli sono in qualche modo superiori che è esattamente il genere di consapevolezza che vuole evitare e da cui si difende.

Grafologicamente l'invidia è data sia da Angoli A sopra la media, sia da Pendente di grado elevato, che possono coesistere con le sindromi già rilevate e ne costituiscono in qualche modo dei rafforzativi (è difficile tuttavia che Pendente si avveri con Calibro molto alto per ragioni squisitamente grafometriche).

È possibile che questi segni si riscontrino anche in scritture dal Calibro piccolo in cui siano presenti anche segni di super-compensazione (Ampollosa, Spavalda, Sopraelevata). In questi casi siamo nell'ambito del narcisismo *covert* (*cfr.* cap. 7.3) in cui l'idealizzazione dell'altro è più evidente ed è presente anche a livello conscio.

Uscendo dall'ambito patologico e intendendo 'idealizzazione' in senso lato e non tecnico possiamo riscontrare questa tendenza nel Calibro piccolo in genere, a cui Marchesan attribuisce la "sensazione di essere soggetti di minor diritto" (Marchesan 1993, p. 183). L'idealizzazione è tuttavia più sicura nei casi in cui il Calibro piccolo si avveri in scritture "sofferenti" (esempio Minuziosa, Stentata, etc.). Similmente i soggetti che hanno un elevato grado di Filiforme, specie se astenico, possono idealizzare gli altri in quanto tendono a considerarli come soggetti dotati di maggior forza.

Negli elevati gradi di Accurata può esserci inoltre idealizzazione dell'ambiente (dell'"altro generico") e delle sue istanze. Il soggetto diventa compulsivamente perfezionista perché ritiene che gli altri siano più "perfetti" di lui e che i criteri di giudizio degli altri siano elevatissimi. In questo caso, in termini psicodinamici, c'è una proiezione delle norme del proprio rigido Super-Io all'esterno. Il soggetto si giudica severamente e crede pertanto che gli altri lo giudicheranno in maniera altrettanto severa.

Con gli elevati gradi di Pendente abbiamo idealizzazione del "Tu" e dell'oggetto da un punto di vista affettivo. Il soggetto crede che l'altro possa completarlo e dargli quell'irraggiungibile saturazione affettiva a cui anela.

In questi casi, tuttavia, parliamo di idealizzazione nel senso comune del termine e non dell'idealizzazione come caratteristica difesa narcisistica.

ONNIPOTENZA: *comportarsi come se si fosse superiori agli altri o si possedessero speciali capacità o poteri.*

Il meccanismo è simile a quello già considerato dell'idealizzazione di sé ma va riservato al Calibro *molto* alto, e in contesti ancora più negativi. Segni caratteristici sono l'Alta allungata e il Solenne.

Poiché nell'onnipotenza si ha anche un caratteristico "scollamento" dalla realtà è possibile il riscontro anche di Ricci della mitomania in grado elevato o di altri segni che indicano un esame di realtà comunque menomato (Aggrovigliata e Confusa di grado elevato).

È facile inoltre che sia presente un elevato grado di Stretto tra parole che indica che il soggetto non è consapevole dei suoi meccanismi di difesa. Lo spazio del Largo tra parole può essere inoltre invaso da Ricci del soggettivismo e della confusione.

SVALUTAZIONE: *attribuire a sé o ad altri caratteristiche esageratamente negative.*

Si ha svalutazione degli altri nei disturbi narcisistici in cui il soggetto si protegge dall'invidia incoercibile che prova convincendosi che gli altri siano indegni di ammirazione e che quindi non ci sia nulla di essi che valga la pena di invidiare.

Per questo i segni che indicano ipertrofia del sentimento dell'Io sono parallelamente anche indici di svalutazione degli altri.

I soggetti borderline invece (*cfr.* cap. 7.3) alternano senza soluzione di continuità svalutazione e idealizzazione, sia nei confronti di Sé che nei confronti degli altri. In questo caso avremo contesti di elevata non omogeneità grafica, accompagnati da Pendente in grado elevato (il borderline è tipicamente adesivo e intrusivo). In particolare affinché vi sia una rapida alternanza di svalutazione e idealizzazione è necessario che si riscontri una spiccata non omogeneità del calibro e dell'inclinazione. Nei momenti di Calibro alto il soggetto idealizza sé stesso e svaluta gli altri, mentre nei momenti di Calibro piccolo avviene l'opposto. I cicli di idealizzazione-svalutazione sono in ultima analisi conseguenza della scissione (*v. infra*).

Se prendiamo il termine 'svalutazione' in senso generale e non tecnico possiamo attribuire questa tendenza anche a segni quali Acuta (Irta, Secca). In questi casi tuttavia la svalutazione si colloca nell'ambito di una dinamica più propriamente proiettiva, caratteristica del tipo paranoide (*cfr.* cap. 7.2). Il soggetto attribuisce agli altri quelle che sono le sue deficienze, e che non accetta come parte di sé. Del tutto simile è la dinamica dei Ricci mitomania.

Le difese del livello 3. si situano a livello del disconoscimento che è "caratterizzato dall'esclusione della coscienza di agenti stressanti, impulsi, idee, affetto o responsabilità spiacevoli o inaccettabili, con o senza erronea attribuzione di essi a cause esterne" (Lingiardi 2004, p. 147).

DINIEGO/NEGAZIONE: *non riconoscere aspetti della realtà esterna/interna che sono invece evidenti per gli altri*

I segni che possono essere indici di diniego sono il Confusa e l'Aggrovigliata in grado elevato in contesti di elevata oscurità grafica e alterazione delle caratteristiche normali del grafismo. Fanno azione di rinforzo i Ricci della mitomania e la Triplice strettezza (Stretto di lettere, Stretto tra lettere e Stretto tra parole). Il soggetto si protegge dalla consapevolezza di qualcosa di spiacevole con la confusione o il restringimento del campo di coscienza. Poiché è una caratteristica tipica (ma non esclusiva) del disturbo borderline è necessario che vi sia anche un elevato grado di non omogeneità grafica.

Precisiamo che con "diniego" si intende il disconoscimento di dati sensoriali che sono evidenti a tutti e che si tratta quindi di un meccanismo di difesa estremamente patologico, caratteristico nella sua forma grave del pensiero di tipo psicotico. Nel borderline il diniego non ha lo stesso carattere di pervasività che nei disturbi psicotici ed è limitato a situazioni di particolare stress emotivo.

PROIEZIONE: *attribuire ad altri i propri sentimenti, impulsi, pensieri inconsci e inaccettabili. Il termine proiezione delirante si usa quando vi è una grave alterazione dell'esame di realtà.*

La proiezione è il meccanismo di difesa elettivo del disturbo paranoide di personalità (*cfr.* cap. 7.2). Si riscontra quindi in contesti in cui prevale l'Acuta (Secca, Irta), il Parallela di grado elevato, i Ricci mitomania, l'Accurata studio. Il soggetto attribuisce agli altri i propri impulsi inaccettabili e si comporta da censore moralista condannando negli altri ciò che in realtà gli appartiene (e che una parte di Sé condanna).

RAZIONALIZZAZIONE: *Inventare spiegazioni circa il comportamento proprio e altrui, rassicuranti o funzionali a se stessi.*

Le razionalizzazione patologica richiede almeno Stretto di lettera, Stretto tra lettere, Largo tra parole, e Angoli A sopra la media. Lo Stretto di lettera restringe il campo di coscienza del soggetto che si preclude così la possibilità di una piena comprensione e accettazione. Gli Angoli A sono necessari per la permalosità del sentimento, che non accetta ciò che il soggetto ritiene lesivo della propria dignità e che pure gli appartiene. Lo Stretto tra lettere dà il ragionamento sofistico che altro non è che una forma di razionalizzazione. Il Largo tra parole, in un contesto del genere, porta all'ipercritica ovvero ad addurre più argomenti di quanto non sarebbe necessario partendo da premesse insufficienti. Non guasta la contemporanea presenza dei segni Pendente, Parallela e Acuta. Una certa quota di razionalizzazione rientra comunque nell'ambito della normalità e non è necessariamente indice di patologia. Diventa un meccanismo di difesa disfunzionale solo nella misura in cui è utilizzato in modo inflessibile, pervasivo ed automatico.

Il livello 2 è caratterizzato da "grossolana distorsione e attribuzione evidentemente errata dell'immagine del Sé o degli altri per mantenere un senso coerente di Sé ed evitare la frammentazione" (Lingiardi 2004,

p. 147). Le difese di questo livello sono proprie del disturbo borderline di personalità o, secondo Kernberg, dell'organizzazione borderline di personalità. L'organizzazione borderline di personalità è un concetto più ampio del corrispondente disturbo ed è caratterizzato dall'uso di meccanismi di difesa primitivi, manifestazioni non specifiche di debolezza dell'Io (incapacità di tollerare l'angoscia, di posticipare la gratificazione, di sublimare), spostamento verso il tipo di pensiero del processo primario (caratteristico dell'Es e dell'inconscio) e patologia delle relazioni oggettuali interiorizzate (Clarkin-Lenzenweger 1997, pp. 121-126).

Per Kernberg l'organizzazione borderline di personalità comprende anche altri disturbi di personalità oltre quello borderline, tra cui tutti quelli del cluster A e del cluster B (*cfr.* cap. 7).

IDENTIFICAZIONE PROIETTIVA: *Coinvolge comportamenti tali da generare una sottile pressione interpersonale su un altro individuo affinché assuma le caratteristiche di un aspetto del Sé o di un altro oggetto interno che vengono in lui proiettate. L'individuo che costituisce il bersaglio della proiezione incomincia quindi ad aver comportamenti, pensieri e sentimenti che sono in accordo con quanto è stato proiettato.*

L'identificazione è un meccanismo di difesa complesso caratteristico del disturbo borderline di personalità e, più in generale dell'organizzazione di personalità borderline. Per Ogden, che ha studiato questo meccanismo di difesa nel processo terapeutico, l'identificazione proiettiva consta di tre fasi. Nella prima "il paziente disconosce e proietta sul terapeuta il proprio oggetto cattivo interno". Nella seconda "il terapeuta inizia a sentirsi e/o comportarsi come l'oggetto cattivo proiettato, in risposta alla pressione interpersonale esercitata dal paziente". Nella terza fase, infine, "il materiale proiettato viene dal terapeuta 'processato psicologicamente' e modificato e in seguito restituito al paziente che lo reintroietta" (Gabbard 2005, pp. 43-46).

Richiede quindi una mancanza di distinzione (almeno temporanea) tra il Sé e l'altro. L'altro diventa il ricettacolo della proiezione di chi ha messo in atto l'identificazione proiettiva e viene da questi sottilmente manipolato di conseguenza. È ovviamente un meccanismo che non si verifica solo in ambito psicoterapeutico.

Si pensi, come variante soft dell'identificazione proiettiva, a quelle persone miti e sottomesse che finiscono per stimolare l'aggressività altrui. In termini psicodinamici si direbbe che queste persone proiettano all'esterno la loro aggressività spingendo gi altri ad assumere il ruolo del dominatore.

Poiché è un meccanismo caratteristico della personalità borderline si riscontra in scritture con elevata non omogeneità, predominante Pendente in un contesto di non omogeneità dell'inclinazione, elevata oscurità (Confusa, Aggrovigliata) con momenti di forte angolosità. Il Parallela, che pure è segno che tende alla proiezione, è più difficilmente compatibile con l'identificazione proiettiva in quanto manca di capacità manipolativa. Infatti l'identificazione proiettiva richiede una forte identificazione con l'altro di cui il Parallela è per lo più incapace. Per questo il Parallela tende alla proiezione semplice, laddove l'identificazione proiettiva vuole un elevata Non omogeneità dell'inclinazione.

SCISSIONE: *vedere se stesso o gli altri come interamente buoni o cattivi, non riuscendo a integrare gli aspetti positivi e negativi di sé e degli altri.*

Questo meccanismo comporta la difficoltà di integrare le rappresentazioni positive e negative di Sé e degli altri in un'unica rappresentazione unitaria. Oltre ai segni già menzionati come caratteristici della personalità borderline (elevata Non omogeneità in tutte le dimensioni, Disordinata, Pendente) dobbiamo aggiungere lo Staccata, fino ai suoi eccessi (Frammentata). La elevata non omogeneità dell'inclinazione e del calibro, unite a un forte Staccata, implica che il soggetto abbia difficoltà a rimanere coeso e a integrare i vari sentimenti che prova nei confronti di Sé stesso e degli altri che oscillano tra idealizzazione e svalutazione. Nei momenti di Pendente e Calibro piccolo il soggetto idealizza gli altri e svaluta se stesso, mentre nei momenti di Rovesciata e Calibro grande, al contrario, idealizza se stesso e svaluta gli altri. Questa conflittualità può esprimersi anche nelle aste (ad esempio Aste col concavo a destra 5/10 insieme ad Aste col concavo a sinistra 5/10).

Per Kernberg la scissione è in ultima analisi causata da una forte componente aggressiva che il soggetto non riesce a integrare con la componente libidica né a sublimare. Ne consegue che avremo anche indici di aggressività (ad esempio momenti di Angoli A 10/10 in un contesto di disordine grafico). Non nuoce nemmeno lo Stretto tra parole perché la capacità di ragionamento tende a prevenire la scissione. L'emotività dev'essere elevata perché chi utilizza la scissione tende a investire sia le immagini positive che negative di Sé e dell'altro di un'intensa affettività. Ne consegue un elevato grado di Intozzata II o altri indici di emotività eccessiva e fuori controllo.

Il livello 1 è il livello dell'acting, caratterizzato da "un funzionamento difensivo che affronta le fonti di stress interne o esterne per mezzo dell'azione o del ritiro". In questo tipo di difese al pensiero viene sostituita l'azione.

ACTING OUT: *agire senza riflettere o senza apparente considerazione per le conseguenze negative dell'azione.*

I segni tipici dell'acting out sono il Disordinata, unito allo Stretto tra parole, e tutti i segni di elevata impulsività in contesto negativo con segni di aggressività (anche auto-diretta). Tutti i segni che indicano frustrazione di tendenze come il Tentennante, e soprattutto lo Stentata, possono dar luogo ad acting-out, specie se si accompagnano a elevata non omogeneità (anche nella pressione). Un'altra sindrome tipica è caratterizzata da Scattante e Slanciata ma sempre in un contesto di elevato disordine grafico. L'acting out infatti non è dato da semplice impulsività ma da conflitti interni che vengono agiti all'esterno. Il soggetto quindi utilizza l'azione per liberarsi temporaneamente del peso dell'angoscia.

AGGRESSIONE PASSIVA: *esprimere aggressività verso gli altri in modo indiretto e non dichiarato.*

Diversamente dall'aggressività manifesta che richiede segni di estroversione l'aggressività passiva richiede segni di inibizione. Un quadro tipico è ad esempio la sindrome Rovesciata + Acuta.

Un altro quadro tipico è caratterizzato da segni di aggressività in Calibro piccolo, ad esempio Minuziosa + Stentata. È necessario quindi che vi siano segni di Assalto in un contesto in cui domina l'Attesa.

HELP-REJECT COMPLAINING: *lamentarsi ripetutamente, chiedere aiuto, ma rifiutare poi i consigli e il sostegno, esprimendo sentimenti nascosti di ostilità e risentimento.*

Una sindrome che può esprimere questa dinamica è Acuta + Pendente + Aste col concavo a sinistra. Il soggetto si lamenta per dare espressione alla sua aggressività, frustrando l'interlocutore, piuttosto che per risolvere i propri problemi. Il calibro deve tendere al piccolo o al mediopiccolo perché è una forma di aggressività indiretta e non manifesta.

Questa lista di meccanismi di difesa non è certamente esaustiva ma può fornire un'idea delle potenzialità dello strumento grafologico nell'individuare le difese su cui ciascun individuo si è maggiormente specializzato. Questo a sua volta può fornire una chiave ulteriore per comprendere da un nuovo punto di vista le dinamiche tipiche del soggetto rilevabili dall'analisi grafologica.

Per fare degli esempi la scrittura n.2, a pag. 53, utilizza sia la proiezione (Parallela), che l'idealizzazione (Calibro alto 7/10). La scrittura n.1, a pag. 52, predilige l'aggressione passiva per la presenza di Minuziosa, Stentata, Aste col concavo a sinistra in Calibro piccolo.

L'analisi dei meccanismi di difesa, tuttavia, non può essere disgiunta dall'analisi del tipo di personalità predominante (*cfr.* cap. 7) poiché a ciascun tipo di personalità corrispondono difese peculiari. Per riprendere il nostro esempio possiamo notare come la scrittura n.2 tenda verso il tipo narcisista mentre la scrittura n.1 tenda verso il tipo schizoide.

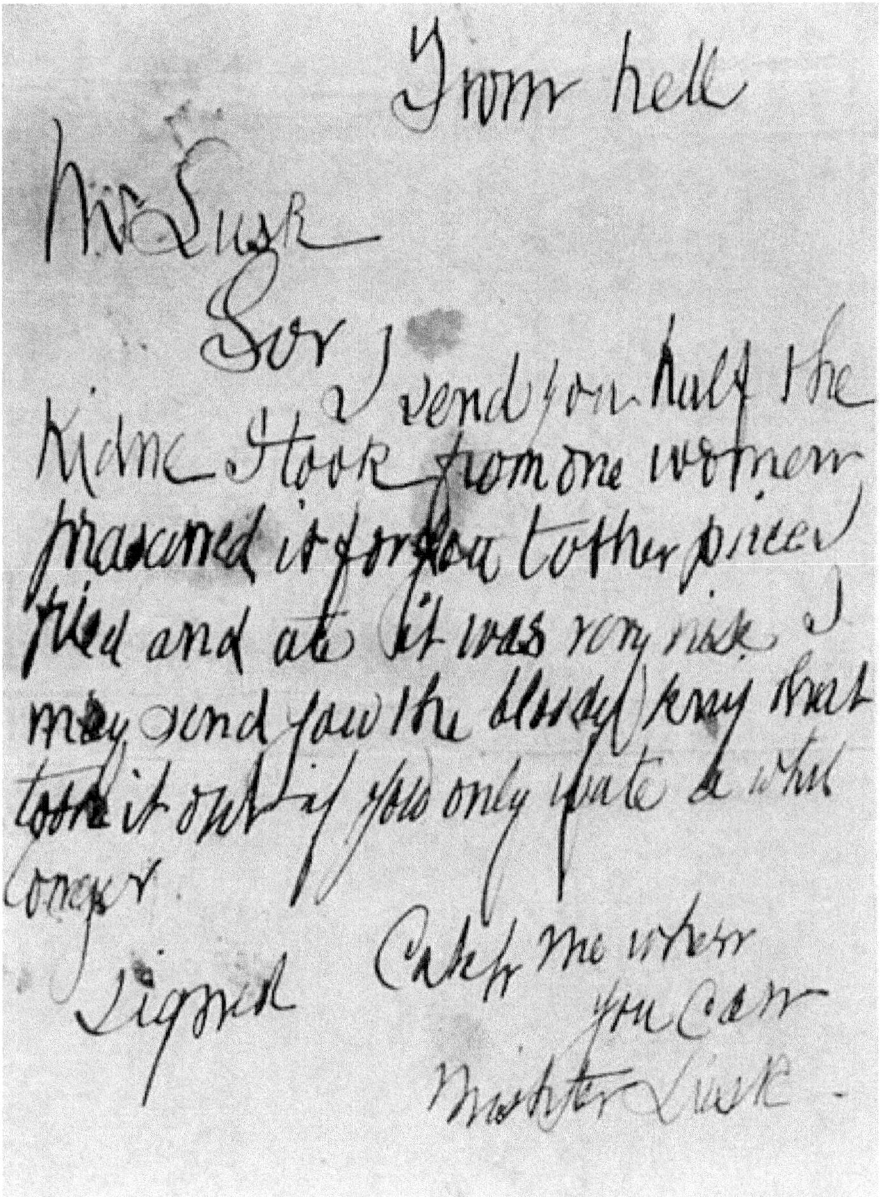

From hell

Mr Lusk

Sor I send you half the
Kidne I took from one women
prasarved it for you tother piece
I fried and ate it was very nise. I
may send you the bloody knif that
took it out if you only wate a whil
longer

Signed
Catch me when
you can
Mishter Lusk.

Figura 14. Scrittura di Jack lo Squartatore.

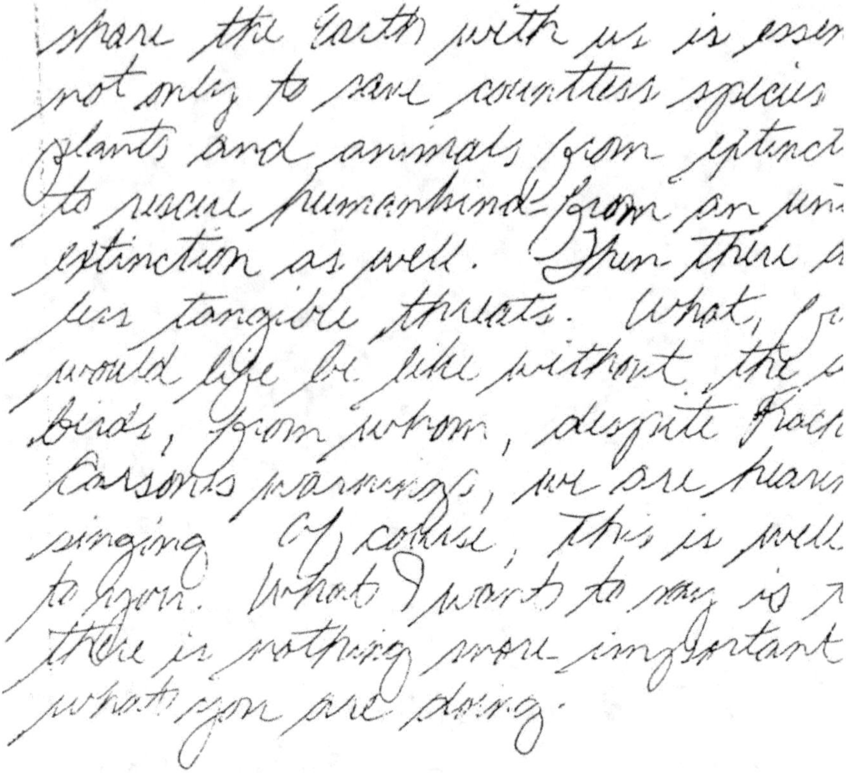

share the Earth with us is essen
not only to save countless species
plants and animals from extinct
to rescue humankind from an un
extinction as well. Then there a
less tangible threats. What, for
would life be like without the
birds, from whom, despite Rach
Carson's warnings, we are hear
singing. Of course, this is well
to you. What I want to say is
there is nothing more important
what you are doing.

You were wondering if I could
would recall my experiences and
toward animals as a child. I
want to presume exactly what is
in mind in connection with you
but I have an idea what you're
at. In light of the studies you
to your interest in this area

Figura 15. Scrittura di Ted Bundy.

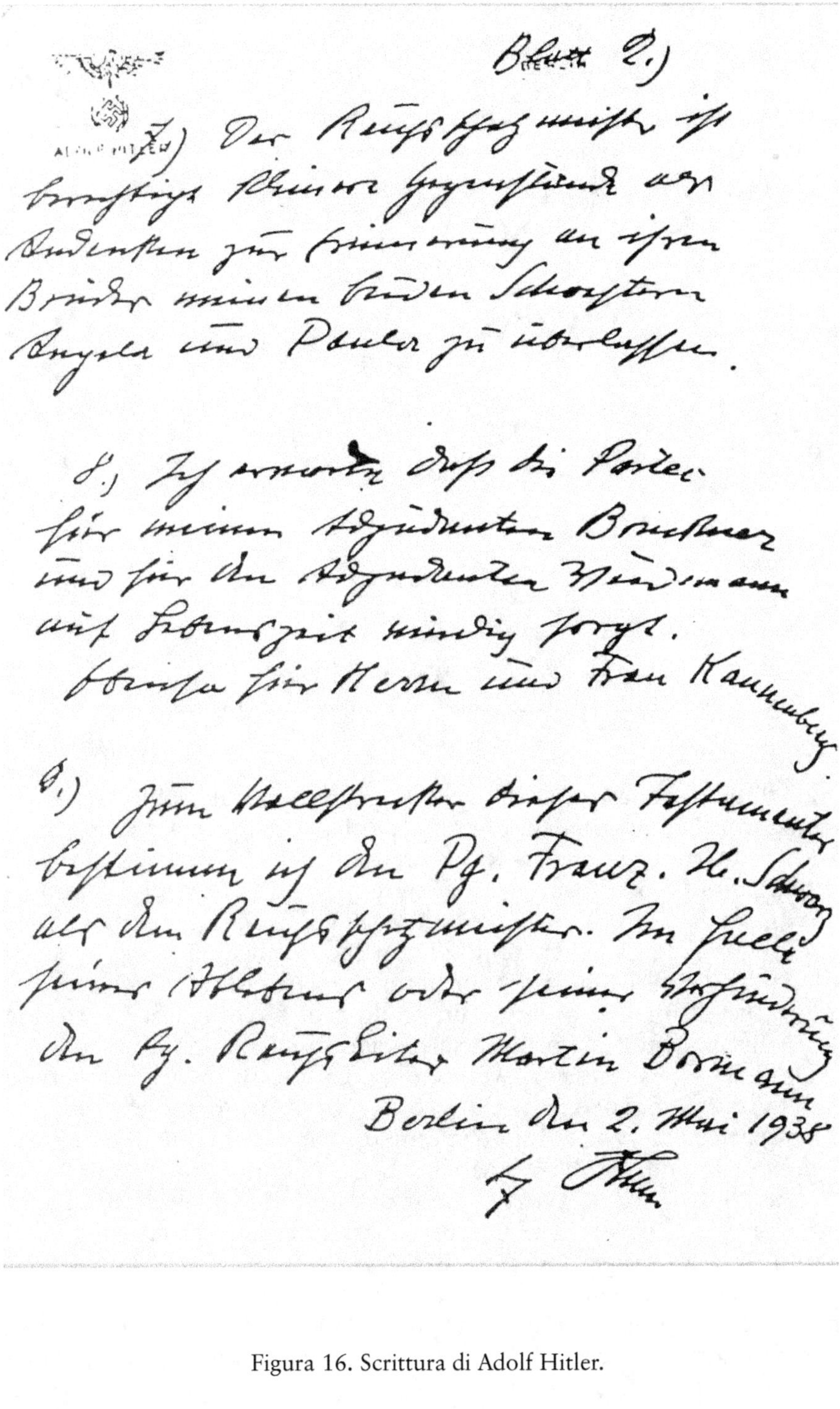

7.) Der Reichsschatzmeister ist berechtigt, kleinere Gegenstände als Andenken zur Erinnerung an ihren Bruder meinen beiden Schwestern Angela und Paula zu überlassen.

8.) Ich erwarte, dass die Partei für meinen Adjutanten Brückner und für den Adjutanten Wiedemann auf Lebenszeit würdig sorgt. Ebenso für Herrn und Frau Kannenberg.

9.) Zum Vollstrecker dieses Testamentes bestimme ich den Pg. Franz X. Schwarz als den Reichsschatzmeister. Im Falle seines Ablebens oder seiner Verhinderung den Pg. Reichsleiter Martin Bormann.

Berlin den 2. Mai 1938

A. Hitler

Figura 16. Scrittura di Adolf Hitler.

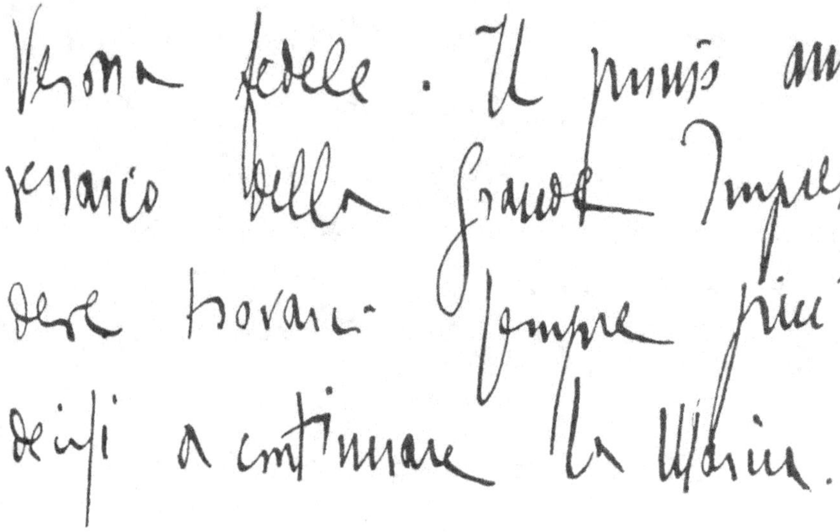

Figura 17. Scrittura di Benito Mussolini.

8.5 Scritture celebri, meccanismi di difesa e disturbi di personalità

Concludiamo questo capitolo, e il lungo discorso che abbiamo sin qui svolto, con l'analisi di alcune scritture celebri. La prima è attribuita a Jack lo squartatore, il serial killer accusato nel 1888 di aver ucciso e mutilato cinque prostitute nel quartiere di White Chapel a Londra (si veda anche su questa scrittura Rende 2011). Poiché non conosciamo le proporzioni originali rileveremo i segni "ad occhio".

Il Calibro è molto alto e Non omogeneo (si confrontino le prime righe con l'ultima). È presente un grado molto elevato di Aperture a capo, allunghi inferiori pronunciati e rigonfi che vanno a invadere lo spazio della riga successiva (Ampollosa e Confusa). Il Largo tra lettere è molto non omogeneo (si va da 1/10 a 6/10) ma nel complesso la scrittura appare poco sviluppata nella dimensione orizzontale. La scrittura appare Attaccata, e talvolta persino Legata (alcune parole come "to their" e "only if" sono vergate con un unico tratto di penna). Il Largo tra parole è molto esiguo. È presente il segno Acuta con alcuni momenti in cui l'Angolo A raggiungere quasi i 10/10.

Sono presenti tumefazioni e impastoiamenti della pressione con ovali anneriti che si possono inquadrare nei segni Artritica, Non omogenea della pressione, Ritoccata e Aggrovigliata (quest'ultimo segno è più evidente nell'ultima riga).

La scrittura è Pendente con una pendenza variabile che arriva fino a 45°. Si noti come l'inclinazione va aumentando nel corso della lettera (si confrontino le prime righe, quasi dritte, con le ultime).

È presente il segno Spavalda confermato da alcuni Ricci della spavalderia. La pressione è esagerata è dà luogo a un grado elevato di Intozzata I sostanziato da un grado altrettanto elevato di Intozzata II. Nel complesso la scrittura è Ascendente (più moderato nelle prime righe, molto più pronunciato nelle ultime). Sono presenti anche lunghi Ricci del soggettivismo che talora invadono del tutto lo spazio del Largo tra parole (si veda nella quinta la riga le parole "kidne" e "Stook"). È presente inoltre lo Slanciata di II tipo, evidente dai numerosi gesti "sparati" nello spazio, e in alcune righe (in particolare nelle ultime) si può rilevare anche il segno Scattante.

Da notare che, nonostante l'Ascendente, il soggetto nell'ascendenza tenda a mantenere il rigo.

La scrittura è inoltre Disordinata e sono presenti, singolarmente dato il contesto, *m* ed *n* ad arcata che dicono che il soggetto, nonostante l'apparente temerarietà, ha qualcosa da nascondere.

Tutto il complesso parla di aggressività. Non capita certo frequentemente di imbattersi in una scrittura in cui siano presenti non meno di dodici segni appartenenti al temperamento dell'Assalto (Acuta, Ampollosa, Spavalda, Ricci spavalderia, Intozzata I, Stretto tra parole, Angoli A, Ascendente, Aggrovigliata, Artritica, Slanciata di II tipo, Scattante). Anche Disordinata e Intozzata II sono qui al servizio dell'Assalto.

In questo contesto il forte Attaccata con momenti di Legata e Stretto tra parole indica che lo scrivente quando inizia ad agire non riesce più a fermarsi e che è preda delle sue fantasie sbrigliate (Confusa, Aggrovigliata, Ampollosa). Manca la pausa dell'analisi e dalla critica che consentirebbe di prendere le distanze dai prodotti della propria immaginazione. La forte impulsività e istintività è confermata anche dall'accoppiata Slanciata + Scattante, segno che lo scrivente è preda di impulsi irrefrenabili e che agisce senza pianificazione.

Una simile dinamica è presente anche nel Pendente e dall'Ascendente che aumentano in modo progressivo nel corso dello scritto. Ciò indica che il soggetto quando inizia ad agire si disinibisce e si esalta sempre di più. Il grado di Aperture a capo in questa scrittura è abnorme e congiunto all'Acuta, alla tumultuosa energia, alla forte emotività, al disordine degli impulsi (Disordinata, Aggrovigliata) non può che sconfinare nel sadismo a sfondo sessuale. Se Aperture a capo indica la tendenza a facile eccitazione sessuale e Acuta la tendenza a colpire per ferire la combinazione di entrambi questi segni in grado elevato ci indicherà un istinto sessuale non ben differenziato da quello aggressivo. In termini freudiani parleremo di una non distinzione tra libido e istinto di morte (Eros e Thanatos). La confusione tra il piano ideale e quello materiale è evidente anche nel Confusa laddove le insistite ampollosità nelle aste inferiori indicano, per Palaferri, "erotomania" (le ritroveremo anche nella scrittura di Ted Bundy).

Dal punto di vista dei disturbi di personalità si possono ipotizzare – e in questo caso l'attribuzione non è così peregrina visto che si tratta pur sempre di Jack lo Squartatore – delle dinamiche che rientrano nel concetto di Disturbo narcisistico e del Disturbo paranoide, oltre che, ma questo è del tutto scontato, del Disturbo antisociale. La tendenza al Disturbo borderline invece è solo latente (sono presenti Pendente e Disordinata, ma le omogeneità dell'inclinazione e del calibro non sono così rilevanti).

Il soggetto tende a idealizzare se stesso (Calibro molto alto, Ampollosa, Spavalda, Ricci del soggettivismo) e a svalutare gli altri (i segni appena menzionati più Acuta). Tende a sentirsi perseguitato (Acuta) e a proiettare la propria aggressività all'esterno ("sono gli altri che mi odiano"). È presente anche tendenza all'acting out perché il soggetto non dispone di alcun freno nel passare dall'ideazione all'impulso (Disordinata, forte grado di Attaccata con momenti di Legata, Stretto tra parole, Aggrovigliata, Confusa).

Per certi versi simile, ma meno esplicitamente aggressiva, è la scrittura di Ted Bundy, tristemente noto per aver ucciso numerose giovani donne tra il 1974 e il 1978.

La qualità della scrittura di cui disponiamo non è eccelsa ed è difficile pronunciarsi sulla pressione e sul calibro (non conosciamo le dimensioni originali). Sembra comunque di poter dire che la pressione non è omogenea, indice di un'energia mal canalizzata.

Rispetto alla scrittura di Jack lo squartatore l'inclinazione è più costante e la scrittura appare molto Pendente. Sono evidenti e ripetuti fino all'ossessione i lunghi gesti preparatori iniziali.

Per Moretti sono gesti che fanno parte dei Ricci dell'ammanieramento che sono indice di ipocrisia e finzione. Non è quindi forse un caso che Ted Bundy fosse solito approcciare le sue vittime facendo finta di avere un braccio ingessato e di avere bisogno di aiuto. Questa strategia indica quanto meno una discreta pianificazione e difatti il Largo tra parole è discreto, soprattutto se comparato con quello della scrittura precedente. Anche in questo caso sono presenti *m* ed *n* ad arcata che indicano che il soggetto ha – e non potrebbe essere altrimenti – qualcosa da nascondere. La combinazione Pendente + Ricci dell'ammanieramento denota capacità di manipolare gli altri con l'inganno, magari sfruttando le altrui debolezze dal punto di vista affettivo. È presente anche in questo caso l'Ampollosa in grado elevato nelle aste inferiori ("erotomania") che dà luogo al segno Confusa (indistinzione tra piano degli istinti e quello degli ideali, o in termini freudiani, tra Es e Super-Io). Si può immaginare che il soggetto sia letteralmente invaso da fantasie sessuali. Per Marchesan i lunghi ricci preparatori iniziali rientrano nei Ricci della fissazione materialistica.

Sono presenti anche Ricci del soggettivismo che indicano che il soggetto si tende distinto dagli altri e segue una logica peculiare e idiosincratica. Insieme al Pendente elevato questo segno ci dice inoltre che il soggetto tiene all'approvazione dell'Altro e ambisce ad essere ricambiato affettivamente (Pendente) e persino ammirato (Ricci soggettivismo).

Nel complesso ci sono dei gesti di narcisismo (Ampollosa, Ricci del soggettivismo) che indicano che lo scrivente tende a compensare nel piano fantastico la sensazione di non essere corrisposto sul piano affettivo.

Giova a questo punto ricordare che la storia familiare di Ted Bundy era alquanto bizzarra. Nasce in un istituto del Vermont dove viene abbandonato dalla madre che dopo tre anni lo va a "prelevare" spacciandosi per la sorella maggiore. Il piccolo Ted cresce credendo che i suoi nonni siano in realtà i suoi genitori mentre il padre, forse un ufficiale dell'aeronautica, era scomparso dopo aver messo incinta la madre. Bundy scoprirà accidentalmente solo all'età di 26 anni, al momento di ritirare un certificato di nascita, che quella che ritiene la sorella è in realtà la madre.

Inizierà a uccidere subito dopo, quando una donna che gli aveva detto di essere innamorata di lui sparirà dopo una breve relazione troncando ogni rapporto.

Bundy veniva descritto dalle persone che lo conoscevano come "dolce e sensibile" e si era segnalato persino per un gesto di eroismo, salvando una bambina in procinto di annegare.

A parte le fissazioni di ordine sessuale non notiamo gesti evidenti di aggressività come nella scrittura di Jack lo Squartatore né disprezzo per gli altri o smodata idealizzazione di se stesso. La pressione sembra leggera, la scrittura è tendenzialmente Curva, il Largo tra lettere è in molti punti adeguato.

Grafologicamente possiamo ipotizzare che la molla che lo abbia spinto ad uccidere possa essere stata la sensazione di non essere corrisposto affettivamente causata, almeno in parte, da eventi di vita avversi quali l'ambiguo rapporto con la madre. Le fissazioni sessuali possono essere in ultima analisi un derivato di una non saturazione a livello affettivo. Molti borderline sono infatti promiscui a livello sessuale proprio per cercare di appagare esigenze di ordine affettivo, in un modo che essi giudicano meno rischioso.

Più che idealizzazione di sé c'è quindi idealizzazione dell'altro. Il Disordine grafico e l'elevata pendenza depongono a favore di un quadro di tipo borderline con alcune componenti istrioniche (Ricci ammanieramento, Ampollosa).

In figura 16, a pag. 205, possiamo ammirare – si fa per dire – la grafia di Hitler. È evidente il segno Acuta di alto grado e l'elevato grado di Parallela. In questo caso quindi siamo nell'orbita del Disturbo paranoide di personalità. Il meccanismo di difesa elettivo è quello della proiezione. Hitler perseguitava perché riteneva di essere perseguitato. La sua ossessione per gli ebrei aveva una motivazione psicopatologica prima ancora che ideologica.

È degno di nota il fatto che molti gerarchi nazisti avessero una scrittura grafologicamente molto simile. Si può ipotizzare da una parte una forte identificazione nel Führer, e nel suo pensiero paranoico, e dall'altra che il nazismo attirasse proprio questa tipologia di persone. Non è un caso quindi che a fare carriera nell'organigramma del partito nazista fossero proprio quegli individui dotati di simili "qualità".

Nella scrittura di Mussolini, presentata in figura 17, sono evidenti tra gli altri segni il Calibro molto alto unito a Spavalda, un elevato grado di Intozzata I e di Recisa, le Aste rette lunghe e impositive, i tratti acuminati indice di aggressività e il Riccio della brutalità di Marchesan (nella *a* di "Roma"). È presente soprattutto il segno Solenne, di non comune riscontro, che ci conferma che siamo pienamente nell'orbita del Disturbo narcisistico di personalità. Si può parlare certamente di idealizzazione di sé ma forse sarebbe più corretto parlare di sentimento di onnipotenza. Le numerose Aperture a capo ci suggeriscono che per il Duce il piacere del comando (Intozzata I, Solenne, Aste rette) era quasi di natura sessuale. I Ricci del soggettivismo uniti al Recisa e a momenti di forte angolosità ci dicono inoltre che Mussolini non poteva tollerare (e concepire) contraddizioni di nessun tipo.

Da sottolineare il rilevante Largo tra parole che ci parla di una persona che almeno nelle intenzioni cerca di essere lungimirante e di guardare lontano. L'inflazione del sentimento di sé tuttavia doveva nuocere non poco alla sua oggettività. È interessare inoltre notare il Largo tra lettere, piuttosto buono, che ci dice che era una persona affatto meschina (si confronti con l'Acuta e il Secca della scrittura di Hitler). In un contesto del genere, tuttavia, caratterizzata da bisogno di posa e da un così elevato sentimento del proprio valore il donare non può che essere al servizio della scena. È il sovrano che si fa magnanimo con il suddito per ottenere il plauso della folla.

Note

[1] I termini che denotano i tratti di personalità e gli aggettivi derivati sono in questo testo riportati in maiuscolo per sottolineare che si tratta di termini tecnici il cui uso può divergere da quello ordinario. Si distingue quindi, ad esempio, l'estroversione (il cui significato è grosso modo quello riportato dal dizionario) dall'Estroversione (il cui significato varia al variare delle teorie che comprendono questo tratto). I tratti negativi, ricavati per converso da quelli positivi, laddove non esista un termine neutro specifico, vengono preceduti dalla negazione "Non". Si parlerà quindi, ad esempio, di Non Gradevolezza piuttosto che di Ostilità. Infine, i temperamenti morettiani, così come i segni grafologici, vengono designati con l'iniziale maiuscola per distinguerli dai corrispondenti termini di uso comune.

[2] "La risonanza può essere *primaria* o *secondaria*. È primaria quando, dopo la percezione dello stimolo e l'emozione che ne segue, la coscienza reagisce con immediatezza adattandosi alla situazione del momento; è invece secondaria quando l'impressione emotiva, uscita dalla coscienza chiara del momento, cade nel subconscio e continua nel tempo – talvolta anche per anni – a produrre i suoi effetti" (Palaferri 1999b, p. 95).

[3] Questo capitolo è stato pubblicato per la prima volta in forma di articolo in *Scrittura, Rivista di problemi grafologici* (150).

[4] Il calcolo è stato effettuato con l'ausilio di un prospetto ad opera di Franco Torbidoni, che è un adattamento di Palaferri 1999a, pp. 506-508. Il prospetto di Torbidoni prende in considerazione anche i cosiddetti "altri segni morettiani" (*cfr.* Palaferri 1979 e 2001).

[5] Il tratto D nel test di Cattell è mancante.

[6] Ho avuto modo di vedere la scrittura della ragazza in questione a qualche anno di distanza dalla stesura di questo scritto. Non ci sono più disomogeneità nell'inclinazione e la scrittura è ora Pendente in modo uniforme. Anche il calibro si è molto rimpicciolito, segno di un ritrovato equilibrio psico-affettivo.

[7] In questo lavoro utilizzo il termine Accurata, senza ulteriori specificazioni, nel senso lato che a questo termine dà Moretti nel *Trattato* ("La scrittura Accurata è quella stesa con studiosità") (Moretti 2002a, p. 348). Non distinguo quindi tra le varie forme di Accuratezza (*cfr.* Palaferri 1999, pp. 36-38). È tuttavia evidente che quando parlo di "alti gradi di Accurata" mi

riferisco a una scrittura che è più vicina ad Accurata studio che ad Accurata spontanea, pur senza escludere forme di estrema compitezza, come Compita sostenuto, Levigata, Compassata, etc.

Bibliografia

Bibliografia psicologica

AINSWORTH M. (2006), *Modelli di attaccamento e sviluppo della personalità. Scritti scelti*, Milano, Raffaello Cortina

AMERICAN PSYCHIATRIC ASSOCIATION (2009), DSM-IV-TR. *Manuale diagnostico e statistico dei disturbi mentali. Text revision con casi clinici*, Milano, Masson

AMMANITI M. (2001), a cura di, *Manuale di psicopatologia dell'infanzia*, Milano, Raffaello Cortina

AMMANITI M. (2002), a cura di, *Manuale di psicopatologia dell'adolescenza*, Milano, Raffaello Cortina

ARAGONA M. (2006), *Aspettando la rivoluzione. Oltre il DSM-V: le nuove idee sulla diagnosi tra filosofia della scienza e psicopatologia*, Roma, Editori Riuniti

BEAR M.-CONNORS B.-PARADISO M. (2002), *Neuroscienze. Esplorando il cervello*, Milano, Masson

BONCORI L. (1993), *Teoria e tecnica dei test*, Torino, Bollati Boringhieri

BONCORI L. (2006), *I test in psicologia. Fondamenti teorici e applicazioni*, Bologna, Il Mulino

BOURDIN D. (2007), *Cent'anni di psicoanalisi. Da Freud ai giorni nostri*, Bari, Dedalo

CAPRARA G. V.-GENNARO A. (1994), *Psicologia della personalità*, Bologna, Il Mulino

CAPRARA G.V.-CERVONE D. (2003), *Personalità. Determinanti, dinamiche, potenzialità*, Milano, Raffaello Cortina

CARLSON N. (2002), *Fisiologia del comportamento*, Padova, Piccin

CAVIGLIA G. (2005), *Teoria della mente, attaccamento disorganizzato, psicopatologia*, Roma, Carocci

CERUTTI R.-MANCA M. (2008), *I comportamenti aggressivi. Percorsi evolutivi e rischio psicopatologico*, Roma, Kappa

CLARKIN J.F.-LENZENWEGER M.L. (1997), a cura di, *I disturbi di personalità. Le cinque principali teorie*, Milano, Raffaello Cortina

COSTELLO G.C. (1999), *I tratti patologici della personalità disturbata*, Roma, Giovanni Fioriti

DECORO A.-ANDREASSI S. (2008), *La ricerca empirica in psicoterapia*, Roma, Carocci

DIMAGGIO G.-SEMERARI A. (2003), a cura di, *I disturbi di personalità. Modelli e trattamento*, Roma, Laterza

ELLENBERGER H., (1996), *La scoperta dell'inconscio. Storia della psichiatria dinamica*, Torino, Bollati Boringhieri

EYSENCK H.-WILSON G. (1986), *Conosci la tua personalità*, Milano, Rizzoli

ERCOLANI A.P.-ARENI A.-LEONE L. (2002), *Statistica per la psicologia. I. Fondamenti di psicometria e statistica descrittiva*, Bologna, Il Mulino

ERCOLANI A.P.-ARENI A.-LEONE L. (2002), *Statistica per la psicologia. II. Statistica inferenziale e analisi dei dati*, Bologna, Il Mulino

FONAGY P.-TARGET M. (2001), *Attaccamento e funzione riflessiva*, Milano, Raffaello Cortina

FONAGY P.-TARGET M. (2005), *Psicopatologia evolutiva. Le teorie psicoanalitiche*, Milano, Raffaello Cortina

GABBARD O. (2005), *Psichiatria psicodinamica*, Milano, Raffaello Cortina

GENNARO A. (2004), *Introduzione alla psicologia della personalità*, Bologna, Il Mulino

GENNARO A.- SCAGLIARINI R.G. (2007), *Temperamento e personalità*, Padova, Piccin

GUNDERSEN J.G. (2001), *La personalità borderline*, Milano, Raffaello Cortina

HARE R.D. (2009), *La psicopatia*, Roma, Astrolabio-Ubaldini

JUNG C.G. (2007), *Tipi psicologici*, Roma, Newton Compton

KERNBERG P.-WEINER A.-BARDENESTEIN K. (2000), *I disturbi di personalità nei bambini e negli adolescenti*, Roma, Giovanni Fioriti

KOHUT H. (1989a), *Le due analisi del signor Z*, Roma, Astrolabio-Ubaldini

KOHUT H. (1989b), *Seminari. Teoria e clinica della psicopatologia giovanile*, Roma, Astrolabio-Ubaldini

LAPLANCHE J.-PONTALIS J.B. (2005), *Enciclopedia della psicoanalisi*, Roma-Bari, Laterza

LINGIARDI V. (2001), *La personalità e i suoi disturbi. Un'introduzione*, Milano, Il Saggiatore

LINGIARDI V. (2004), *La personalità e i suoi disturbi. Lezioni di psicopatologia dinamica,* Milano, Il Saggiatore

LIOTTI G. (2001), *Le opere della coscienza. Psicopatologia e psicoterapia nella prospettiva cognitivo-evoluzionista*, Milano, Raffaello Cortina

LOMBARDO P. (1995), *Normale e patologico nelle teorie della personalità*, Roma-Bari, Laterza

LORENZINI R.-SASSAROLI S. (1995), *Attaccamento, conoscenza e disturbi di personalità*, Milano, Raffaello Cortina

MARAZZITI D. (2003), *Psicofarmacoterapia clinica*, Roma, Giovanni Fioriti

MC GUIRE M.-TROISI A. (2003), *Psichiatria darwiniana*, Roma, Giovanni Fioriti

MITCHELL S.-BLACK M. (1999), *L'esperienza della psicoanalisi, Storia del pensiero psicoanalitico moderno*, Torino, Bollati Boringhieri

NARANJO C. (1996), *Carattere e nevrosi. L'enneagramma dei tipi psicologici*, Roma, Astrolabio-Ubaldini

ORTU F.-PAZZAGLI C.-WILLIAMS R. (2006), *La psicologia contemporanea e la teoria dell'attaccamento*, Roma, Carocci

PEDON A.-GNISCI A. (2004), *Metodologia della ricerca psicologica*, Bologna, Il Mulino

PEDRABISSI L.-SANTINELLO M. (1997), *I test psicologici*, Bologna, Il Mulino

SHAPIRO D. (1989), *Stili nevrotici*, Roma, Astrolabio-Ubaldini

SIEGEL D. J. (2001), *La mente relazionale. Neurobiologia dell'esperienza interpersonale*, Milano, Raffaello Cortina

SIMONELLI A.-CALVO V. (2004), *L'attaccamento: teoria e metodi di valutazione*, Roma, Carocci

SPERRY L. (2000), *I disturbi di personalità. Dalla diagnosi alla terapia cognitivo-comportamentale*, Milano, McGraw-Hill

STONE M.H. (2007), *Pazienti trattabili e non trattabili. I disturbi di personalità*, Milano, Raffaello Cortina

THOMSON L. (1999), *Il libro dei test psicologici*, Roma, Astrolabio

VELLA G.-ARAGONA M. (2000), *Metodologia della diagnosi in psicopatologia. Categorie e dimensioni*, Torino, Bollati Boringhieri

Altre opere e articoli citati

BARRICK M. R.-MOUNT M. K. (1991), T*he Big Five Personality Dimensions and Job Performance: A Meta-Analysis*, «Personnel Psychology», 44, 1-26.

CASTROGIOVANNI P. (1999), a cura di, *Stagionalità in psichiatria: con casi clinici e indirizzi terapeutici*, Firenze, SEE Editrice

CLONINGER R. (1987), *A systematic method for clinical description and classification of personality variants*, «Archives of General Psychiatry», 44, 573-588

EPSTEIN (1994)., *Integration of the cognitive and the psychodynamic unconscious*, «American Psychologist», 8, 1994, 709-24.

KNUTSONA B. (2001) *Negative association of neuroticism with brain volume ratio in healthy humans*, «Biological Psychiatry», 50 (9), 685-690

KOSKO B. (1995), *Il fuzzy-pensiero. Teoria e applicazioni della logica fuzzy*, Baldi Castoldi Dalai, Milano

MCADAMS, D. P. (1995). *What do we know when we know a person?*, «Journal of Personality», 63, 365-396

SAULSMAN L.M.-PAGE A.C., *The five-factor model and personality disorder empirical literature: A meta-analytic review*, «Clinical Psychology Review», 23, 1055-1085

SULLOWAY F. (1997), Born to Rebel: Birth Order, Family Dynamics, and Creative Lives, New York, Pantheon Books

Bibliografia grafologica

AAVV (1997-1998-1999), *Perizie su scritture*, Mesagne (BR), Sulla Rotta del Sole-Giordano Editore

ASTILLERO R. (1920), *Grafologia scientifica*, Milano, Hoepli

BARBIERI I. (2004), *Grafologia matematica morettiana*, San Prospero s/S (Mo), Centro Programmazione Editoriale

BIDOLI S.-BRUNI P.-MANICHEDDA (1982), *Psicodiagnosi dell'ansia attraverso la scrittura*, dispense LIRUPA

BIDOLI S. (1984), *Grafometrie e ricerche statistiche in psicologia della scrittura*, Milano, CE.S.RI.P.A.

BOILLE N. (1998), *Il gesto grafico gesto creativo. Trattato di grafologia*, Roma, Borla

BRANCATI B.-POMA C. (2008), *Come riconoscere un manager dalla scrittura. La grafologia, uno strumento per la direzione delle risorse umane*, Roma, Franco Angeli

BRAVO A. (1998), *Variazioni naturali e artificiose della grafia*, Urbino, Libreria G. Moretti

BRAVO A. (2001), *Argomenti di grafologia peritale*, Napoli, Edizioni scientifiche italiane

BRAVO A. (2003), *Metodologia della consulenza tecnica e della perizia su scritture*, Mesagne (BR), Sulla Rotta del Sole-Giordano

BRAVO A. (2006), *Soggettività e oggettività nelle perizie su scritture*, Mesagne (BR), Sulla Rotta del Sole-Giordano

CHIEFARI A. (2007), *Lessico grafologico morettiano*, Mesagne (BR), Libreria Moretti Editrice-Sulla Rotta del Sole-Giordano

CHINAGLIA C. (1997), *Sesso e scrittura. Come scoprire attraverso la scrittura gli aspetti specifici della sessualità*, Roma, Gremese

CHINAGLIA C. (2007), *Grafologia. Metodi e applicazioni per capire se stessi e il prossimo*, Roma, Gremese

CONFICONI I. (1995), *Tecnica e metodologia grafologica*, Urbino, Libreria G. Moretti

CONFICONI I. (1995), *I tratti della personalità*, Urbino, Libreria G. Moretti

CONFICONI I. (2001), *Caratteri tra le righe*, Bologna, EDB

CRÉPIEUX-JAMIN J. (1985), *Il carattere dalla scrittura*, Urbino, Quattroventi

CRÉPIEUX-JAMIN J. (2001), *ABC della grafologia*, Padova, Messaggero

CRISTOFANELLI P. (1995), *I segni del vissuto*, Urbino, Libreria G. Moretti

CRISTOFANELLI P. (1996), *Grafologia. Dalla scrittura alla personalità*, Bologna, Calderini

CRISTOFANELLI P.-LENA S. (2002), *Grafologia ed età evolutiva*, Brescia, La Scuola

CRISTOFANELLI A.-CRISTOFANELLI P. (2004), *Grafologicamente. Manuale di perizie grafiche*, Roma, CE.DI.S.

CROTTI E.-MAGNI (2000), *Grafologia e salute*, Como, Red Edizioni

CROTTI E.-MAGNI A. (2004), *Grafologia*, Milano, Red Edizioni

GALEAZZI G.-PALAFERRI N.-GIACOMETTI F. (1990), *Guida alla grafologia*, Firenze, Sansoni

GATTULLI G. (2003), *La carne e l'inchiostro. La scrittura specchio dell'anima*, Roma, Armando

LABARILE E. (1973), *La psicologia della scrittura in psichiatria*,

LAMACCHIA N. (1998), *Grafologia e programmazione neurolinguistica*, Urbino, Libreria G. Moretti

LEIBL M. (1989), *Manuale completo di grafologia*, Genova, Il Basilisco

LUISETTO G. (1995), *Teoria e pratica nelle applicazioni della grafologia morettiana*, AGI Sezione Regionale Veneto

LUISETTO G. (1999), *Domande a padre Giovanni Luisetto sul tema: teoria e pratica nelle applicazioni della grafologia morettiana*, AGI Sezione Regionale Veneto

MAERO M. (1980), *Il test della scrittura*, Torino, Centro psicologico di grafoanalisi

MANICHEDDA L. (1985), *Il carattere distruttivo. Analisi attraverso la psicologia della scrittura*, Milano, CE.S.RI.P.A.

MARCHESAN M. (1993), *Psicologia della scrittura. Segni e tendenze con orientamento psicosomatico,* Milano, Istituto di indagini psicologiche

MASSEI M. (1997), *Manuale di grafologia. Intelletto, affettività e volontà attraverso lo studio della scrittura*, Milano, Hoepli

MASSI L. (2001), *Tensione e grafologia. Pophal e Moretti a confronto*, Pesaro, AIPAC

MASSI L. (2004), *Personalità e grafologia: affettività e relazioni interpersonali alla luce del metodo morettiano*, Pesaro, AIPAC

MERLETTI C.-TRIPODI D. (2004), *L'uomo giusto al posto giusto*, Trescore Balneario (Bergamo), Nuovi orizzonti culturali

MORETTI G. (1974), *Grafologia sui vizi,* Ancona, Istituto grafologico S. Francesco delle Scale

MORETTI G. (1997), *I santi dalla loro scrittura. Istinti e pulsioni dei santi. Analisi grafologiche*, Cinisello Balsamo, Edizioni San Paolo

MORETTI G. (2000a), *Facoltà intellettive attitudini professionali dalla grafologia*, Padova, Messaggero

MORETTI G. (2000b), *Scompensi e anomalie della psiche*, Padova, Messaggero

MORETTI G. (2002a), *Trattato di grafologia. Intelligenza-Sentimento*, Padova, Messaggero

MORETTI G. (2002b), *Grafologia Pedagogica*, Padova, Messaggero

MORETTI G. (2002c), *Trattato scientifico di perizie grafiche su base grafologica*, Padova, Messaggero

MORETTI G. (2003a), *Il corpo umano della scrittura-Grafologia somatica*, Padova, Messaggero

MORETTI G. (2003b), *La passione predominante-Grafologia differenziale*, Padova, Messaggero

MULLER W.H.-ENSKAT A. (1995), *Diagnostica grafologica. Principi, possibilità e limiti,* Padova, Messaggero

NOCENTINI C. (2007), *Il problema grafologico*, Mesagne (BR), Sulla Rotta del Sole-Giordano Editore

PALAFERRI N. (1979), *Gli altri segni morettiani* (per manoscritto), Urbino, Istituto Grafologico G. Moretti

PALAFERRI N. (1999a), *L'indagine grafologica e il metodo morettiano*, Urbino, Libreria G. Moretti

PALAFERRI N. (1999b), *Tipologia umana, caratterologia e grafologia*, Padova, Messaggero

PALAFERRI N. (2001), *Dizionario grafologico morettiano*, Urbino, Libreria G. Moretti

PASTENA P. (2006), *La variabilità della scrittura in perizia grafica*, Mesagne (BR), Sulla Rotta del Sole-Giordano Editore

POPHAL R. (1990), *Scrittura e cervello*, Padova, Messaggero

PULVER M. (1983), *La simbologia della scrittura*, Torino, Boringhieri

RENDE F. (2006), *Un'indagine empirica sulle correlazioni tra i risultati del test di personalità di Eysenck e i risultati dell'analisi grafologica secondo il metodo morettiano*, «Grafologia medica», 1-2

RENDE F. (2008), *Freud e Il libro nero della psicoanalisi*, «Scrittura. Rivista di problemi grafologici», 145, 2008.

RENDE F. (2008), *La grafologia ingenua: il talento grafologico dei non grafologi*, «Scrittura. Rivista di problemi grafologici», 148, 2009.

RENDE F. (2009), *La teoria della personalità di Cloninger. Concordanze con i temperamenti . morettiani*, «Scrittura. Rivista di problemi grafologici», 150, 2009.

RENDE F. (2010), *I segni dell'insincerità in perizia grafica*, «Scrittura. Rivista di problemi grafologici», 153-154, 2010.

RENDE F. (2011), *Jack lo squartatore. Il contributo della grafologia peritale e di personalità*, «Scrittura. Rivista di problemi grafologici», 157, 2011.

RENDE F. (2011), *101 modi per interpretare la tua scrittura e quella degli altri*, Roma, Newton Compton.

RODGERS V. (2002), *Cambia la tua scrittura cambia la tua vita*, Milano, Xenia

SAUDEK R. (1982), *Psicologia della scrittura*, Padova, Messaggero

SEIFER M. (2009), *The Definitive Book of Handwriting Analysis*, Franklin Lakes, Career

SOLANGE-PELLAT E. (2004), *Le leggi della scrittura*, Mesagne (BR), Sulla Rotta del Sole-Giordano Editore

STANGHELLINI PERILLI A. (2004), *Personalità e scrittura. L'analisi grafopsicologica finalizzata anche all'orientamento scolastico*, Mesagne (BR), Sulla Rotta del Sole-Giordano Editore

TEILLARD A. (1980), *L'anima e la scrittura*, Torino, Boringhieri

TORBIDONI L.-ZANIN L. (2001), *Grafologia. Testo teorico-pratico*, Brescia, La Scuola

URBANI P. (2002), *Interpreta la scrittura*, Milano, Franco Angeli

URBANI P. (2004), *Processo alla grafologia*, Bari, Dedalo

VELS A. (1981), *Escritura y personalidad*, Barcelona, Herder

VETTORAZZO B. (1987), *Grafologia giudiziaria e perizia grafica*, Milano, Giuffrè

VETTORAZZO B. (1998), *Metodologia della perizia su base grafologica*, Milano, Giuffrè

VIGLIOTTI A. (2008), *Percorso grafologico nella mente criminale*, Mesagne (BR), Sulla Rotta del Sole-Giordano

ZANETTI-ROLLANDINI (1941), *Grafologia*, Torino, Minerva Medica

Indice

www.ingramcontent.com/pod-product-compliance
Lightning Source LLC
Chambersburg PA
CBHW060248290526
45789CB00001B/242